THINKr
新思

新一代人的思想

KAISER WILHELM II

沉重的皇冠

A Life in Power　　Christopher Clark

威 廉 二 世

［澳］克里斯托弗·克拉克 著
盖之珉 译　　刘萌 译校

图书在版编目（CIP）数据

沉重的皇冠：威廉二世 /（澳）克里斯托弗·克拉克著；盖之珉译 . -- 2 版 . -- 北京：中信出版社，2023.7

书名原文：Kaiser Wilhelm II
ISBN 978-7-5217-5694-4

Ⅰ . ①沉… Ⅱ . ①克… ②盖… Ⅲ . ①威廉二世（William，Ⅱ 1859-1941）—传记 Ⅳ . ① K835.167=5

中国国家版本馆 CIP 数据核字 (2023) 第 075769 号

Kaiser Wilhelm II: A Life in Power by Christopher Clark
Copyright © 2009 by Christopher Clark
Simplified Chinese translation copyright ©2023 by CITIC Press Corporation
ALL RIGHTS RESERVED
本书仅限中国大陆地区发行销售

沉重的皇冠：威廉二世
著者： [澳] 克里斯托弗·克拉克
译者： 盖之珉
译校： 刘萌
出版发行：中信出版集团股份有限公司
（北京市朝阳区惠新东街东三环北路 27 号嘉铭中心 邮编 100020）
承印者： 宝蕾元仁浩（天津）印刷有限公司

开本：880mm×1230mm 1/32　印张：11.75　字数：249 千字
版次：2023 年 7 月第 2 版　　　印次：2023 年 7 月第 1 次印刷
京权图字：01-2015-2875　　　书号：ISBN 978-7-5217-5694-4
定价：78.00 元

版权所有·侵权必究
如有印刷、装订问题，本公司负责调换。
服务热线：400-600-8099
投稿邮箱：author@citicpub.com

献给我的父亲

彼得·丹尼斯·克拉克

目 录

前　言 / i

第一章　童年和青年时期 / 001
第二章　夺取权力 / 033
第三章　独断专行 / 067
第四章　从比洛至贝特曼时期的国内政治 / 111
第五章　威廉二世与外交政策（1888—1911） / 149
第六章　权力与舆论 / 193
第七章　从危机到战争（1909—1914） / 225
第八章　战争、流亡、逝世（1914—1941） / 271

结　语 / 315
致　谢 / 323
注　释 / 325

前　言

德意志帝国末代皇帝的权力究竟有多大？这一直是历史学家们争论不休的话题。在德意志帝国末期，朝政是由皇帝一人把持的吗？当时德国实行的是不是这样一种"人治"，即国家政局的走向全凭君主本人的德行和偏好决定？还是国家由"传统的寡头"或"隐匿的势力"掌控权力，而皇帝只是在政局中被边缘化的傀儡，根本无关紧要？[1]

众多围绕这些话题展开的精彩论述都集中在这样一个问题上，即我们用"人治"这个词来描述威廉二世自始至终或者部分时期的统治是否确切。战后对于纳粹政权本质和权力分配的争论推动了对威廉二世统治时期是否实行"人治"的讨论。它自20世纪50年代初如火如荼地展开，直到20世纪80年代还方兴未艾，如今更是形成了错综复杂的元文献体系，关于威廉二世权力与政治影响的各类针锋相对的观点借此得到了分类、比较与评估。[2]

本书无意再次卷入这一论争之中。尽管它促使这一领域的学者探讨关于帝国政体的更广泛的问题，但"人治"这个概念本身意义的不确定性使其困难重重。作为研究威廉二世执政时期的热门术语，"人治"在不同的研究者眼中有不同的意义，学界至今也没有得出一个被普遍接受的或内涵固定的定义，这使得学者们对这个词能否用来描述威廉二世统治的争论更趋复杂化。尽管大多数使用该词的学者认为它比其他术语更加贴切地描述了威廉二世统治的某些方面，但他们对"人治"的具体起止时间却没有达成共识。[3] 约翰·洛尔教授原是"人治"说的主要支持者，近年来却抛弃了这种说法，而代之以"王权机制"和"个人君主制"这种含混的概念，这很引人注目。[4]

本书则将着重探讨威廉二世统治的特点，他的权力和影响力，他的政治目标与政治成就，他展示权威与施加影响的方式，以及他的权威在其整个统治期间的起伏消长。本书致力于梳理威廉二世在不同领域可以行使的不同权力，以及他在行使权力的过程中所遭遇的种种阻力。本书还试图说明德意志帝国的官僚体系并不是铁板一块，而是集合了各种职能，包括政治、外交、宗教、军事、文化等，还有象征性的职能。直到威廉二世登基之时，它们之间的关系仍然在不断变化，基本没有固定下来。威廉二世无法选择，必须在这样一个权力关系千变万化、异常复杂的政治体系里努力发挥作用。威廉二世作为帝国的首脑，拥有重要的行政特权，然而他能否行使这些权力、怎样行使、是否能成功地行使，取决于许多可变因素，而他只能掌控其中一部分因素，甚至无力控制任何因素。威廉二世作为政治舞台上的一员所拥有的权力与他作为公众人物所享受的权威之间的关系不仅错综复杂，而且通常是此消彼长的。值得注意的是，近来几部关于威廉二世统治的重要论著已将重心从精英统治层面转移到了威廉二世在当时（帝国末期）蓬勃发展的印刷业和视觉文化产业中的表现。[5] 本书并非巨细靡遗的人物传记，而是专门研究威廉二世权力的著作。尽管本书引用了一些尚未公开的原始资料，但作者并不敢断言本书中有多少重大的新发现。本书主要致力于对上述论点进行整合和解读。有鉴于此，作者将先提出一个问题：德意志皇帝威廉二世在1888—1918年这一动荡时期的统治究竟对世界历史进程产生了怎样的影响？

第一章
童年和青年时期

权势家族

威廉二世于1859年1月出生,此时他的祖父(威廉一世)尚未继承普鲁士王位。其祖父要等到威廉二世两岁生日前不久,也就是1861年1月,才正式继承了王位。威廉一世十分长寿,直至近30年之后的1888年3月,他才驾鹤西去,时年90岁。因此,威廉二世从很小的时候就观察到,他的父亲弗里德里希·威廉王储并非唯一一享有尊荣之人,在他之上还有一位更加德高望重的祖父,就如同《圣经》里的族长一样,须眉皓然、肃穆庄严。这位祖父不仅是一个王国的统治者和(自1871年起)帝国的缔造者,还是整个家族的主心骨,这一事实对他在世子孙的家庭生活产生了深远的影响。[1]1886年10月,威廉二世(时年27岁)向赫伯特·冯·俾斯麦(宰相俾斯麦之子,一度是他的朋友及心腹)解释了这个问题:

皇孙［……］说，统治家族三代同堂这一史无前例的状况令他父亲非常为难：在其他统治家族或普通家庭内，父亲总是享有权威的，儿子必须在经济上依附他。然而，他［威廉皇孙］并不处于其父的权威之下，也从未在他父亲那里拿过一分钱。由于一切必须听从一家之主——祖父的安排，他其实并不依赖父亲［……］这一情形对于［皇储］殿下来说自然很不愉快。

父亲和祖父之间尴尬的权力划分对威廉的早年生活产生了重大影响，甚至成了最大的影响因素。皇孙们及其姐妹的假日安排、仪表穿着、军事任务和代理职责均由他们的祖父威廉一世全权决定，甚至连他们的家庭教师也由威廉一世任命和雇用，这大大削弱了父母对他们的影响。[2] 在某种意义上，正如储妃维多利亚于1864年夏天向她母亲吐露的那样，她的孩子成了"公共财产"。[3] 1865年8月，威廉一世拒绝让威廉及其弟弟妹妹随父母去英国度假之后，储妃开始抱怨国王及王后对孩子们的生活干涉得越来越多了。[4]

事实上，如果两代人认为自己对于第三代人的成长均负有责任，那么他们之间难免会出现摩擦；而霍亨索伦宫廷内部不同政治派系之间剑拔弩张的关系更是大大加剧了这一矛盾。自从1848—1849年的革命引发巨变以来，弗里德里希·威廉四世的朝堂之上便形成了两大对立的政治派系，一方是亲西欧的自由保守派，另一方是亲俄的极端保守派。19世纪50年代，这两大政治派别钩心斗角,尤其是在克里米亚战争期间,双方所主张的外交政策截然不同。直到威廉的母亲维多利亚储妃于1858年离开英国,奔赴柏林与自己的丈夫组建家庭之时,这两个派别之间的斗争仍然处于白热化阶段。储妃对"亲俄派"格外反感,认为他们"性情乖戾""妒贤嫉能""心胸狭窄",尤其是"对所有英国人以及一切来自英国的事物都充满了敌意"。她说:"我一点儿也不关心这些虔敬派的亲俄保守分子如何看待我,我打心眼儿里鄙视他们的理念和思维方式,并衷心希望他们的好日子能早点到头。"[5]

由于亲俄派在宗教上仅限于信仰东正教或者福音派,在内政方针上较为保守,在外交政策上偏向东方,因此,他们在文化和政治上就站在了王储夫妇及其扈从的对立面。王储弗里德里希·威廉和储妃维多利亚在宗教上属于自由派,在政治上则是开明派,他们的外交主张是亲英排俄的。维多利亚比弗里德里希·威廉更为开明,而且在夫妻关系中占据较为强势的地位;她是一个聪明、善于表达、专横和情绪化的女人,对自己周围的人有一种强烈的优越感。这使得他们与亲俄派之间的摩擦越来越多。多亏了维多利亚出色的洞察力、她的局外人身份和她对政治权力所怀有的浓厚兴趣,她与母亲——英国维多利亚女王之间的通信成了我们掌握的关于普鲁士宫廷生活的绝佳资料。不用说,朝堂中的保守派自然很反感她的这些特质,他们认为维多利亚储妃身为女性过于直言不讳,在以后的日子里他们甚至指责她将自己的政治意图强加在丈夫身上。

起初,"亲俄派"在宫廷和柏林上流社会占据主导地位的事实只是令王储夫妇略感烦恼而已,然而情势在1862年发生了戏剧性的转变。当时,国王和占据议会多数席位的自由派之间旷日持久的争端最终导致以极为保守而闻名的奥托·冯·俾斯麦被任命为首相,普鲁士议会（Landtag）未经投票表决就被解散。问题不仅仅在于保守派从此控制了政府机关,并开始推行"俄国化"政策,[6]更为重要的是宫廷本身也开始向右转。国王不再像19世纪50年代那样在不同派别之间游走,而是毫不含糊地与保守势力结成了同盟。维多利亚在1862年7月写道:"保守派日益壮大,并且成功地让国王站在了他们那一边,从而使他们获得了权力。"那年夏天,王储弗里德里希·威廉和其父在政治立场上已有很大分歧,以至于双方基本无法进行理性沟通。维多利亚记述道:"只要稍稍提到政事,[国王]就会陷入狂暴状态,他天性里所有偏执的部分都会被激发出来,使人无法与他正常讨论问题或者讲道理。"[7]宫廷政治形势的突变令王储夫妇痛苦地感觉到自己正处于孤立无援和无能为力的境地。维多利亚在1863年1月写道:"这种被羞辱的感觉简直难以忍受,但我们什么也做不了,只能保持沉默,眼睁睁地看着我们所爱戴、所敬重的人犯下可悲的错误。"[8]

不过,王储夫妇除了保持沉默之外,当然还有另外一种选择,而且事实上他们并非单打独斗。当时,一场极具社会影响力的自由主义运动正在席卷整个普鲁士,这个解散议会、无视宪法的政府在合法性上已经受到了严峻挑战。1863年6月5日,在限制新闻自由的新法令公布后,王储首次公开表达了反对新政府的立场。在但泽市为他个人举行的招待会上,弗里德里希·威廉宣布与俾斯麦政府划清界限,并对政府近来一系列激化矛盾的举措表示遗憾。不过,当时的人高估了这件事的意义。弗里德里希·威廉事后有所退缩,他不愿意一直担任开明运动的领袖。事实上,他甚至还向父亲保证,今后不会再进行类似的抗议。[9]

然而,1863 年 6 月发生的一系列事件对王储夫妇的私人生活产生了深远的影响,这种影响也延伸到了他们仍然年幼的儿子威廉身上。这对年轻夫妇惹怒了首相俾斯麦,这位老谋深算和意志顽强的首相反复谋划针对他们,而且在接下来的 30 年中他都在普鲁士和德意志的政坛占据主导位置。短时间内,弗里德里希·威廉公开反对政府的立场以及维多利亚对丈夫毫不掩饰的支持进一步加深了他们在宫廷中孤立无援的困境,不论从政治还是社交方面都是如此。"你无法想象这有多么痛苦,"维多利亚在 1863 年 7 月写道,"你身边的人一直认为你的存在带来了不幸,还认为你的情绪表明你是疯子!"[10]

只有了解这一背景,我们才能明白威廉二世的父母和祖父母在教导、培养儿孙以及敦促他们履行职责方面,是如何积累起小矛盾,并最终演变成彼此之间的敌意的。正如约翰·洛尔所指出的那样,在传统君主专制政体和新君主专制政体下,对君主继承人的教育"事实上一直是一个极其重要的政治议题",因为这关系到未来的君主如何行使权力。[11] 在霍亨索伦宫廷内部,由于政见上的分歧,王储及其扈从与国王及首相隔阂日深,这使得双方本已十分紧张的关系变得更加错综复杂。双方的针锋相对表现在两种对立的教育理念上：一种是亲英的资产阶级自由主义教育，以培养公民美德和社会责任感为基础；另一种则是传统的普鲁士贵族教育，以培养军事技能和自制力为基础。等到了必须为威廉聘请一位文化课教师和一位军事教练时，这一矛盾就变得更加突出了。父母为他挑的第一位文化课教师候选人因为与政治改革有关系而被否决。最终选择的文化课教师是格奥尔格·恩斯特·欣茨佩特（Georg Ernst Hinzpeter），此人与"王储党"有着紧密但隐蔽的关系，他要求由自己全权负责威廉的教育，这一要求得到了批准。欣茨佩特将会一直担任威廉的文化课教师，直到他18岁成年为止。正是这位欣茨佩特先生为威廉二世的早期教育奠定了基调。他为威廉制定了严苛的学习日程，要求他从早上6点至晚上6点（在冬季会延长至晚上7点）学习拉丁文、历史、宗教、数学和现代语言等多种课程。每周三和周六下午，威廉还要抽出时间去矿场、车间、工厂和贫苦劳动者的家庭进行访问，以体察民情。

两位教师在权力和职责的划分问题上也产生了矛盾。威廉的第一任军事教练就因为王储夫妇已将大部分教育职责交给了欣茨佩特而感到心灰意冷。在这位教练于1867年辞职之后，应该选谁接任的问题又引发了争执，国王的扈从也直接牵涉其中。"我们好歹是说服了他们［……］"维多利亚在写给母亲的信中抱怨道，"然而，我觉得这种干涉对我们来说太糟糕了。你不晓得当权派花了多大力气在我们的身边安插密探，也不知道他们究竟有多么憎恨我们。"[12]

在如何指导儿子履行职责方面，储君夫妇也烦恼不已。1872年8月，维多利亚坦言，当她听说威廉要身穿俄军制服以迎接来访的俄国沙皇时，她"惊骇不已"。"这件事自然是没有问过我的意见的。对所有这类事情我都没有发言权，只能任凭他人安排。"[13] 随后，这对夫妇竭力劝说皇帝同意把孩子们送到学校和同龄人一起接受教育，有一部分目的是让他们远离宫廷内压抑受迫的环境。正如约翰·洛尔教授所指出的，将威廉送至卡塞尔的弗里德里希学园（Lyceum Fredericianum）接受教育是"一场史无前例的实验"。此前，霍亨索伦家族还从未有成员以这种"资产阶级方式"接受过教育。不过，当时不仅德国，其他国家贵族的教育观念也在发生变化——乔治五世也被送到皇家海军学院与同龄人一起学习，甚至年轻的裕仁皇太子也曾在东京的某所高中读书。[14] 当然，威廉本应该在柏林的某所高级中学就读，但是他的母亲坚决反对，理由是首都这所唯一适合的学校在政治上"过于保守"。[15]

不出所料，1871年成为皇帝的威廉一世对于将威廉送至卡塞尔念书表示强烈反对，最终只是迫于"多方所施加的压力"才勉强答应。正如维多利亚在给母亲的一封信中所写的那样，从今往后，皇帝再也不能"强迫威廉在柏林的各种场合亮相，到处社交应酬了——只有这样才能制止皇帝荒谬可笑的决定"。[16] 威廉前往卡塞尔念书是储君夫妇教育理念的一场胜利。威廉于1874年进入卡塞尔高级中学，从而得以远离柏林社交界，更重要的是，在18岁以前，他的军事职责可以免除（威廉从10岁生日起便成了第一近卫步兵团的一员）。让威廉接受严格的精英教育也是为了使他摆脱在惯于阿谀奉承、自吹自擂的宫廷中养成的不良作风，譬如傲慢和喜欢耍威风。

在长子逐渐成长、步入社会的过程中，储妃一直质疑军方在其中扮演的角色，时刻留意着威廉是否有被军队的保守主义所同化的迹象。早在1871年2月，当威廉仅仅12岁的时候，她就声称在他的身上察觉到"一种易于被军方肤浅狭隘的态度所影响的倾向"。[17]幸亏储妃进行了干预，威廉才得以在一个（相对于霍亨索伦王朝的传统教育标准）不那么军事化的环境中成长。在威廉于波恩大学完成高等教育之前，对他而言，"人文"教育的要求总是优先于履行军事职责。这有助于解释下面这个事实：虽然威廉对于步兵团的文化和氛围（尤其是军服）都格外向往，但他似乎从未将普鲁士军事教育着力灌输的自我牺牲和服从精神内化。事实上，威廉很难接受来自上级军官的指正，哪怕是建议。威廉的军事副官阿道夫·冯·比洛上尉于1879—1884年在他身边随侍长达5年之后，也不得不承认自己没能消除威廉所受教育对他的影响。威廉虽然身穿军装，却并未采用普鲁士军人的价值观和思维习惯。[18]与市面上流行的传记中的说法不同，威廉并不是从波茨坦军校和军营训练场走出来的，而只是一个"军事爱好者"。尽管他的母亲总是疑虑重重，但是她为了让儿子摆脱军方的操纵所付出的努力却是卓有成效的。不过，欣茨佩特先生、波茨坦、卡塞尔和波恩的奇妙组合所培养出的威廉是否强于传统教育模式下培养出来的人，又是另外一回事了。我们可以这样认为：威廉的成长经历十分奇特，他在求学过程中几经波折，在两种互相对立的环境中交错生活，而又没有受到过系统理念的指导，因此很难形成一贯的价值观或者相对稳定的行为准则。

威廉二世的掌权之路

围绕威廉的教育问题而不时发生的争论，体现出两代人之间的矛盾、家族成员之间的紧张关系以及派系对立对威廉的早年生活产生的影响。威廉在这些纷争中扮演的都是被动角色，换句话说，他只是别人争权夺利的棋子。但在某个时刻，威廉必定开始意识到，其父母与当权派长期斗争的态势恰好为自己提供了施展手段的空间。一个明显的例证发生在1883年，也就是威廉24岁的时候，当时他的父亲要求他随同去西班牙进行正式访问。虽然威廉并不想去，但是他并没有直截了当地拒绝，而是以自己不便在那时离开军营为由，偷偷请求祖父叫停此次访问。皇帝原本就对这次开销巨大的访问心存疑虑，自然乐意帮忙。几乎可以肯定，这种事情已经不是第一次发生了。1883年11月，弗里德里希·威廉发现事情的真相，他与儿子激烈争吵，并怒斥后者"老早就背着父母和皇帝暗中串通"。[19]

皇帝威廉一世和孙子威廉之间的这种合作反映了长期以来家族内部成员情感关系的转变。从15岁起，威廉就与祖父私下保持着充满温情和信任的关系，感情日益浓厚；到了19世纪80年代初,他们之间的亲密关系已经开始给同时代的人留下深刻印象。[20]大约从1880年起,便有迹象表明威廉正与其父母渐行渐远,其中有部分原因是威廉于1879年4月与来自石勒苏益格－荷尔斯泰因－森讷堡－奥古斯滕堡家族的奥古斯塔－维多利亚订婚之后,希望获得更多的个人自主权。威廉的父母,尤其是母亲,不顾他人(包括步入暮年的皇帝)对新娘相对卑微的出身所提出的诘问,极力促成了这门婚事。然而,她如果以为促成这门婚事能够拉近自己与儿子之间的距离,那就大错特错了。

"多娜"(朋友们都这么称呼奥古斯塔－维多利亚)对英国很反感,并持有保守的政治立场和正统的宗教观点。很快,她就展现出了自己的特质,并成了"那些强烈反对储君夫妇及其价值观的势力的支柱"。[21]双方由此产生的隔阂随着威廉对其父母的自由主义政治观点越发直言不讳的反对而进一步加深。由于持有这种政见,储君夫妇在柏林的宫廷中已经成了不折不扣的反对派。19世纪80年代初,威廉和父亲有过几次不愉快的交流,前者明确表示自己在政治上更同情当前政府。霍亨索伦王朝的历代君主似乎都难逃这样一种诡异的模式:弗里德里希·威廉在1862年之后就一直反对其父的政策;威廉一世成为继承人时父亲已离世,但他在19世纪40年代也反对过当时在位的弗里德里希·威廉四世;在第一次世界大战期间,威廉二世自己的儿子弗里德里希·威廉也公开挑战过他的权威,让他尝到了同样的苦头。19世纪80年代的情况特殊的地方在于君主家族三代同堂,因此老一辈和年青一辈得以结成同盟,共同对付中间的一辈。

威廉二世和皇帝之间的亲密关系于1884年结出了第一枚政治果实：他被任命为一个使团的团长，将奔赴俄国出席一次重要的仪式。在威廉一世看来，鉴于弗里德里希·威廉"荒谬的反俄态度"，[22]孙子威廉显然是比他更合适的人选。然而一切尘埃落定之后，弗里德里希·威廉才知晓此事，他有理由觉得自己被刻意忽视了。威廉从俄国返回后，发现父母对他格外冷淡。"他从圣彼得堡返回之后，所有人都热情洋溢地欢迎他，唯独他的父母对他不理不睬——他们已经听够了旁人对威廉的奉承了，"陪同威廉出使的瓦德西伯爵这样评论道，"谁要想讨好储君夫妇，就必须诋毁他们的儿子……"[23]

威廉对俄国为期12天的访问大获成功。他不仅和沙皇亚历山大相谈甚欢，而且似乎给俄方代表留下了极好的印象。[24]威廉直接写信向其祖父汇报情况，这种不合常理的举动遭到了德国驻俄大使的抗议，他认为这种"秘密外交"损害了自己的职业地位。甚至在尚未离开俄国的时候，威廉便在俾斯麦的默许下与沙皇"秘密通信"，在信中他向俄国君主标榜自己是其父反俄立场的坚定反对者。在归国不久之后，他又给沙皇写了下面这封颇具代表性的信。在信中，他恳求沙皇不要将自己父亲的仇俄言论放在心上：

您了解他，他喜欢和他人作对。他深受我母亲的影响，而我母亲又听命于我的外祖母——英国女王，这自然使他习惯于从英国的角度来看待一切问题。我向您保证，我和我们的皇帝陛下以及俾斯麦侯爵同心同德，而且我将继续把巩固和捍卫三皇同盟作为我最高的职责。

而在1884年6月的一封信中，威廉二世还把自己父亲对俄国政府及其政策的极端敌视透露给了沙皇："他［父亲］指责俄国政府满口谎言、背信弃义等等，为了抹黑您的名声，他几乎无所不用其极。"25

在接下来的一年里，在俾斯麦的鼓励下，威廉二世一直与沙皇保持着这种"热线联络"。他将家族内部的机密肆无忌惮地透露给一个外国君主，这表明他决意要利用霍亨索伦宫廷的人事倾轧和政治分歧来提升自己的形象。1884年的俄国之行也为威廉二世成为君主后的行事作风开了先河。此后，他仍然时常随心所欲地扮演外交官的角色，虽然他在这方面既没有受过专门训练，也没有专人指导。正如那封"威利写给尼基"*的著名信件所表明的那样，在整个统治生涯里，威廉二世都狭隘地从皇室角度看待外交问题，并严重高估了君主之间的个人交往对国际关系所发挥的影响。

当时，宫廷正为威廉的妹妹维多利亚（即"莫蕾塔"）与保加利亚的巴滕贝格亲王亚历山大的婚配问题争论不休，这场旷日持久的争论令各方矛盾进一步加深。威廉二世趁此机会进一步扩大了自己的权势。这门婚事可谓错综复杂，其中的政治权力纠葛

---

* 威利和尼基分别是威廉二世和尼古拉二世的昵称。——译者注

千头万绪，在这里仅大致介绍一下。[26] 从 1882 年起，储妃就属意"桑德罗"*巴滕贝格，想把他招为女婿。双方在次年会面之后，似乎也已经算是订婚的状态了。但是，这门婚事却遭到了宰相俾斯麦的强烈反对，他反对的主要理由是这会影响到德意志帝国同俄国的关系。巴滕贝格原本是俄国于 1878 年在保加利亚扶植的傀儡君主，但随后他参与了保加利亚寻求统一和独立的民族主义运动，直接违抗俄国在巴尔干半岛的政策。现在，他已经成了圣彼得堡方面的眼中钉，肉中刺。

俾斯麦认为，霍亨索伦公主嫁入巴滕贝格家族会破坏德意志帝国与俄国的亲密关系，而德俄友好是他外交政策的基石。不过，对储妃来说，这门婚事所蕴含的"反俄"寓意却恰恰是其主要吸引力所在。在其母维多利亚女王的支持下，她期望通过扩大德意志帝国在保加利亚的影响，为将来各国联合起来共同遏制俄国在巴尔干半岛的扩张打下基础。储妃在 1883 年 6 月写给母亲的信中提到，最好的结果就是"英国、奥地利、意大利和德意志帝国能够联合起来支持保加利亚［……］这样保加利亚就能成为一道真正的屏障，可以挫败俄国对君士坦丁堡的野心"。[27] 长期以来，普鲁士内部关于外交政策更倾向"西欧人"还是"俄国人"常有争论，这一事件让双方战火重燃。

到了 1884 年夏天，俾斯麦和皇帝威廉一世已经形成了强有力的同盟，他们反对这门婚事既出于国家政治原因，也有家族方

---

* 此为亚历山大的昵称。——译者注

面的考量。[28] 在整个19世纪80年代，关于巴滕贝格的争论一直在发酵，各派时不时将这一问题摆上台面，并挑起新的纷争。即使巴滕贝格亲王在1886年8月因俄国人支持的政变而被赶下了台并被驱逐出境，维多利亚和丈夫（后者在某些时候已经有所保留）仍然没有放弃这门婚事，他们甚至还考虑过为巴滕贝格亲王在德意志帝国政府谋一个高级行政职位。巴滕贝格的继任者是来自萨克森-科堡-哥达王朝的斐迪南亲王。此人继续推行了一系列反俄政策，直接激化了各方对于保加利亚问题的矛盾。1887年年底，战争的阴云笼罩在巴尔干半岛上空，人们的恐慌情绪开始蔓延。在这种背景下，这门婚事又变得敏感了起来。不出意料，威廉又加入了反巴滕贝格的阵营。他向祖父提供了妹妹和亲王私会的情报。在与俾斯麦的儿子赫伯特（毫无疑问是俾斯麦的耳目）的一次谈话中，他甚至像煞有介事地掂量解决巴滕贝格的最好方法是不是"怂恿他［和我决斗］，然后用我的子弹射穿他的脑袋"。[29]

　　威廉二世对妹妹婚事的坚决反对迎合了俾斯麦推行的亲俄外交政策，因此他为自己赢得了一项更为重要的任务：1886年8月，皇帝决定派威廉出使俄国与沙皇会面。不过与第一次不同，他不是去出席仪式，而是同沙皇就俄国在巴尔干半岛利益的政策问题进行高层会谈。皇帝希望威廉在1884年首次访俄时同沙皇结成的友好关系能对此行的目标有所帮助。储君不免再次觉得自己被忽视了。弗里德里希·威廉给俾斯麦写了一封颇具控诉意味的信，对这个决定表示抗议，他还补充说没人告知自己这个决定,他是"通过媒体和传言得知的"。[30] 当宰相回复说威廉二世的俄国之行已经公之于众、无法更改时,储君又试图以健康问题为由来阻止儿子成行(威廉二世生了一场病,还在康复),甚至提出代替儿子出访:"因为我若是通过自己的贡献来向沙皇强调我们与俄国交好的愿望,这会是一件好事。"[31] 然而,朝中最有权势的几位人物一致反对改变计划。尽管储君访俄是更高规格的"礼遇",然而俾斯麦在8月17日对威廉一世表示,假如储君访俄,"由于沙皇对巴滕贝格恨之入骨,皇储殿下却对他百般袒护,两人很有可能发生争吵"。威廉一世显然对俾斯麦的观点表示赞同,认为其子"不适合与沙皇亚历山大共处一室"。[32] 威廉二世本人也以一种夸张的方式内化了这种看法。在8月20日致赫伯特·冯·俾斯麦的信中,他警告说,〔假如他父亲出使俄国〕"他会喋喋不休地跟沙皇说有关英国的事情,还会赞颂保加利亚人的勇气!他要真去了那儿,我们就都完蛋了!"[33]

假如威廉二世是被破格提拔到国内某个行政职位上担当重任,那么无论他有没有事先同父母商量,储君无疑都不会如此愤愤不平。但在19世纪欧洲的传统君主专制政体和新君主专制政体下,各国将外交视为真正意义上的政治范畴内的事务,是君主行使权力的至高领域,属于国家层面最重要的活动。"外交事务本身就是我们全部政策的最终着眼点,"俾斯麦在1866年宣称,"我把它看得比其他一切事务都重要。"[34] 这种主观的"外交至上论"使得君主和政治家们纷纷将其视为自己崇高的职责,这也就解释了为什么随着威廉二世在德意志帝国外交界的影响力日益扩大，储君夫妇的神经越发被触痛了。威廉二世正在侵入其父亲作为未来君主意欲大展拳脚的舞台。

在1886年的秋冬之际，上述问题开始愈演愈烈。当时，在俾斯麦的建议下，威廉二世已经确定要进入外交部工作，以熟悉其内部业务。[35] 储君写信给宰相，反对这一举措，理由是其子"不够成熟，缺乏经验，性格上有傲慢和浮夸的倾向"，并警告宰相说"让他过早地接触外交事务是很危险的"。俾斯麦对此不以为然，回应说威廉已经27岁，比弗里德里希·威廉一世和弗里德里希·威廉三世登基时的年龄都要大。俾斯麦继而提醒储君："在皇室，君主的权威是凌驾于父亲的权威之上的。"[36]

由于任命一事，储君父子在1886年12月爆发了前所未有的激烈争吵。这里有必要详细摘录威廉二世对此事的说法（由赫伯特·冯·俾斯麦转述）：

> 皇孙说父亲对他一向严厉、轻蔑、粗暴，但他此前从未见过父亲如此气急败坏。皇储殿下脸色灰白，挥舞着拳头威胁道："你们完全是在耍弄我，今日之辱我绝对不会忘记！我如此明确的反对意见居然被完全无视，你们这些人根本没把我这个储君放在眼里！我要好好教训一下外交部的先生们，我以我的名誉保证，我一登基就会这样做，我绝不会原谅他们的所作所为！"[37]

因此，威廉二世早年间在政界迅速擢升在很大程度上要归功于俾斯麦家族的点拨和帮助。自1884年起，在其父的指示下，赫伯特·冯·俾斯麦对威廉大献殷勤，百般讨好，终于与其建立起了友谊。难怪向来与宰相不和的储君认为威廉二世在政事上和他针锋相对是"无孔不入的俾斯麦耍手腕的自然结果"。[38]然而，威廉一向喜欢保持独立，他绝不会永远或者完全与俾斯麦家族站在同一条战线上。自19世纪80年代初开始，另一位政治人物也与威廉结成了政治同盟，此后他将与俾斯麦家族一较短长。

阿尔弗雷德·冯·瓦德西伯爵是普鲁士军队的军需总监和副总参谋长。他经常与威廉见面，讨论军事问题，并曾于1884年陪同威廉首次出访俄国。从1885年1月开始，他们的关系变得更加密切。威廉开始向瓦德西倾诉"棘手的家庭事务"，并颇为煽情地表示"以后要仰仗〔瓦德西〕了"。[39]瓦德西随后成为威廉二世最为信任的心腹，他游刃有余地帮助威廉处理了几桩婚前和婚外桃色纠纷，避免他陷入尴尬的境地，不久后，瓦德西还在威廉二世针对柏林联盟俱乐部（Union Club）发起反赌行动并引发广泛争议之后全力支持他。[40]

瓦德西是反犹主义者，在宗教方面是狭隘而狂热的信徒，在国内政治方面属于保守派。由于这位军需总监身上所有的特质都是储君夫妇所深恶痛绝的，他自然而然成了威廉与自己父母划清界限的帮凶。不过，瓦德西的受宠也威胁到了俾斯麦家族对威廉的影响力。瓦德西野心勃勃，有传言说他一心想当上宰相。瓦德西竭力削弱赫伯特·冯·俾斯麦对威廉的判断和态度所造成的影响，并时刻仔细留意着威廉和宰相关系的亲疏。[41]瓦德西在外交

第一章　童年和青年时期

政策上的观点也与俾斯麦相左。尽管他曾经附和过宰相的外交政策，但到了19世纪80年代末，他对宰相的领导能力已经失去信心，并且直言不讳地支持对俄国发动预防性战争。[42]在俾斯麦斥责瓦德西之时，两人发生了争吵，其由头是瓦德西无关紧要的一次鲁莽言行，但他猜想俾斯麦真正在意的是其子在威廉跟前与自己争宠时落败——这无疑是正确的。[43]

到了1887年年底，谁能得到威廉垂青的问题变得越发重要了。当年3月，医生在储君的喉咙里发现了肿瘤。不同的医生对预后的看法不一。为储君服务的几位德国医生都认为该肿瘤是恶性的，必须尽快实施手术彻底切除，但该手术危险性极高，不仅会让太子永久失声，还可能会使他丧命。英国医生莫雷尔·麦肯齐爵士（Sir Morell Mackenzie，储妃的密友）则较为乐观。他认为该肿瘤不是恶性的，只要弗里德里希·威廉迁居到气候较温和的地方，并进行一段时间的静养，就可以自行痊愈。储妃支持麦肯齐的看法，拒绝了手术的方案。病人被转移到意大利北部沿海小镇圣雷莫（San Remo）的一幢别墅里，进行休养和恢复。然而，当1887年5月储君患病的消息广为人知之后，无论是在宫廷内部，还是在政府官员之间，甚至在普通民众之中，人们对储君的病情都普遍持较为悲观的看法。而当时威廉一世已经90岁高龄，身体每况愈下。人们一度认为威廉皇孙继位遥遥无期，只是理论上有可能的事件，而现在这似乎马上就要变为现实了。"上帝总是以这样神秘莫测的方式行事，"德意志帝国外交大臣弗里德里希·冯·荷尔斯泰因在日记中写道，"世界历史的进程就这样出乎预料地被改变了。威廉皇孙可能在 30 岁的时候就继承大统。到时,又会发生什么呢?"[44]

鉴于储君的身体状况,即便他能活到当今皇帝去世并顺利即位,其在位的时间似乎也不会很长,这就使威廉成了未来的方向和整个朝堂的焦点。瓦德西写道:"有趣的是,一些聪明人对威廉皇孙的态度正在发生 180 度大转变;昨天他们还对他大发雷霆,认为他无情无义、没心没肺,天知道还会有什么难听的话,但今天他们就反过来称赞他性格坚毅,认为他必定前途无量。"[45]1887 年 11 月 12 日,随着一则官方声明的发布,公众对弗里德里希·威廉身体状况的疑问烟消云散了:储君被确诊罹患癌症,无法治愈。这则消息对宫廷政治生态影响极大。据赫伯特·冯·俾斯麦回忆,"所有墙头草和软骨头"都不用再掂量到底倒向储君还是支持皇孙对自己更有利了,他们纷纷投靠后者,"恬不知耻地对皇孙阿谀奉承,吹满了他虚荣心的'船帆'"。[46]

如此一来,各方势力争夺威廉垂青的斗争就进入了白热化阶段。对俾斯麦来说,成败在此一举:他的外交政策在未来能否施行,他能否坐稳宰相的位子,都取决于此。为了加强对威廉的掌控,宰相采用了典型的"胡萝卜加大棒"策略。他继续帮助威廉在政坛一步登天,设法让威廉一世签署文件,规定一旦皇帝不能履行职责,就要将大权授予威廉皇孙,由他代替皇帝行使君权。这自然引起了圣雷莫方面的骚动。与此同时,俾斯麦还采取行动,以阻止威廉与自己最强势的政敌瓦德西伯爵联合。为了达到这个目的,他集中火力,将矛头对准了威廉、瓦德西和牧师兼政治家阿道夫·施特克尔（Adolf Stoecker）三人之间的关系。

施特克尔自1874年起担任柏林大教堂的宫廷牧师，创立了基督教社会工人党（Christian Social Workers Party，后更名为基督教社会党）。他是19世纪末最为激进和富有革新精神的德意志保守派人士之一。与同时代的、维也纳的卡尔·卢埃格尔（Karl Lueger）一样，施特克尔将掺杂了民粹主义的反资本主义、混合了机会主义的反犹主义和宗教复兴思想结合在一起，为自己保守主义的政治主张赢得了大量民众支持。他的目标是让世俗化且处于社会边缘的工人阶级与基督教会和解并接受君主制的秩序。俾斯麦对施特克尔的态度颇为矛盾：他赞赏这位牧师维护君主制的保守政治主张，但对其政党能否从社会民主党（Social Democracy）手中争取到工人阶级选民颇为怀疑，并且对其煽动下层民众的手段不以为然。更重要的是，到1887年底，俾斯麦已经把施特克尔看作一个政治威胁。当年11月，一场旨在为施特克尔创立的"城市布道所"筹措资金的募捐会在瓦德西伯爵的府邸举办。这一机构致力于通过慈善活动在城市贫民中传播福音。威廉出席了该活动，并发表了简短讲话，赞扬了牧师所做的工作，称借助宗教对人民大众重新进行教化是消弭"信奉无政府主义和去宗教化的政党［此处指社会民主党］所带来的革命性倾向"的唯一途径。在这一场合，俾斯麦察觉到一个危险的新政治联盟具备了雏形。施特克尔可以拉近威廉、保守派人士与新教"极端"教职人员之间的关系，由此威胁到由宰相领导的自由保守派的内部团结，而这一派别正在帝国议会占有多数席位。[47]对于俾斯麦来说，施特克尔的最终目的已经很清晰了：他要为威廉登基之后将瓦德西任命为宰相做好铺垫。

俾斯麦并没有直接就此事向威廉施压，而是以他一贯的方式利用了帝国宰相府所掌握的丰富公关资源。12月的第二周，数篇讨伐施特克尔的尖锐文章出现在《北德总汇报》（*Norddeutsche Allgemeine Zeitung*）上。这是一份全国性的报纸，并作为半官方的政府喉舌而广为人知。在全德范围内，与俾斯麦掌握的帝国议会多数派有关的民族自由党的报纸和温和保守党的报纸都很快加入了战局，它们共同指控某个反动的宗教小团体已经操纵了易受影响的威廉，为自己谋取利益。这是威廉第一次发现自己成了全国媒体关注的焦点，然而这远远不是最后一次。

突然暴露在公众的视线之下，接受人们的审视与批评，似乎使威廉惊恐不已——他对舆论的敏感此时初露端倪，而这种敏感将贯穿他的整个统治生涯。到了12月底，威廉发表了官方声明，宣称自己与施特克尔的反犹主义立场毫无关系。在写给俾斯麦的一封私人信件中，他辩称此前参加布道所的活动并非想暗示他倾向于这个派别，他还向俾斯麦保证，自己宁可把四肢"一一砍掉"，也不愿给宰相带来任何"麻烦或不快"。[48]次年2月8日，威廉在对勃兰登堡省议会演讲时（演讲内容随即被透露给了媒体）强调了自己对俾斯麦外交政策的认同。[49]俾斯麦赢了这一局，但他此番和威廉的角力还是对两人之间的关系造成了不小的影响。威廉对俾斯麦为了让他在全国人民面前出丑而耍弄的手段怒不可遏。他开始放话称俾斯麦的好日子终将到头："他最好记住，我才是一国之尊［……］在继位之初，我自然不会对宰相弃之不用，但等到时机成熟的时候［……］我希望自己无须再与俾斯麦侯爵合作。"[50]

1888年3月9日，老德皇威廉一世去世。他在临终遗言里表达了对孙子的认可："我对你一向很满意，因为你事事都办得很妥当。"[51]威廉一世去世之后，新皇帝（威廉的父亲）和他儿子的首次交流是通过一封措辞冰冷的电报进行的，他警告威廉要服从自己的权威。尽管新皇帝的健康状况不容乐观，但是3月23日发布的政务代理敕令却只将最低限度的权力和职责让渡给新任储君（威廉二世）。然而，在现实当中，威廉仍然是人们关注的焦点和政治投机的目标。在政府最高统治层的内部，没人打算承认新政权的合法性，甚至连新皇帝的军事主官也是如此，它仅仅被视为一个碍事的过渡政权。"我想人们都认为我们只是匆匆过客，过不了多久就会被威廉所取代。"皇后在3月给母亲的信中这样写道。[52]德皇弗里德里希三世（皇帝这样自称）的统治从各种意义上来说都过于短暂了（只持续了99天）。因为病痛，新皇帝的身体极度虚弱，无力在各机构内撤换人员，也无法对政策做出任何调整。而这原本是保守派一直以为会发生和感到惧怕的。

在一些重要方面，威廉二世和宰相仍然存在分歧，最为突出的就是在外交政策上。1888年春夏季节，由于担心与俄国开战，恐慌情绪长时间弥漫在朝野上下，人们都感觉到惶恐不安，这使得威廉在俾斯麦的亲俄政策和瓦德西伯爵好斗的反俄路线之间摇摆不定。[53]然而，公主与巴滕贝格结亲一事在4月又被重新摆在了台面上，这为威廉和俾斯麦的联手创造了条件。俾斯麦以辞职相威胁，威廉随即警告这个"保加利亚佬"，说假如二人成婚，他会在登基之后立刻将他们驱逐出境。

威廉和其母维多利亚之间的敌意依然没有丝毫减少。在皇后看来，儿子对巴滕贝格一事毫无松动的反对态度进一步证明了（如果说这还需要证明的话）"他的怨怼、报复心和自负"以及他试图通过将一桩"家务事"闹得满城风雨来"毁掉"她的险恶用心。[54]不过，身体的虚弱以及伴随重病而来的看淡一切的心态使得弗里德里希·威廉的性情变得更加温和。他已经既无心，也无力与儿子继续敌对，而他自己的身体状况则成了各方争论的焦点。威廉始终反对其母和莫雷尔·麦肯齐爵士的意见，而赞同大多数御医的悲观看法，认为其父罹患绝症，需要进行手术治疗。由于19世纪80年代接受全喉切开术的病人存活下来的希望非常渺茫，维多利亚便认为威廉是想借助这样一种无情的伎俩尽快登基，或者迫使她丈夫宣布自己不适合统治。当威廉于1887年11月从圣雷莫返回之后，他说母亲不仅像对待"一条狗"那样对待他，还阻止他探望父亲。在弗里德里希·威廉最后的日子里，她再次阻止威廉前去探望。然而，时间、癌症以及王朝传承的机制都站在了威廉一边。在弗里德里希·威廉于1888年6月15日去世之后，又爆发了一场舆论风暴，人们纷纷指责那些之前不相信皇帝罹患癌症的人（包括皇后）对他照顾不周，一时间民怨沸腾。威廉不顾亡父遗愿及其寡母的强烈反对，下令对其父开棺验尸，并进行了病理解剖。解剖结果证实弗里德里希·威廉体内确

图1 图为身着骑兵胸甲的弗里德里希·威廉皇储,摄于1887年1月1日。后来弗里德里希·威廉登基成为弗里德里希三世皇帝,在位仅99天。1888年3月9日登基时他已患喉癌,命不久矣。德意志帝国因此缺失了信奉自由主义和进步思想的一代君主,那代人曾经为德意志民族国家的建立做出贡献。倘若弗里德里希三世没有过早离世,未来会是怎样的一番面貌,这是德国历史上可能发生的事情当中极为引人畅想的一个。

实存在癌细胞。这一结果被公之于众，证明威廉自1887年春天其父患病以来所坚持的立场是正确无误的。

宫廷中人过去总是（可能现在基本上也是）会过度估计人们被他人操纵的程度，部分原因可能是他们太过相信权术和阴谋诡计所发挥的威力。在储君夫妇眼中，威廉是一个"傀儡"、一张"牌"，他的判断力和思想早已被尔虞我诈的宫廷所"扭曲"和"毒害"了。维多利亚在1887年3月便写道："他既不聪明机敏，也不老谋深算，以至于无法看透这个体系和体系中的那些人，只能任凭他们摆布。"[55] 瓦德西担心威廉会被赫伯特·冯·俾斯麦的奉承讨好所迷惑，而宰相则害怕威廉已被瓦德西所操纵。事实上，若分析1887—1888年发生的一系列事件便可以看出，威廉并不受制于任何一方。瓦德西在1887年1月曾经相当准确地评价说威廉"自行其是"，并且会"尽力避免在自己周围培植一众羽翼丰满的党羽，以防受他们的挟制"。[56] 也正是在这个时候，那些消息灵通的观察者（荷尔斯泰因、赫伯特·冯·俾斯麦、瓦德西）开始以赞赏的口吻谈论威廉"看似冷血的态度"和他令人惊叹的伪装能力。而这些本领都是威廉在长期的家庭内部斗争中磨炼出来的。事实上，威廉的政治立场极其灵活多变（1884—1886年亲俄，1887年12月倒向"主战派"，1888年又和俾斯麦站在了同一战线上），这表明他已经倾向于根据不同的情况来利用不同的人物和派系。

因此，从威廉初入政坛所展现的姿态中，我们主要可以看出他对权力以及对他人认可的渴求，而非对于特定人物或是他们所

第一章　童年和青年时期　　025

倡导的政策的认同。威廉本人是在这样的环境下逐渐成长起来的：在他的身边，钩心斗角的戏码时刻上演，这深刻地影响着他与旁人之间的关系，使得他与一些人的关系越发稳固，而与另一些人的关系分崩离析。威廉的父母（尤其是他的母亲）和他们的宿敌俾斯麦宰相一样全神贯注于这种争斗。威廉能够从由此产生的派系斗争中获利，而从他所处的有利角度很容易看出，这些争议和辩论似乎成了夺取和巩固权力的工具，政治本身则可以通过个人之间对立的关系而体现出来。待他继承大统之时，威廉已经表现出对权力异乎寻常的兴趣和渴望，这从他习惯于分发明信片并在上面写一句"我在等待时机"便可以看出。不过，他却没有深入思考在获取权力之后将要怎么做，这也许是威廉在矛盾不断的霍亨索伦家族中所受的政治教育留下的最致命影响。

威廉二世的个性

威廉的早年经历是否为他日后异常的心理状态做了铺垫呢？自1918年威廉在革命的威胁下宣布退位之后，关于这一时期的历史著作和通俗作品都在猜测这位德国末代皇帝是否存在精神不稳定甚至疯癫的症状。在他退位之后的一年间，一系列研究著作相继问世，对威廉的精神状态是否影响他履行君主的职责进行了探讨。这些著作包括 F. 克莱因施罗德（F. Kleinschrod）的《威廉二世的疯狂》(*The Madness of Wilhelm II*)、H. 卢茨（H. Lutz）的《德皇威廉周期性发疯！》(*Kaiser Wilhelm Periodically*

Insane!)、H. 维尔姆（H. Wilm）的《有缺陷和精神变态的威廉二世》(*Wilhelm II as Cripple and Psychopath*)等。"他完全就是有病，他的思想和感情都不正常，"《威廉二世的病症》(*The Illness of Wilhelm II*)的作者保罗·泰斯多夫（Paul Tesdorpf）如是说，"有经验的医生和心理学家都能看出，威廉二世从年少时起就患有精神疾病。"[57] 在这些早期研究著作中，有些研究者认为威廉患有退行性的先天性疾病，病因则是其家族多年来的"过度生育"。无须多言，这些言辞恶毒的著作在医学上的参考价值可以忽略不计。它们主要的目的是将德国战败的罪责归咎于威廉二世，将他塑造成一个导致德国自1914年以来国运急转直下、灾祸连连的疯子。（保罗·泰斯多夫在1919年写道："他的疾病要为德国的战败负一部分责任。"）然而，这种"先天疾病说"更多来源于资产阶级自由派人士长期以来对世袭君主制的批判，而不是来源于临床观察的结果。

1926年，埃米尔·路德维希的畅销传记一反战后初期的小册子以偏概全的论调，对这个退位的皇帝的个性发展进行了更为细致和更富有同情心的剖析。与前人的研究不同，路德维希关注的是威廉的生理缺陷。由于其母难产，威廉二世是由医生用产钳从母亲腹中取出来的；在此过程中，他肩膀上的神经受到了损伤，导致左臂永久瘫痪。路德维希称，和这一"缺陷"的"长期斗争"，"是他［威廉］个性发展过程中的决定性因素"；其长期后果就是"对专制主义的热爱"，以及倾向于采取进攻、好战的姿态来掩饰自己的不安全感。[58] 在评论路德维希著作的人当中，不乏西格蒙德·弗洛伊德这样的心理学权威，但他认为这位传记作者过分强调了威廉手臂残疾的问题。在1932年的《精神分析引论新编》中，弗洛伊德坚持认为，威廉作为一个成年人的种种不足之处并不是由手臂残疾本身所造成的，而是母亲因这种残疾而对他产生了排斥心理，继而对他缺乏关爱的结果。[59]

此后，人们对于威廉精神状态的争论仍然在持续，而且热度不减。近年来，美国历史学家托马斯·科胡特基于后弗洛伊德心理分析理论的一个分支（"自体心理学"）的观点，着重将威廉的性格缺陷放在他与父母尤其是他与母亲的关系中来考察。科胡特发现，威廉的父母没有给予他"移情关怀"（empathic care），没有提供"源于认可和镜映的自豪感"以及"恰到好处的挫折"，而这些都是发展出一个"统一而完整的自我"所必需的。因此，威廉在整个成年期中都为"自我的失调或虚弱"所困扰，这恰恰是"自恋型症状"的特征。同时代人在成年的威廉身上频繁观察到的过度敏感、渴求认可和缺乏"心理一致性"等特征，便可以从其早期的家庭经历中找到解释。[60]

英籍德裔历史学家约翰·洛尔对威廉早期的心理发展采用了一种颇为不同的研究方法。他对大量原始资料进行了规模空前的考察，在此基础上再开展对威廉早年生活的研究，结果发现在威廉早年人格逐渐成熟的阶段，并未因为缺乏父母关爱而受到不利影响。相反，洛尔发现，以当时王室家庭的标准来看，储君夫妇家庭的感情基调是异常温暖和亲切的（威廉的美国传记作者拉马尔·塞西尔也认同这一结论）。洛尔认为，威廉不正常的精神状态的根源要追溯到更早的时期,即他出生的时候。洛尔以历史书中从来没有过的大量篇幅对妇产科领域进行了深入探讨,详细地再现了储妃当时生产的情形,并以确凿的证据证明威廉在出生时严重缺氧,导致他生来就有"轻微脑部机能障碍"。根据最近的医学研究成果,这种状况与患者成年阶段所表现出的过度敏感、暴躁易怒、缺乏专注度和客观性等症状是有关系的。洛尔指出,正是这种"器质性心理综合征"使得威廉易于"继发性神经质",而威廉童年时所受的严苛待遇(包括为了使他瘫痪的左臂复原而施行各种高风险疗法,用"头部拉伸器"来矫正他的脖子,以及欣茨佩特先生采用严格手段来教育他等)正好促发了这种病症。[61]

无论是先天获得的,还是在童年后天习得的,威廉身上的这些异常的性格特征是否都使他无法以理性的方式行使权力呢?我们是否需要通过精神分析和神经病学中的诊断标准和症状类型来解释威廉在掌权时的种种行为呢?这些问题当然只有在对威廉的政治生涯进行剖析之后才能解答,而这正是本书在余下的篇幅中所要着重探讨的。不过,在展开论述之前,我想预先提醒读者。首先,用精神分析这种解读行为的方法来对已故之人进行研究,可能非常吸引人,但这种方法中臆测的成分极高。最重要的一点是,诊断标准的适用性决定了人们难以对其进行客观评定(例如父母的同情心如何才算是"足够的"?),而且关于被研究者的资料常常是模棱两可甚至自相矛盾的,这更增加了研究的困难。至于"脑部损伤"和"继发性神经质"的观点,它们都建立在诊断的假设之上，而这些假设在源头上就是有争议的——我想约翰·洛尔自己也不得不承认这一点。精神分析还局限了我们的研究，使我们仅能依靠旁证，因为在威廉的婴幼儿时期，没有任何一个医生观察到他存在精神缺陷的迹象。

另一个问题是，君主的所谓"疯狂"有时已经不再属于严格意义上的医学范畴，而是一种政治问题。正如珍妮特·哈特利指出的，英国的外交官和政治家们通常只有在怀疑俄国沙皇亚历山大一世企图损害英国利益时，才会倾向于认为他精神错乱了。[62] 威廉二世同时代的人其实很清楚，从19世纪90年代初期开始流传的、关于威廉精神状况不佳的谣言是怀有政治目的的，但他们不否认威廉某些怪异的举动有时确实会促使人们沿着这一思路展开猜测。[63] 左派自由主义历史学家路德维希·克维德于1894年发表的讽刺文章（号称"威廉二世时期最成功的政治宣传册"）运用了一系列当时神经科学的时髦术语，将对帝国君主制度的批评嵌入了对威廉的"病情诊断"之中。[64] 那些曾经称赞威廉性格坚毅的人在失势之后也经常拿他的精神问题大做文章。人们通常会在对他人的某种特定行为模式不满或者反感的时候，斥责其精神不稳定，然后用或紧或松的临床诊断标准来将其合理化，这种情况在过去和现在都非常普遍。这也就解释了为何不同时期人们对威廉的"诊断"似乎都与当时大众科学发展的新趋势异常一致：19世纪90年代的"神经衰弱"说，魏玛共和国早期的"家族退化"说，20世纪20年代兴起且在此之后周期性出现的弗洛伊德精神分析解读，20世纪70年代开始出现的"被压抑的同性恋倾向"说，20世纪80年代和现在依然盛行的神经病学解读，以及在21世纪的基因研究风潮下出现的"乔治三世基因"说（即卟啉病说）。[65]

心理史学和回溯性神经科学所提倡的解释方式有一个更深层次、更严重的缺陷：在它们的诱导下，我们未能从更为理性和符合历史情境的角度来解释一个人的行为。比如说，约翰·洛尔在其研究威廉心理状态的著名作品中列举了一些事件，似乎能够证明威廉陷入了"德皇式的疯狂"状态（即对自身的权力和能力陷入过度妄想）。其中包括：威廉曾经对一群海军将领宣称，"你们所有人都一无所知，唯独我并非如此。只有我能给出决定"。[66] 倘若我们认为威廉天生就是疯子，我们便会从字面上解读这番言论，认为其反映了威廉虚妄的世界观。但是，我们也可以将同样一番话放在具体情境中来考虑。由于威廉身边的人（包括陆军和海军军官）在名义上由威廉掌管的多个领域都拥有专业知识，威廉在面对他们的时候自然会觉得自己的权威受到了挑战。因此，我们便可以将其理解为威廉是在借这番话（尽管在我们看来可能是有失公允或不合时宜的）来强调行政权力是凌驾于技术权威和机构权威之上的。我们会在接下来的章节里回答由科胡特和洛尔所提出的重要问题。但本书将尽可能着重通过在具体情境中分析何为"合理"，来解读他当权时的种种表现。

第二章
夺取权力

权力与宪法

在德意志帝国的政治体系内，权力是如何分配的呢？皇帝享有多大的权力呢？要回答这些问题，我们必须首先研究1871年4月16日颁布的宪法。宪法界定了帝国的政治机构及它们之间的相互关系。威廉二世在1888年6月25日对帝国议会发表的登基演说中提到他要"监督和保护"[1]宪法，而这部宪法是复杂的历史妥协的产物。随着普鲁士在1870—1871年的普法战争中大获全胜，新的德意志帝国宪法势必要将权力分配给多个利益集团。显而易见，俾斯麦本人主要关心的是如何巩固和扩张普鲁士的权力。然而，他的主张对某些邦国显然缺乏吸引力，尤其是南方的主要邦国——巴登、符腾堡和巴伐利亚。因此，宪法必须既考虑到组成德意志帝国的各个主权实体的政治诉求，又要满足维持帝国运转的中央协调机构的需要。

不出所料，最后出炉的宪法明显具有权力下放的性质。实际上，它与其说是一部传统意义上的宪法，还不如说是各个主权实体之间签订的条约，这些领地同意联合起来组成德意志帝国。[2] 由于列国认为新帝国只不过是一个诸侯联盟（Fürstenbund），所以各邦之间依然互派使臣——事实证明，这一安排对历史研究者来说十分幸运，因为邦联特使汇编的报告现在是我们研究新帝国政治生活的绝佳资料。基于同样的逻辑，外国政府不仅需要向柏林派遣使臣，还得往德累斯顿和慕尼黑等地派驻使节。

如果我们把1871年宪法与法兰克福议会的自由派律师于1848—1849年制定的帝国宪法（最终流产）相比较，1871年宪法极端的联邦主义倾向就会更加鲜明地暴露出来。根据法兰克福宪法的规定，各邦政府都必须遵循统一的政治原则，而1871年宪法却没有这样做。法兰克福宪法构想了一个与各邦国政府迥然不同的帝国权力机构（Reich Authority），而1871年宪法则规定帝国主权归于联邦议会（Federal Council），该议会由"各联邦成员所派出的代表"组成。[3] 联邦议会决定哪些法律草案可以交由帝国议会讨论，草案在成为法律之前必须经过联邦议会同意，它还负责监督帝国法律的实施情况。联邦的每个成员都有权提出草案，并将其提交议会讨论。1871年宪法（第8条）甚至宣称联邦议会将挑选部分成员组成一系列"常设委员会"，负责处理外交、国防和陆海军等各个领域的事务。

1871年宪法对联邦主义的强调无疑对皇帝的地位产生了重

要影响。宪法起草者显然是在尽力不去强调中央机构所拥有的权力，以免伤害到联邦制拥护者的感情。在这里，我们有必要再次将1871年宪法与法兰克福宪法进行对比。法兰克福宪法中有一个条款叫作"帝国中枢"，专门对帝国中央权力机构进行了讨论，而1871年宪法则没有相应的条款，只是在第4条谈到联邦和联邦议会的管辖权时稍稍提及了皇帝的权力。1849年的法兰克福宪法明文规定"皇帝有宣战和媾和的权力"，而1871年宪法则规定：除非德意志帝国的领土遭受攻击，否则，皇帝必须获得联邦议会同意后方可宣战。法兰克福宪法（第79条）赋予了皇帝解散议会两院的权力，而1871年德意志帝国宪法（第24条）则明确规定了联邦议会有权解散帝国议会，但必须首先征得皇帝的同意。1871年宪法第14条则规定只要有1/3的联邦议会议员投票同意，即可随时召集联邦议会成员开会。换言之，皇帝似乎只是众多邦君中的"领头羊"，其权力来自他在联邦体系中的特殊地位，而非源于他对德意志领地的直接统治。因此，他的官方头衔不是"德国皇帝"（Emperor of Germany）（尽管威廉一世本人可能更倾向于这一称号），而是"德意志皇帝"（German Emperor）。一名外行在读过1871年宪法后可能会得出这样的结论：联邦议会不仅拥有各邦国的主权，还掌握着德意志帝国的政治权力。综上所述，这种理解并不令人意外。

然而，通常我们是无法通过宪法来窥知政治现实的，1871年的德意志帝国宪法也不例外。尽管该宪法在字面上对联邦主义做出了许多让步，但在接下来的数十年中，德国政局的实际发展却似乎倾向于瓦解联邦议会的权威。尽管宰相俾斯麦坚称德国在过去和现在都是一个诸侯联盟,但是宪法对于联邦议会的承诺却从未得到履行。其中的原因是多方面的。第一个也是最明显的原因,便是普鲁士在军事实力和领土面积上的压倒性优势。在联邦内部,普鲁士王国以65%的国土面积和62%的人口享有实际上的霸权。与普鲁士军队相比,南方各邦国的武装力量可谓相形见绌。宪法第63条规定普鲁士国王作为德意志帝国皇帝,是帝国武装部队的最高指挥官。宪法第61条规定"普鲁士的全部军法"都要"立即推广至帝国全境"。这就使得联邦通过"常设委员会"来管理军事的任何主张都变得毫无意义。普鲁士的主导地位在联邦议会中也得到了体现。除了曾经结为汉萨同盟的几个自由市(汉堡、吕贝克和不来梅)之外,德国中部和北部的小邦国均是普鲁士的附庸,必要时适当施压便会使它们就范。再加上普鲁士本身就拥有议会全部58个席位中的17席,其他邦国要想组成联盟来反对普鲁士的提议是极为困难的。

无论在何种情况下,联邦议会都不可能如联邦主义者们所期望的那样主宰德国的政治舞台。宰相作为皇帝的首席臣仆,拒绝将任何可能与皇帝或其本人的特权重叠的公共职能让渡给联邦议会。比如,宰相不顾宪法第8条的相关规定,想方设法地让联邦外交事务委员会形同虚设。更重要的是,联邦议会缺少起草法律所必需的行政机构,因此不得不依赖普鲁士的官僚体系。结果,议会逐渐变成了一个审议法案的机构,而这些法案本身则是由普鲁士国务部经过多番讨论后制定出来的。如果我们把联邦议会在帝国议会遭到解散时（分别发生于1878年、1887年、1893年和1906年）的表现进行比较，就会发现联邦议会一贯缺乏权威。在这些事件中，联邦议会不但未能先发制人，反而逐渐沦为帝国政策的传声筒。[4] 联邦议会的从属地位甚至反映在其位于柏林的办公场所上：它没有独立的办公大楼，而是"栖身"于帝国宰相府之中。

相对薄弱的帝国行政机构进一步增强了普鲁士的霸主地位。19世纪70年代，为了应对逐渐增多的帝国事务，新机构陆续建立，一个帝国政府确实以某种形式出现了。不过，尽管在整个威廉一世统治时期，帝国政府在立法上的作用显著增强，它却仍然与普鲁士的权力机构紧密相关且依赖后者。帝国政府各部门（外交部、内政部、司法部、邮政部、铁道部、财政部）的负责人不是正式的大臣，而是级别更低、直接向宰相负责的国务秘书。另外，普鲁士官僚机构的规模要大于整个帝国的官僚机构，直到第一次世界大战爆发时都是如此。而且，任职于帝国行政机构的官员也多是普鲁士人。

在那些希望让联邦体系发挥作用的人看来，普鲁士/德意志这种二元对立关系给整个政治体系的运转带来了很严重的问题。尽管普鲁士是帝国内最大的邦国并居于主导地位，普鲁士各级政府即使是在制定本邦政策时也不得不考虑到帝国的整体情况。最明显的原因在于这样一个事实：自帝国成立以来的大部分时间里，普鲁士首相兼任帝国宰相，因此他同时对普鲁士王国议会和帝国议会这两个立法机构负责。这两个机构不仅在组织形式上大相径庭，而且在产生方式上也不尽相同。帝国议会在男性选民普选的基础上产生，因此聚集了各党各派的人士，在相当程度上反映了德国在地域、宗教、民族及社会经济等方面的多样性。普鲁士王国议会则在三等级选举制度下产生，该制度在本质上偏袒有产者，从而保证了保守派和右翼自由派的主导地位。由于普鲁士的局势会影响帝国议会内各党派的态度，反之亦然，首相兼宰相便面临着平衡两种截然不同的立法机构的艰巨任务。

1871—1890年，这一独特的复杂政治体系一直由杰出的奥托·冯·俾斯麦-申豪森所维系。俾斯麦的统治地位部分来源于他对普鲁士王国及帝国行政机构的全面掌控。作为帝国宰相，他可以直接对帝国国务秘书发号施令；作为普鲁士王国首相，他可以操控普鲁士政府部门的内部议题；作为普鲁士的外交大臣，他负责在联邦议会投出普鲁士的17张票。[5]这个横跨德意志帝国和帝国内诸强邦之间的战略地位是俾斯麦获得政治影响力的关键。"如果你斩断我作为普鲁士人的根，只让我做帝国大臣的话，"俾斯麦对帝国议会如是说，"那么我便会同其他任何人一样默默无闻了。"[6]以一己之力支撑起德意志帝国"不完整的联邦体系"的俾斯麦逐渐把普鲁士王国和德意志帝国的几乎所有政府决策权都掌握在自己手里。[7]

然而，俾斯麦身居多个要职本身并不足以解释他于1871年之后在德意志帝国体系中享有的独断地位。他作为统一战争的总策动者所发挥的作用，他作为外交大臣无与伦比的手腕和判断力，他揣测政敌的招数并对其进行恫吓的卓越本领，他利用舆论的敏锐眼光,以及他与皇帝相处时的长袖善舞,也是同等重要的因素。"你必须亲身感受,才会明白这个人对他周围的一切人、事、物施加了怎样的影响,"左翼自由派人士路德维希·班贝格尔如此回忆道,"德意志帝国内部一度没有谁敢断言他的势力范围有多大。"这不仅仅是因为"他的权力如磐石般无可撼动,人人在其面前都会颤抖不止",还因为他"能够决定法律条文、政府机构甚至政治风向的走势"。所有党派的人士都以种种方式谈到了俾斯麦的"独断专行",他的"专制主义思想"以及在"至高无上的"波美拉尼亚"朱庇特"*影响下形成的"专横"气质。甚至连汉斯－乌尔里希·韦勒(一位通常并不倾向于采用"个人主义"框架来解读历史的历史学家)也援引了韦伯的"卡理斯玛"(charismatic power)说来试着解释俾斯麦为何享有无上权威,这种权威不能简单归因于他的社会背景、职位以及他所信奉的价值观。[8] 韦勒的批评者们对这一说法是否适用于俾斯麦颇有微词,但是俾斯麦强大的政治权力和公众影响力却是毋庸置疑的。[9]

那么,德意志皇帝在整个体系中的地位又如何呢?鉴于普鲁士国王在普鲁士带有浓厚君主专制色彩的宪法中的地位以及普鲁士行政首脑在整个帝国体系中几乎无可撼动的主导地位,普鲁士国王兼德意志皇帝的潜在权力是巨大的。比起终有一日会卸任的宰相来说,他以一种更绝对也更个人化的方式同时操纵着帝国政府和帝国实力最强的邦国。根据宪法第 18 条的规定,皇帝有权

---

* "朱庇特"代指威廉一世。——译者注

任免帝国官员；而普鲁士宪法也规定，普鲁士国王有权任免普鲁士官僚。无论在战争时期还是和平时期，皇帝都是海陆军的总司令，可全权处理人事任免（第53条、第63条）。只有获得他的同意，普鲁士议会才能通过法案；他还通过联邦议会议员的影响力决定着帝国法案能否通过。他一手掌握着文官内阁和军事内阁，二者不对议会负责，专门为他服务，从而使他拥有组织机构层面的权力基础。多米尼克·利芬将这个每日处理大量文书工作的庞大机构与俄国截然不同的情况进行了对比：沙皇既没有专职的书记员，也没有私人秘书，需要自己用蜡封缄信件，通过手写便条同侍从和大臣们联系。[10]

　　作为德意志统一过程中的军阀，威廉一世享有独特的个人声望。但是，由于帝国的政治体系由宰相一手掌控，普鲁士国王兼德意志皇帝的政治潜能注定得不到充分施展。这并不是说威廉一世是无足轻重的人物。民主德国作家卡尔－海因茨·博尔纳（Karl-Heinz Börner）在其关于威廉一世的传记中反对将德意志帝国的第一任皇帝看作"德意志波拿巴主义体系中的傀儡"。[11]事实上，威廉一世有时也会坚决反对俾斯麦的观点，并确保自己对国家所有的政策领域都了如指掌。直到去世为止，他都始终牢牢地掌握着最终决策权。1882年，威廉一世在向普鲁士国务部发布的敕令中宣称国王有权"依据自己的判断调整普鲁士政府及其政策"，政府的举措归根结底取决于（普鲁士）国王，"源自国王的决定，是国王的观点和意志在组织机构中的体现"。[12]

　　然而，俾斯麦在协调不甚牢靠的帝国体制和普鲁士体制方面

图2　奥托·冯·俾斯麦比任何一位政治家都更深刻地影响了威廉的政治观。他在威廉的青少年时期持续地影响着他的家庭生活,甚至在1890年离职后势力仍然不可小觑。这张照片中由雕塑家胡戈·莱德雷尔(右一)制作的俾斯麦大型塑像有力地展现了俾斯麦身后依然显赫的声名,而他的影响贯穿了威廉二世统治时期的始终。

的卓越本领显然使他成了皇帝不可或缺的左膀右臂，研究两人关系的学者们普遍强调了俾斯麦是如何通过威逼利诱、恩威并施的手段来获得威廉一世在重大事件上的认同的。威廉一世不得不时常接受与自己的直觉相左的政治举措。他不想同奥地利开战，他厌恶1871年之后的十年间德国政坛上的自由主义倾向，他也不赞同俾斯麦所发起的反对天主教徒的政治运动。当两人发生正面冲突的时候，俾斯麦会释放其个性中的所有能量，时而涕泗横流，时而怒火万丈，时而扬言辞职，直到皇帝接受他的意见才作罢。正是这些威廉一世几乎无法忍受的场景促使他发表了一番著名评论："在俾斯麦手下当皇帝实属不易。"他在另一个场合还说过："他比我还重要。"这或许并不是虚伪的自谦之语。[13]

宰相和国王兼皇帝之间的权力平衡问题，不能与其他机构的政治势力割裂开来考虑；它取决于一系列外部因素，其中最为重要的便是帝国议会中多数派的态度。得到议会强力支持的宰相可以站在更强硬的立场上同君主谈判。反之，如果帝国议会持敌对态度，宰相作为政事管理者的作用就会被削弱，使得他更加依赖君主，而这正是俾斯麦在1881—1886年的处境。1890年2月，俾斯麦领导的多数派政党联盟"卡特尔"（Cartel）在帝国议会选举中败北，他不久之后便被威廉二世赶下了台，这并不是巧合。

帝国议会、联邦议会和普鲁士国王兼德意志皇帝一起，共同构成了帝国宪政的铁三角。联邦议会象征了各邦国所享有的有限自治权，而帝国议会则代表了德意志民族国家内的大量男性选民。联邦议会的各位代表都是由各邦国的君主所指定的，代表了王朝政治的原则；相反，帝国议会是通过三年一度（1885年以后改为五年一度）的成年男性普选所产生的，是当时欧洲大陆最为民主的立法机构之一。法案须经过帝国议会的同意方能成为法律，而且与一些教科书上的说法相反，帝国议会有权发起立法。由于帝国议会有权核准帝国预算，它便握有与行政机构讨价还价的筹码，还能防止后者的野心膨胀。另一方面，帝国议会左右政局的能力也受到了极大限制，因为宰相的任期并不取决于议会多数派的支持。与英国不同，德国议会无权通过投不信任票来罢免政府首脑。两者的区别从一个重要的流程差异上就能够很清楚地看出来：英国一直都是君主前往下议院参加新一届议会的开幕仪式，而德意志帝国则是君主召集议会代表来宫中参加议会开幕仪式的。

帝国议会逐渐会聚了一系列复杂的政党团体，因此如何通过立法成了帝国宰相最棘手也最让人头痛的政治任务（平衡普鲁士王国议会和帝国议会利益的需要使这个任务难上加难）。尽管帝国议会制定政治章程的权力依然十分有限，但历史学家们普遍认为威廉一世时代见证了戴维·布莱克本所说的"议会政治正当性的提升"。[14] 促成这一转变的一个重要因素是帝国宪法第22条的相关规定：帝国议会公开会议的议事记录应该始终如实地向社会公布。这就使议会中的一些政党领袖成了公众人物，对政治感兴趣的民众也可以参与（至少可以旁观）当时的激烈辩论。另外，当时帝国议会各个委员会所处理的事务逐渐增加，各政党领袖和委员会专家在决策过程中的各个环节所发挥的作用也越发重要，这体现了一个事实,即议会的实际权威正在进一步增强。

在对德意志帝国的政治体系做了这样一番简短的审视之后,我们能得出什么样的总体结论呢?正如这一领域最负盛名的研究者所指出的那样,这是一个"决策权分散的体系",一个"不完整的"宪法体系或者说是一个"不完整的联邦政体"。形形色色的势力之间松散而又极不协调的关系,以及这个体系不断变换的特征使得历史学家们很难确切地分析该体系内的权力分配状况。比如,某位历史学家认为普鲁士-德意志的宪法体系在威廉一世时期逐渐"议会化",而另一位历史学家则强调这一时期的"带有独裁倾向的波拿巴主义"或"威权主义"特点。[15] 就本书的研究目的来说,我们只需强调这是一个不断变化的体系,容易受到各方反复博弈的影响,以内部的不确定性和矛盾性为特征,权力在其核心机构之间来回转移。这不可避免地对普鲁士国王兼德意志皇帝所扮演的角色产生了影响。宰相离职之后,其所领导的机构将会有怎样的变化?俾斯麦曾经成功地(并非毫不费力地)使德意志帝国这样一台笨重的国家机器俯首听命,那么宣称可以自任宰相的年轻皇帝能否同样取得成功呢?

皇帝与宰相之争

早在威廉二世登基之前,就有敏锐的同时代人基于对他和宰相的了解,意识到这位年轻的皇帝与已经73岁的宰相共事不会很容易。瓦德西伯爵在1887年11月与荷尔斯泰因的谈话中指出这是个性差异问题。当时在位的老皇帝威廉一世对个人形象几乎漠不关心，也不介意在公众面前被俾斯麦抢去风头。"但是，一旦威廉皇孙继位，他会坚持以真正统治者的形象露面——因此我并不认为他和宰相会长期相安无事。"[16]显而易见，1887年秋两人之间发生的冲突不是个好兆头。继施特克尔事件之后，威廉还因为他准备在登基之后发给各邦君主的声明而与俾斯麦不欢而散。这次争执虽然不那么广为人知，却使得两人关系恶化。俾斯麦对该声明发布的时间和内容都颇有微词，最终劝说威廉将其付之一炬。[17]另外，我们可以看到，1887年与1888年之交的那个冬天，两人在外交政策上产生了进一步的分歧。

尽管有这些不和谐的苗头，在1888年6月15日威廉二世登基之后，年迈的宰相和年轻的皇帝还是平稳地合作了一段时间。他们在一系列重要的人事决定上达成了一致。他们共同出现在议会晚宴上，接待同政府关系融洽的议会派系。皇帝言辞冷静地给宫廷牧师施特克尔下达了最后通牒，命令他在政治活动和宗教职责中做出选择（俾斯麦一直认为施特克尔身兼二职是十分危险和不可接受的）。威廉甚至打破传统，通过政府官方报纸（《帝国公报》）宣称自己与极右媒体发布的反俾斯麦的煽动性言论无关，谴责了极端保守派（《十字报》）对宰相的辱骂，并宣称"皇帝陛下［必然］不会允许任何势力妄称自己是帝国的耳目"。[18]所有这些举动都公开释放了这样的信号，即皇帝对俾斯麦在1887年议会选举中创建的自由保守派政党联盟"卡特尔"仍然抱有信任，从而令舆论大感放心。威廉在施特克尔事件中显露

第二章 夺取权力

的对宗教势力和极端保守派势力的暧昧态度曾使俾斯麦极为警惕，而如今这也已成为过去。尽管俾斯麦自己不愿意承认，但他确实是一位能屈能伸的廷臣，眼见老谋深算的瓦德西伯爵深得皇帝宠信，他竟然也能同这位曾经的政敌握手言欢。1888年7月，奥地利大使这样说道："当今的皇帝和宰相是如此亲密无间，关系好到了不能再好的程度。两人互相尊重和欣赏，彼此信任和理解，处在名副其实的蜜月期。"[19]

然而，蜜月期还没持续多久，两人便在内政的关键问题上（本书将在第五章讨论外交问题）产生了分歧。其中一个最重要的问题便是如何协调德意志帝国内部的劳资关系。威廉二世登基还未满10个月，德国经济就因罢工大潮而遭受重创。罢工自1889年5月从德国矿业和重工业中心、位于北部的鲁尔盆地兴起，随后扩展至整个鲁尔区，并波及亚琛、萨尔盆地、萨克森和西里西亚等地。到5月中旬为止，鲁尔区86%的工人都参与了罢工。罢工者和政府军队之间爆发了血腥的冲突。之后动乱持续了近一年，其间不时出现罢工或动乱。

1889—1890年正是俾斯麦宰相政治生涯的末期，他在此期间对劳工问题的处置展现了他作为政治家的城府与手腕。无论是在内阁会议、御前会议（Crown Council）上，还是在同皇帝的私人会谈中，俾斯麦都坚称国家向工人吁求妥协的做法会纵容社会民主党，也会使普鲁士工业品在国际市场上丧失竞争力。宰相有些言不由衷地辩称，规范女工和童工的用工法则、立法规定工人周日休假、设立最长工作时限会妨害工人按照自己期望的方式和时间工作的自由。[20]俾斯麦的头脑中似乎有多种方案。他一直都认为严酷镇压是国家应对社会民主运动的唯一方法。如果国家对罢工和动乱基本放任不管，帝国议会对宰相所支持的更具压迫性的反社会主义新法案就会少一些抵触（此前的反社会主义法案将在1889年9月失效）。而如果这一策略行不通的话，就只有发动政变这条极端道路可走了，但这样可能会引发内战。在这种棘手且未来不可预测的情况下，俾斯麦可能会像他在1862年普鲁士宪法危机发生时那样，成为唯一有能力带领德意志帝国这艘大船渡过难关的人。[21]

与俾斯麦不同，威廉并没有将眼前的麻烦归罪于工人的贪婪和社会民主党的煽动，而是认为负主要责任的是资方，并非劳方，资方因此也要承担重整社会秩序的代价。威廉仅有最基本的经济学知识，然而他还是意识到自1887年起德国贸易进入繁荣的上升期，订单激增，矿主们赚得盆满钵满，工人们的要求也水涨船高。在5月11日，即得知工人动乱的仅仅4天之后，他便命令威斯特伐利亚总督"强迫"煤炭企业的经理和董事们增加工人工资；如果他们拒不从命，就以撤出该地区所有政府军队来威胁他们。"当这些富有的业主和董事的别墅被付之一炬的时候，他们马上就会妥协了。"威廉在5月12日的内阁会议上突然现身，发表了这番言论。[22]当年11月，普鲁士农业大臣罗伯特·卢修斯·冯·巴尔豪森（Robert Lucius von Ballhausen）听到威廉放言说："我们需要做很多事，来防止资本家将劳工生吞活剥，因为大多数工业资本家都在无情地剥削工人，毁了他们。"[23]

第二章 夺取权力　　047

威廉二世认为这种争端最终还是要由君主负责居中调停，因为德国的工人都是他的"子民"，有权得到他的庇护。1889年5月中旬，他接见了矿主和矿工的代表，并警告他们不要对对方提出过分的要求。威廉这一令人始料未及的举动令德国各阶层的民众颇为意外，也对他深感敬佩，从而为通过谈判来解决争端铺平了道路。[24] 整个1889年，威廉二世始终坚持政府应该带头加薪，并通过立法来保障工人的权利（周日休假权，限制工作时间，限制使用女工和童工）。"我认为我有责任干预，"他在11月从伊斯坦布尔返回后宣称，"确保人民不被压迫，也不会因此而罢工。"[25]

威廉二世为劳工谋福利的创举却使历史学家们疑窦丛生，他们认为威廉对社会问题的热衷是为了掩盖其他一些不那么崇高的动机，比如说寻求民众支持，或者妄图成为弗里德里希大王那种"乞丐的国王"。在这里有必要完整地摘录以下章节，它选自拉马尔·塞西尔所撰写的出色传记，堪称这类观点的代表：

> 威廉二世本人并不是人道主义者，他对贫苦劳工的关切并非源于人道主义关怀。早在少年时期，他性格中的冷酷一面便已显露出来，并时常为与他相熟的人所察觉。他能够毫无留恋地舍弃昔日的朋友和仆从，其冷酷无情的程度令人齿寒。他对自己熟悉的人尚且如此无情，对广大的子民怀有悲悯之心就更令人难以想象了。弗里德里希皇太后对于被压迫者一向广施恩泽，她对其子是否真正关心过贫苦大众和他们面临的问题颇为怀疑。[26]

这段话有几处值得推敲。鉴于两人交恶，我们自然有理由怀疑皇太后关于其子"真实"动机的说法，她所言未必可信。另外，在这些历史学家看来，君主引导政府对公共领域进行干预一定要出自他个人的"善心"，否则就是不真诚的。这种观点也是有问题的。威廉母亲的慈善出于情感（反映了19世纪中期维多利亚式的自由主义情感），这与塑造威廉的具有保护主义色彩和中央集权性质的大家长式统治截然不同，两者之间应该有明确的界限。在俾斯麦执政的最后十年中，他支持建立了当时欧洲最先进的社会保险制度；威廉二世甫一登基，便在对帝国议会发表的登基演讲中保证会继续推进俾斯麦和威廉一世在1881年提出的改良性社保法案。[27]

因此，讽刺的是，当威廉就国家举措在劳资关系问题上的限度同宰相发生冲突时，他（过于）支持的恰恰是俾斯麦曾经的主张。格奥尔格·欣茨佩特在对威廉的教导过程中一向强调君主的社会责任（1889年他一跃成为威廉在劳工问题上的主要顾问之一）。威廉还受到了汉斯·赫尔曼·冯·贝勒普什（Hans Hermann von Berlepsch）的影响。贝勒普什于1890—1896年任普鲁士贸易大臣，其在劳工问题上的看法反映了"社会君主制"的改良保守主义理念，这种理念强调君主对社会问题的积极干预。[28]因此，威廉在劳工问题上的创举不仅根植于他本人的成长经历，也与19世纪末德意志帝国的政治经济状况息息相关。无论是哪种情况，我们都切不可认为此次争端是由威廉的率性之举而引发的。1889—1890年的罢工规模空前，已经使得普鲁士统治阶层深感震惊且迷惑不解。关于如何处理劳工动乱的争论并非仅发生于政府首脑之间，而是如奥托·普弗兰策所言，贯穿了整个行政架构。在地方的层面，比如说柏林，官员们难以对这个问题的根源和妥善的处置方法达成一致意见。[29] 而这个问题也并不是德国独有的。俄国在19世纪90年代发生劳工动乱之后，其行政机构内部也存在类似的意见分歧。当时，一派官员（如内政大臣祖巴托夫）敦促君主和政府通过捍卫工人权利来赢得无产阶级的忠诚，而另一派官员则竭力保护资产阶级的利益，两派之间发生了冲突。[30]

威廉之所以反对俾斯麦在劳工问题上的立场，还由于他已经意识到宰相意欲施行的边缘政策可能引发的风险，并对此甚为恐惧。俾斯麦本打算在必要的时候放任罢工，以使其形成燎原之势，直到将德国推至内战边缘；或者在帝国议会中提出极其严苛的反社会主义法案，并在议会数次遭到解散之后带头背离宪法（即政变）——正如他在1862年所做的那样。如果事情如宰相所愿发展，这位老谋深算的政治家无疑会在同君主的关系中占据绝对的主导地位。不出所料，威廉避免采取这样极端的做法。早在1889年5月19日，威廉便对他的朋友、普鲁士驻不伦瑞克使臣菲利普·奥伊伦堡（Philipp Eulenburg）坦言，他在"修订宪法"的问题上同俾斯麦进行了"艰苦卓绝的交涉"。当威廉于1890年1月13日再度与奥伊伦堡会面时，他说俾斯麦在制定反社会主义法案的问题上拒不妥协，很有可能引发大规模的政治动乱，那时就只能通过政变来解决了：

他，皇帝，将会面临一种可怕的处境，因为他并不想在继位伊始就引发革命、动用武力或者采取其他高压手段："我想要［……］向我的臣民，尤其是工人们表达善意，并帮助他们，而绝对无意开枪将他们射杀！"[31]

威廉二世和宰相的矛盾还涉及了政府的统治策略和帝国行政机构内部权力的分配。让俾斯麦感到失望的不仅是威廉的政策，而且是这位新君开始介入政府运作时所采取的方式。5月6日和7日，当时在基尔的威廉甫一得知鲁尔动乱的消息，便立刻要求当地官员撰写报告，并直接呈递给他。5月11日，他在俾斯麦不知情的情况下向威斯特伐利亚总督下达了敕令（见上文）。威廉二世的这些举动是威廉一世建立德意志帝国以来前所未有的，而俾斯麦也进行了强硬回击。他给威斯特伐利亚总督哈格迈斯特寄去了一封措辞冷酷的信，警告他地方行政官员若不经过上级官员的同意就贸然行事，造成的后果政府不会负责。1889年6月，俾斯麦采取行动，防止威廉通过内政大臣恩斯特·赫富特（由威廉本人任命）行使君主的自主权力。俾斯麦建议恩斯特不要把官员的报告直接呈给皇帝，以免"陛下认为自己可以无视负责顾问的意见，也不需要任何专业的建议，就自行其是"。[32]

威廉二世在鲁尔动乱事件中介入行政程序，这对俾斯麦作为普鲁士首相的权威构成了直接威胁。普鲁士政府正需要处理罢工和随之而来的动乱，而弗里德里希·威廉四世于1852年颁布的内阁令规定首相在普鲁士握有协调政策之权，自那之后这条谕令一直有效。这一规定是为了使政府事务更加有条不紊地进行。它规定各部大臣"在决定所有重要的政府举措时务必与首相口头协商或者书面商议"。各部大臣上呈给君主的奏章必须由首相先行过目并提出意见,首相亦有权参与大臣与君主的所有会谈。[33]威廉二世在1889年与大臣的越级交流是否如俾斯麦事后所说,构成了违宪的行为,实在值得怀疑;然而,此举确实与普鲁士到此时为止的宪政实践相背离。

  皇帝身边聚集了一群没有正式头衔的顾问,这对俾斯麦独揽大权构成了进一步的挑战。这些人包括威廉二世的老师格奥尔格·欣茨佩特、实业家胡戈·道格拉斯伯爵(Count Hugo Douglas)、宫廷画师和前矿业官员奥古斯特·冯·海登(August von Heyden)、威廉二世的密友菲利普·冯·奥伊伦堡伯爵以及令人敬畏的弗里德里希·冯·荷尔斯泰因。荷尔斯泰因掌管外交系统的某个部门,因而能够掌握俾斯麦一派的内部动向。这些顾问帮威廉了解国家事务的进展,助他下定决心,及时向他汇报新的政策提案,并给予其推行劳工新政所需要的政治支持。多亏了他们的支持以及其他方面的助力,威廉才得以在内阁会议上同强势的宰相势均力敌地辩论,他不仅在评议时事热点时头头是道,还能相当镇定自若地列举所有可供选择的政策。

  俾斯麦在其回忆录中对这些人极尽讽刺之能事,例如他评价冯·海登为艺术家中的矿业官员,矿业官员中的艺术家。在俾斯麦被解职之后,他通过媒体对所谓的皇帝背后的神秘操纵者大肆渲染,称其对最高行政部门过度干预。然而,君主身边这些"不担责的"人其实早已借由文官内阁和军事内阁的运行成了普鲁士权力系统的一部分。在面对各种情况时,由宪法体制之外的人士向君主献计献策一直是普鲁士王国宫廷政治的特色之一。俾斯麦在回忆录中将威廉的新顾问们比作"一群野心勃勃、妄攀高位之人",他们在威廉二世登上帝位之际乘虚而入,试图"利用[皇帝]意图高尚却不谙世事所留下的空子"。[34] 人们确实普遍认为,在当时的宫廷体系下,这种顾问集团比较容易形成,他们能够为君主提供除了"官方做法"之外的其他策略,使君主的自主权得到保障。[35] 在这种情况下,官衔和职责不是最重要的,得到皇帝的宠信才是关键。正如政治理论家卡尔·施米特所指出的,由此而生的影响力和恩宠之争涉及了宪法的根本问题,因为"任何为君主通报消息的人都参与了权力角逐,无论他是不是有副署之责的大臣"。[36] 围绕在威廉二世身边的这一独立于宪法之外的顾问集团之所以引来同时代人的注意,部分原因还在于俾斯麦在德国行政体系中呼风唤雨的影响力。在效命于前两位君主期间,他已经通过在文官系统内的实际独裁,在很大程度上压制了君主身边的顾问们形成的"权力的候见厅"。

1890年1月,随着与俾斯麦的矛盾升级,威廉开始进一步在德国宪法体系内寻找解决问题之道。鉴于俾斯麦在行政机构中的主导地位,想要不经他同意就推进任何动议,即使有可能,也并非轻而易举之事。普鲁士政府无法无视首相和贸易大臣的意见(这两个职位都由俾斯麦把控),在普鲁士议会中提出保护劳工的法案。同样,联邦议会中的普鲁士代表也无法无视代表他们投票的普鲁士外交大臣（依然是俾斯麦）的意见，在议会中自行提交一份法案。然而，在复杂的普鲁士－德意志宪法体系中，还有一条途径行得通：如果威廉能说服德意志帝国内的某个邦国君主按照他的意思在联邦议会中提出法案，俾斯麦就无法阻止全权代表大会对该法案进行讨论。

　　威廉即位之初的情形预示了君主之间能够以这种方式合作。在威廉对帝国议会发表登基演讲的5天前，威廉的叔父、巴登的弗里德里希大公在致其他邦国的通告里提议各位君主在威廉宣布开会之后团结在他周围，以确保"德意志帝国皇帝在承诺和平和保证增加帝国福祉时也代表他们的立场"。[37] 有几位君主在任何情况下都倾向于支持威廉关于劳工问题的意见，或是因为政府干预主义与他们自己关于社会政策的观点一致，或是因为他们想要借此抵消已经在自己领地内推行的劳工政策所带来的负面影响（如萨克森王国）。弗里德里希大公似乎将君主们在联邦议会的合作视为一种途径，通过这种方式可重新确立德意志帝国内各邦君主在宪政制度中的地位，他认为此举能够保证"各邦在更大程度上"介入"当今的重大政治问题"。[38] 结果他的愿望并没有实现。1月15日之前，一个由各邦君主组成的联盟形成了——如果奥匈帝国大使的记述可信的话，该联盟在很大程度上是由威廉促成的。[39] 该联盟以巴登大公弗里德里希、萨克森国王阿尔伯特和魏玛大公卡尔·亚历山大为核心，大家一致同意由萨克森代表团首先在联邦议会中提出该动议。俾斯麦当面以辞职威胁各国驻柏林使节，暂时抵挡住了首轮攻势。[40] 然而，这次尝试使威廉认识到，决意扩展其政治影响力的皇帝可以在复杂的德意志帝国宪法体系内寻找到多种可行的方法。

双方的僵持局面从1890年1月持续到了2月。威廉在1月24日召开的御前会议上，与宰相发生了公开冲突。威廉做了一番感性的演讲，抨击无情的资本家像"挤柠檬"一般压榨工人，之后将工人扔到"粪堆"里不闻不问。他还列举了正在计划之中的改革举措，拒绝强化反社会主义的法律，并将自己的创举与霍亨索伦王朝诸位先君在社会建设上的成就联系在一起。俾斯麦寸步不让，诸大臣（除了少数几位之外）或附和宰相，或保持中立，人人皆为即将到来的风暴而心惊胆战。据说威廉在会后对巴登大公弗里德里希如此说道："这些大臣都不是我的大臣，他们显然是俾斯麦侯爵的大臣。"[41]

然而，宰相也被逼到了角落。帝国议会于1月25日否决了反社会主义法案，这使俾斯麦率领的"卡特尔"措手不及。2月4日，威廉发布了两道敕令。第一道是下达给宰相的，命令他在柏林组织召开一个由欧洲各国参加的有关劳工问题的会议。另一条是下达给普鲁士贸易大臣（依然是俾斯麦）的，指示他准备关于社会保险、工作条件和劳工代表的新法案。俾斯麦修改了公告，以减少其社会影响，并且没有副署文件，但这仍然无力阻止舆论倒向皇帝一边。在此后的数周中，俾斯麦采取了一套颠三倒四的策略来牵制威廉：鼓励瑞士按原计划在伯尔尼同时举行劳工问题会议，以抢去威廉计划在柏林召开会议的风头；试图阻止萨克森代表在联邦议会提出法案；反复强调自己打算辞去多个职位；在大臣会议上屡屡妨碍议事；试图在帝国议会重新提出严苛的反社会主义法案，甚至导致议会被多次解散也在所不惜。这便是一位了不起的七旬老人在穷途末路之际使出的奇怪招数。俾斯麦本人也承认，他对权力的欲望已经烧毁了他内心中的其他一切。

俾斯麦手中还有一枚至关重要的筹码，那便是他率领着虽然优势微弱，但仍然占据着多数席位的政党联盟"卡特尔"，凭此他依然可以把控帝国议会。由于威廉在提案里提出要大幅增加军费，他觉得必须借助俾斯麦的力量，让议会通过这些棘手的提案，因此他一直没有下定决心与宰相反目。俾斯麦在议会的地位给了他与皇帝谈判的筹码，使他能够迫使皇帝支持反社会主义法案，这或许能给他带来迟到的救赎。但随着1890年2月20日帝国议会选举结果的揭晓，这唯一的筹码也不复存在了。俾斯麦于1887年授意建立的"卡特尔"如今分崩离析，帝国议会被社会主义者、左翼自由主义者和天主教徒把控了——换句话说，就是被"卡特尔"的反对派，或者俾斯麦在此前经常说的"帝国的敌人"掌控了。

结局是由两个问题促成的，这两个问题与帝国的职权以及皇帝影响（或操纵）政策制定的权力有关。1890年3月，俾斯麦出人意料地会见了德国（天主教）中央党的议会领袖路德维希·温特霍斯特，二人讨论了中央党在何种条件下可以同意依照政府方面的意见在帝国议会投票。温特霍斯特要求撤回多个反天主教的法案，包括驱逐耶稣会的法令，这道法令颁布于19世纪

70年代俾斯麦推行"文化斗争"(Kulturkampf)之时,至今依然有效。

从帝国议会的选举机制来看,拉拢天主教徒是可以理解的:德国中央党在帝国议会占据106个席位,是拥有席位最多的政党。俾斯麦原本可能打算以即将提出的军事法案为切入点,说服皇帝相信自己作为帝国议会的掌舵人仍能发挥重要作用。但在1890年3月的情势下,他与温特霍斯特的会面很不幸地失算了。皇帝强烈反对对天主教阵营做出让步——早在1889年9月,就有人向他提议恢复被取缔的至圣救主会,但被他断然拒绝。[42] 他在天主教问题上的强硬态度来自身边人的鼓动。1889年秋冬期间,奥伊伦堡、巴登大公、荷尔斯泰因和其他一些人反复提醒威廉,要他提防俾斯麦拉拢天主教徒的举动。菲利普·奥伊伦堡尤其频繁地警告威廉,对德国天主教的排他主义者和极端势力让步会损害德意志帝国的完整性。[43] 这种焦虑的普遍存在有力地提醒人们,即使帝国已经存在了近20年的时间,德国的民族意识依然非常薄弱。俾斯麦与温特霍斯特的会面还对帝国议会中剩余的主要信仰新教且反对教权主义的政府派系产生了灾难性的影响。民族自由党人士,甚至那些此前坚定地站在俾斯麦一边的温和的"自由保守主义者"都纷纷抗议;俾斯麦此时面临着自1866年以来从未有过的孤立处境。

威廉乘胜追击,准备向俾斯麦发动决战。1890年3月14日,面对着一群疲惫的观众(当时是早上8点30分!),威廉对未进早餐的俾斯麦发难,斥责他不该与温特霍斯特会面,并宣布他无权在未经皇帝同意的情况下与党首们谈判。在仅仅约两周之前的3月2日，俾斯麦曾发表过正好相反的言论，声称各部大臣及其他官员无权在未经宰相同意的情况下与皇帝会面，并引用了上文提到的1852年内阁令作为其权威的依据。然而，皇帝现在要求收回该敕令，以将其废除。如果威廉本人对此次会面的描述真实可信的话，俾斯麦当时勃然大怒，这使威廉下意识地握住了自己的佩剑。接着，这位老人"态度软了下来，流下了眼泪"，而威廉则冷眼旁观，对这种假惺惺的表演无动于衷。[44]4天之后，俾斯麦递交了辞呈。

当威廉二世在1888年即位之时，皇帝之位有名无实。这种情况从1890年3月开始改变，并在接下来的数十年中不断变化。皇位不再像威廉一世时期那样只是权力所依赖的代表权威的职位，其本身也拥有了独立的政治权力。在事关劳工问题的错综复杂而又困难重重的博弈之中，皇帝逐渐开始成为决策过程中的焦点之一。皇帝每采取一项举措，都有愿意效力的同盟助他成事，其中不仅有他那些忠心耿耿的朋友和顾问，还有行政机构中范围更广的官员。他们对俾斯麦的独断专行颇为厌恶，对新皇的大胆革新则热烈欢迎。有了这些人的支持，威廉制定并通过了一项法案，赢得了德意志民众的广泛拥护。在他的干预下，新的劳工法于1890—1892年陆续施行。相关举措虽然没有彻底消除加诸劳工身上的苦难，但确实在改善行业安全、工作条件、青少年保护和劳务仲裁等方面取得了一定成就。同时，这些法律所体现的原则，即"资方必须尊重每个群体中国家认可的利益"，成了接下来数十年之中德意志帝国和普鲁士王国制定社会政策的指导思想。[45]更为重要的是，威廉挫败了一位政治巨人，并在此过程中扫除了皇帝行使权力的主要障碍。威廉本人也凭借快速理解事实和掌握论据的能力，以及辩论中自信满满、进退合宜的态度，使众多同时代的观察者刮目相看。"皇帝陛下主持［讨论劳工问题的国务会议］的表现如此出色，"弗里德里希·冯·荷尔斯泰因评论说，"以至于所有人都在问：'他是从哪里学会这些的？'"[46]

到目前为止，一切还算顺利，但有些问题依然存在。与俾斯麦的争斗使年轻的皇帝及其同盟在一定程度上保持了纪律性和集中力，可以专注于他们当前的目标。然而，我们可以清楚地看到，皇帝身后聚集的势力缺乏必要的凝聚力、执政水平和政治远见来为他提供长期的支持。1852年颁布的内阁令通过强调首相的监督权来保证政府事务能够得到统一有序的处理。如果这种监督权如威廉在其与俾斯麦最终对峙时所要求的那样被永久废除，那么又会有哪个人或者机构能够取而代之呢？最后，我们可以这样说，1889—1890年的紧张政局虽然展现出威廉的一些优秀品质，但也暴露出他性格中的一些令人遗憾的缺点：他矫枉过正的倾向，恨不得所有事都一蹴而就的急躁，以及冲动的行事作风。这使他在1890年1月以前便被德意志帝国的一些南方邦国戏称为"莽夫威廉"。那些时常随侍他左右的人则察觉到了威廉性格中的脆弱一面。菲利普·奥伊伦堡曾在1889年夏天对荷尔斯泰因坦言："陛下的身体无比健康，但他总是非常躁动不安。恐怕他心神不定的外在表现说明他内在有一些神经质。"[47]

班柯的"幽灵":"隐退"后的俾斯麦

俾斯麦自1890年3月被迫辞职之后便甚少出现在柏林,但他仍然在德国公众的视野中占据着重要位置。起初,许多人认为老宰相的卸任预示着积极的变化,能够"结束我们内心彷徨无力的状态"。[48]然而不久以后,支持俾斯麦的声音便迅速重新出现,这从他位于弗里德里希斯鲁的乡村宅邸接待的众多"信徒"以及他的仰慕者们寄来的数量惊人的信件中可见一斑:1895年4月1日(他80岁生日那天),俾斯麦收到来自德意志帝国内外的仰慕者们发来的至少45万封信件和电报。[49]如此热烈的反应表明,许多德国人对这位前宰相和帝国缔造者仍然怀有眷恋之情。然而正如维尔纳·珀尔斯所指出的那样,这也毫无疑问地带来了政治上的影响。[50]

至19世纪90年代中期,俾斯麦已成为新政府最猛烈也最权威的批评者。他在建立臭名昭著的"秘密新闻组织"的过程中所获取的人脉和知识此时派上了用场。他从弗里德里希斯鲁授意的报纸(其中有些还在一定程度上接受其资助)以一系列尖酸刻薄的报道,大肆抨击威廉二世及其手下的主要官员。弗里德里希斯鲁成了反政府派形成松散同盟之后的大本营。同盟中不仅包括顽固的俾斯麦主义者,还有政治目的各异的其他人士,如心怀不满的极端保守派冯·瓦德西伯爵以及左翼自由主义记者马克西米利安·哈登(Maximilian Harden)——他后来对威廉集团的核心人物进行了毁灭性的打击。[51]这不仅是俾斯麦鼓励将政治异见合法化的结果（他担任宰相时从未容忍过政治异见），也是其意图。"我们需要制衡的力量，"他在1892年夏天的一次演讲中装腔作势地声称，"我认为自由批评权是君主立宪政体不可或缺的一部分。"[52]正如菲利普·奥伊伦堡在1895年评论的那样，此番表达立场的言论是俾斯麦计划的一部分，目的是将自己塑造成"现代德国与德皇威廉二世对立的化身［……］他正在有意识地破坏他一手建立的皇帝之位的权威"。[53]

威廉以及他正式和非正式的顾问都对"来自弗里德里希斯鲁的风暴"深感不安。他们（有些夸张地）担心俾斯麦会作为号召国民投票的政治运动领袖"重返"柏林。鉴于此次冲突越发被人们认为是前宰相和年轻皇帝的个人之争，俾斯麦似乎将会成功地使德国民众与皇帝对立，尤其是在南方诸邦，那些地方的民众认为宰相自1871年以来在凝聚民族情感方面发挥了至关重要的作用。[54]政府高层官员则普遍认为俾斯麦是在德国内外散布关于威廉精神不稳定的谣言的幕后推手之一（这种看法不无根据）。另外，俾斯麦也可能认为泄露某些政府机密文件的内容并无不妥——他于1896年10月在《汉堡新闻》上公开了与俄国签订的《再保险条约》。该条约虽已失效，但包含了高度敏感的内容。[55]政府通过半官方的机构来驳斥由俾斯麦控制的媒体所做出的控诉；外交部甚为担忧，甚至试图买下被俾斯麦集团盯上的一家报纸。

俾斯麦方面采取的行动对威廉个人产生的影响显而易见。威廉在19世纪90年代初的几次最为严重的当众失态都源于他在面对来自弗里德里希斯鲁的威胁时所产生的无力感和妄想。"德意志帝国只有一个统治者，那就是我。我绝不容忍其他任何人僭越。"他对一群来自莱茵地区的工业家如此说道，他怀疑这些人倾向俾斯麦一派，对劳工持敌对态度。[56] 无须多言，这些激愤之语恰恰为亲俾斯麦的反对派媒体提供了助力。私下里，皇帝既感到愤怒，又感到惊惧。威廉听说俾斯麦对俄国大使谎称他辞职是为了抗议威廉的反俄政策之后，便时常考虑以叛国罪的名义将俾斯麦绳之以法。德意志帝国司法部为了达到这一目的而展开了前期调查。[57] 1892年夏天，当俾斯麦准备前往维也纳参加一次家族婚礼之时，威廉旋即给奥匈帝国皇帝写了一封信，要求他拒绝接见这个"不义之臣"，直到其对威廉表示忏悔（peccavi）为止。据一位消息人士称，德国民众此后始终未能原谅威廉这一充满恶意的举动。[58] 到1893年秋天度假之时，威廉仍然满腔怒火，提到"将来总有一天要[对俾斯麦]进行一次大审判"。[59] 1894年1月两人在柏林进行了公开而高度仪式化的会晤，但这只是表明双方暂时休战，而非达到了最终的和解。1896年俾斯麦公开《再保险条约》之后，威廉再次扬言要把"这个邪恶的老头"关进施潘道（Spandau）监狱。[60]

威廉对这位老人的情感是复杂而强烈的。"我是多么喜爱俾斯麦公爵啊！"1896年夏天，他在一年一度的斯堪的纳维亚航行中对菲利普·奥伊伦堡如是说，"我为他牺牲了这么多！我把父母的宅邸都献给了他！因为他的缘故，我多年来一直遭受不公平对待，而我忍受了下来，因为我把他视为我们普鲁士国家最鲜活的象征。"[61] 这样的肺腑之言表达的不仅仅是自哀自怜和自我辩解，也告诉我们在欧洲政坛巨人身边成长会有何种感受。如果说俾斯麦曾经在很大程度上取代了威廉的父亲，赢得了威廉在政治上的拥护，那么他也潜移默化地影响了新皇的政治构想。令人惊奇的是，威廉曾经多次（尤其是在19世纪90年代）支持由俾斯麦主导的政策，并与俾斯麦的立场保持一致。比如，尽管"卡特尔"已无力形成帝国议会的多数派，威廉却仍然相信"卡特尔"是政府最坚实的基础。[62] 荷尔斯泰因认为，威廉对德国外交（见下文）的某些个人干涉实际上表明，他试图将新路线下的外交政策与俾斯麦优先考虑的重点结合起来。[63] 确实，我们可以这样说，威廉在巩固其政治主导地位的过程中，仅仅从字面意义上去理解"虚构出来的君主政体"，而声称君主握有实权正是俾斯麦体系的"核心谎言"。[64]

众所周知，威廉在帝国议会多次解散之后产生过发动"政变"的想法，就连这一主张也同俾斯麦不无关系。在多个场合，宰相甚至公开谈论提前解散议会或者通过"政变"彻底改变议会特权的可能性。在随后的十年中，威廉二世以别无二致的口吻提到"让帝国议会见鬼去吧"，意欲将联邦议会重新确立为真正拥有行政权力的机构，从而实践关于德国宪政的"俾斯麦理论"。[65] 在1890年2月，二人关系短暂回温的一段时间里，俾斯麦嘱咐威廉不要畏惧对立政策，并让他承诺，在帝国议会不可能从命的情况下，他"在必要时会痛下狠手"。就短期情况而言，我们可以看到，威廉坦诚地拒绝了这种方式。然而，尽管威廉没有采纳这种战术，他却似乎已经为其内在逻辑所折服。[66]1890年3月，威廉愚蠢地给柏林一位侍卫官发去了一封未加密的电报，鼓动军队动用步枪来镇压罢工工人。这一举动表明他决定践行俾斯麦的准则，证明自己是宰相当之无愧的继承人。

在关于俾斯麦身后影响的论辩式分析中，马克斯·韦伯指出，最崇敬俾斯麦的人所欣赏的通常不是"他细心敏锐的头脑或是至高无上的思想，而是他作为政治家所展现的铁腕和狡黠的面貌，以及他那表面粗暴或真正粗暴的行事作风"。[67]19世纪90年代，威廉的一系列反抗活动以及执政的整体表现表明他也属于这类俾斯麦派人士。他不容许身边的人批评他（他的廷臣们因此变得越发卑躬屈膝，十足的拜占庭风格），从而使当时的一些有识之士将他同俾斯麦划为一类。"我们总是抱怨俾斯麦压迫民众，"瓦德西在1890年12月这样写道，"现在的情况如出一辙，只不过是以我们不熟悉且更加危险的方式进行的。"[68]1892年夏天，威廉怒斥群臣，指责他们没有像在前任宰相手下那样迅速地执行他的旨意。"原先俾斯麦对群臣宣布一个计划，他们之中马上就会有一位站出来说：'交给我吧。'"[69]公众对其独断专行的抗议之声不绝于耳，以至于威廉在随后的某个场合声称他终于体会到了"老俾斯麦的严重背叛"，因为正是俾斯麦鼓励他"让专制主义元素更明显地发挥作用"。[70]换句话说，威廉声明想要成为"自己的宰相"时，不仅是指自己会行使这个职位所承载的所有政治职权，还表明他将以俾斯麦这个为一代德意志人定义何为权力的政治家的方式来行使这些职权。威廉和俾斯麦乌烟瘴气的争斗不应让我们无视这个事实：德意志末代皇帝的政治思想和执政表现都尝试借鉴（尽管其方式是粗糙和自欺欺人的）德意志帝国首位宰相的成就。

第三章
独断专行

在俾斯麦辞职之后,威廉二世掌权的头十年恰逢德意志帝国国内政局极度动荡的时期。19世纪90年代是一个"群情激昂"且"政局紧张"的年代,"政府和帝国议会之间的矛盾不断激化"。[1]这十年也是威廉在其整个政治生涯中最活跃的时期。最为重要的是,他正是在这十年间探索了自己的执政潜能。19世纪90年代伊始,威廉便决意将俾斯麦曾经掌握的全部政治权力集于自己一人之手。事实上,他对自己操控德国政治体系的能力非常自信,甚至对列奥·冯·卡普里维说,让他出任帝国宰相只是权宜之计,因为宰相这一职位很快就会变得可有可无了。[2]皇帝的政治举措、这些举措背后的动机、它们引发的反响以及遭遇的各种各样的冲突和限制是本章将要讨论的主题。在切入正题之前,让我们首先对1890年之后德意志帝国政局的变化进行简单的回顾。

紧张的19世纪90年代

"我们生活在变革的年代！"1892年2月威廉在勃兰登堡省议会中这样说道，"我们正处于狂飙突进、动荡不安的时期。"[3]在事后看来，我们很容易认同这一判断。德国社会民主党在1890年2月的议会选举中赢得空前胜利，这标志着德意志帝国国内政治进入了一个新时期。原先的反社会主义法曾为压迫社会民主党组织、限制其出版物、驱逐其核心"煽动者"提供了法律依据。理论上讲该法仍然有效力，但实际上它很少被施行，因此社会民主党人得以相对自由地获取德国选民的支持。[4]凭借19.7%的全国支持率（比1887年的数字翻了一番），德国社会民主党成了当时民众呼声最高的政党（但由于宪法为城市工人阶级选区设置了大量障碍，他们选情不利，只获得了帝国议会8.8%的席位）。社会民主党在议会选举中的胜利使整个德国政坛泛起了涟漪。这一结果无论是从质还是从量上来看，都具有革命性的意义：正如乔纳森·施佩贝尔所言，社会民主党首次从其他"资产阶级"政党手中夺取了相当数量的选票。[5]此后该党在帝国议会中一直呈上升势头，并在1912年的选举中达到如日中天的地位：超过1/3的德意志人将选票投给了社会民主党。

社会主义政党在帝国议会占据了一席之地，这反过来又极大地凸显出了德国中央党，即德国天主教政党的地位。该政党在俾斯麦于19世纪70年代发起的"文化斗争"中历经磨难，在德意志帝国西南地区拥护者甚众。在1890年议会改选后的新形势下，如果没有中央党的支持，在帝国议会通过法案会比以往更加困难。然而要想取得中央党的支持，通常需要付出一定代价，比如向德国天主教制度和文化做出让步，而这样做通常会引发巨大争议。如何在不得罪新教"民族"政党（例如保守派和自由派政党）的前提下取得中央党的支持，是威廉统治时期政府所面临的关键问题之一。

更加令人不安的是，19世纪90年代早期，右派政党在行事风格和方式上都出现了极端化的倾向。由于保守派毫无遮掩地宣扬君主主义［其党派习惯在议会闭会时对皇帝高呼"万岁！"（Heil!）］并以其形成了一种仪式，他们被看作"御用党派"。然而，1892年12月，德国保守党（当时最大的政府党派）内部领导层的温和派同右派发生了分裂。右派激进分子要求该政党提出更加"具有煽动性"的主张，并且"在论调上向大众靠拢"，以赢得广大农村地区选民的支持。经过激烈的政策辩论，右派获得胜利，成功将反犹主义和反资本主义的条款加入了党章。这是反犹主义煽动者们在萧条的农村地区取得重大进展的明显信号。[6] 为了争取那些为庄稼歉收、农作物收购价格低以及负债率高所困的农村选区，该政党与成立于1893年的农业联盟联合了起来。农业联盟曾成功地将农民的不满转化为政治行动。至1913年，共有超过30万农民加入该联盟，使其成了保守党的政治机器。农业联盟主宰着保守党的各级组织，为其宣传手册和书籍提供资助，帮助其协调竞选活动，并迫使政府实行有利于农民的政策。两者合作产生了一种全新的右派政治组织——更加坚决激进，迎合大众，并且比原先更加倾向于提出反对意见。[7]

　　换句话说，19世纪90年代并非只见证了政府从议会中获得的支持逐渐减少，政治的性质和风格也出现了深层变化。在对威廉二世时期政党的经典分析中，托马斯·尼佩代将俾斯麦时期的贵族政治（Honoratioren-politik）与此后成为常态的大众政治（Massen-politik）进行了对比。俾斯麦时期的政党大部分都为地方精英（Honoratioren）所操纵，他们为了赢得特定选举而形成了松散的组织。其中央机构形同虚设，纪律涣散，竞选活动乏善可陈，面向大众的宣传更是近乎没有。然而，自1890年2月的选举之后，一种全新的政党组织占据了主导地位。这种新型政党以大范围的付费党员制为基础，或者依附于成员众多的游说组织，并且招募全职的长期工作人员，运用包括集会、游行、煽动等在内的一系列新手段来动员选民。[8]这种观点也曾经遭到质疑，但最近多数研究者都倾向于支持并深化尼佩代的解读，认为19世纪90年代是"变革的关键期"，俾斯麦时期由自由派主导的政治格局在这个时期为"各方势力各行其是的复杂局面"所取代。[9]

　　政治文化上的广泛变化加剧了组织层面上的变化：游说组织的大量出现及其对政党组织日益增强的影响力令政治话语趋于零碎且此起彼伏，以至于激进的农业主义者（Agrarian）和社会民主党人所使用的话语和论点有时很难区分开来。[10]19世纪90年代同样也见证了社会舆论日趋尖锐的过程。这当然是很难量化的，但是议会辩论、媒体政论和讽刺文章（共同构成了政治论争）都变得杂乱无章，它们对既有秩序的批驳更为彻底，在对待君主的态度上也比威廉一世去世之前更加缺乏体谅，而最后这一点对我们的研究而言最为重要。总的来看，我们可以说舆论已经渐渐脱离了政府的掌控。这在一定程度上是俾斯麦离职导致的。这位前宰相利用汉诺威王朝封存的金库，通过不属于法律管辖范围的方式资助一个有分支的秘密组织，以此对深入各省的媒体报道施加影响。不过，俾斯麦的继任者从未重新获得他对舆论的那种控制权。[11]

政治力量上的新平衡使政治高层们颇为不安，对威廉二世的那些近臣而言更是如此。在由约翰·洛尔整理的权威政治信件集里，威廉的密友菲利普·奥伊伦堡伯爵常常提到他对德国中央党在新政局下行使权力的担忧。德国中央党被认为是秉持教皇权力至上论的险恶天主教势力放出的特洛伊木马，在文化事务上打算倒行逆施，推行排他主义计划，并且实行狭隘的"罗马帝国式"外交政策，这可能会从内部动摇帝国统一的局面，使帝国无法在国际事务上施展拳脚。[12]弗里德里希·冯·荷尔斯泰因（威廉二世顾问团的另一位核心人物）便警告说对德国中央党妥协会加强排他主义的势力，甚至可能会导致帝国由于内部宗派斗争产生的压力而土崩瓦解。[13]时常有人向威廉本人传递这些忧虑。显而易见，皇帝及其大臣最终不得不与实力强大的德意志天主教派达成某种协议。但是，政府同中央党的关系问题仍是皇帝与宰相争论的重要内容：皇帝对让步抱有警惕，而宰相则不得不同普鲁士王国议会和帝国议会打交道。

让威廉的近臣们感到担忧的进一步因素（某种程度上说也是更深层次的因素）是保守党内部的骚动。由于保守党逐渐倾向于极端主义，并且坚持保守主义的主张，要想获得他们的支持，政府（遑论其他党派和选民）有时要付出不愿承受的代价。同时，由于该政党自身面临的危机及其内部形形色色的派系势力，与其结盟的前景是无法预测的。正如荷尔斯泰因于1897年4月所指出的那样，保守党人不是政府可以信赖的伙伴，因为他们已经"自我分化为农业主义者、农业联盟成员、基督教社会党人和反犹主义者"，结果就是"统一的保守党选举团体已经不复存在了"。[14]事实上，威廉同保守派之间爆发了其统治时期内最为激烈的冲突。

威廉如何应对这些情况呢？他的政治规划又是怎样的呢？要回答这些问题并不容易。威廉总是一次提及很多琐碎的事情，而不习惯于发表系统性的纲领和声明。他缺乏审时度势的智慧和提纲挈领的眼光，因而无法集零为整，领会每件事背后的共通之处，剖析其言外之意，进而得出合乎逻辑的一般性结论。渴望操纵权力是他的政治行为背后的主要驱动力之一。但是，这种驱动力是为某种"政策"服务的吗？还是说它会在公开表露且毫无规划的骄横行为中消耗殆尽？

接下来我将要论证的是，在威廉二世的对内政策中，我们确实有可能发现一个一以贯之（尽管没有经过深思熟虑和清晰表述）的目标，即整合和扩大德国在政治和文化上的"中立"地带，并让自己的君主统治稳固地置于其中。这一中间地带是由几大关键要素定义的,威廉认为它们是持右派观点的大部分德国民众共识中的要素:对德意志"民族"及其事业的热情,对排他主义因素的警惕,对技术现代化的宽容以及对社会主义的敌视。正如俾斯麦辞职之后就任财政大臣的约翰内斯·米克尔(Johannes Miquel)于 1890 年 3 月所言的那样,威廉认为自己"代表了统一和妥协的政策,这将有助于消解不同党派间的矛盾,让所有打算做贡出献的人团结起来"。[15] 威廉二世计划分三步实现这一目标:调解利益冲突,联合稳健派和保守派势力以对抗威胁现有社会秩序的共同敌人,以及以君主名义建设象征性的国家工程。

威廉二世对自己皇位的超越性深信不疑,这是他的这些雄心壮志的基础疑。威廉毫不掩饰自己对皇权的这种带有醒目神圣色彩的理解,这会让人想到弗里德里希·威廉四世国王崇尚的政治神学理念。威廉相信自己是上帝派遣到人间的使者,负责在上帝和臣民之间居中调停。这一看法使他坚信唯有皇帝肩负着如此重任,负责凝聚不同区域、阶级、宗教派别,并调和他们大相径庭的利益诉求。像弗里德里希·威廉四世一样,威廉二世将他的公众职能同基督教的普世概念联系在一起,主张包容历史上出现的所有宗教派别。[16] 这种对皇权的超越性理解之中还包含一层技术官僚的内涵。从孩提时起,威廉便和他的同时代人一样对科学发明和发现充满热忱,当时知识正在以各种形式在人群中得到普及,文化消费日益增长。[17] 待成人之后,威廉仍然对科学技术保持着浓厚的兴趣。"我一直很惊奇,"一位高级官员在 1904 年这样写道,"我目睹了皇帝对现代发展与进步的各个方面都怀有异

第三章　独断专行

乎寻常的兴趣。今天他可能对激光感兴趣，转天他就推动自由而不受限制的科学研究，最后又开始特别关注机器制造方面的发展。"[18]

事实上，对科学技术的关注是威廉终其一生都不曾改变的核心特质，我们甚至可以像罗伯特·柯尼希（Robert Koenig）一样，对皇帝的"技术传记"进行探讨。[19]威廉对最新的无线电技术很感兴趣，亲自参与了德国通用电气公司（AEG）生产的斯拉比-阿科（Slaby-Arco）牌发报机的调试过程，德国海军舰艇也由此采用了该型发报机。他对洪水防治和堤坝建设工程都十分热衷，对出于科学目的而进行的热气球航行也很感兴趣（尤其是应用于气象学方面）。他为新型齐柏林飞艇所展现出的宏大图景所震撼，一度在公共场合同齐柏林伯爵交往甚密。威廉也长期坚定地支持科技教育，慷慨资助了众多研究机构。他经常亲自干预核心技术的研究开发，并写信给企业的董事长们，要求他们大力推进有利于国计民生的特殊研究，并力求产出科研成果。[20]威廉之所以热衷于科技，有部分原因在于这个领域他使他得以在超脱党派纷争的层面行动。

学校政策

威廉对自身角色的理解在不断改变。在他早期的政治举措中，很少有什么能比19世纪90年代初他对学校政策的干预更加体现出他这种理解上的转变。考虑到这些年中，卡普里维政府通过了一系列具有划时代意义的经济法案（降低谷物关税，结束一系列国际贸易协定，以及米克尔的金融改革等），威廉对中学的关注似乎有点不合时宜，但是他有充分理由这么做。毫无疑问，威廉对卡普里维温和的反贸易保护政策是大力支持和赞同的，强烈反对来自农村方面的抵制之声，但是他既没有参与构想这些经济政策，也没有过问其实施细节。相反，威廉在即位之初就立志要改革德国的学校系统。在当时声势浩大的经济政策讨论中，威廉仅做出了边缘性贡献，相比之下，他对教育领域的干预更好地揭示了他在统治初期的政治眼界，以及他对于权力和统治的态度。

威廉对教育改革的兴趣可能植根于他在卡塞尔中学不甚愉快的回忆。回首那段生活，他将其描述为"无比僵化，使人灵魂麻木"。[21] 不过他的兴趣也反映了盛行风潮的影响——当时德意志帝国乃至整个欧洲都在对中学教育进行批判。1889年春，在与朋友及顾问商讨之后，威廉（向普鲁士国务部）发布了一则内阁令，要求历史课程更加贴近当代的需求。课本中最近的历史年代要向后推移，以包含近期发生的事件，如德意志解放战争和统一战争；主题要包括社会史和经济史，重点强调现代化的德意志帝国所取得的社会成就。第二年，在威廉的提议下，德意志帝国教育界召开了一场盛会，众多教师和教育部门官员齐聚一堂，共同讨论"学校问题"。威廉本人亲自致开幕词（这是他在统治生涯中最长的演讲之一），谈到了学校卫生、体育教育、减轻课业负担和为课程奠定"国家基础"的必要性等问题。[22] 威廉认为教育的目标很明确：军队需要强健的年轻士兵（"我在寻找士兵！"），公共领域也急需"富有见识的领袖和朝气蓬勃的年轻国家公务员"。年轻人应当透彻地理解帝国劳工政策和政府居中调停的社会职能，以便"对社会民主党的病毒免疫"。但更为重要的是（威廉反复强调这一点），年轻人应当"被教育成德国人，而不是希腊人和罗马人"；归根结底，德意志教育缺少的是"国家基础"。唯有如此，德意志帝国政治机制内部的离心倾向才能得到遏制和扭转。[23]

威廉的一席话使得在场的众多教育家感到不安和恐惧。[24]这并不奇怪：威廉发言时丝毫没有顾及会议组织者的事先准备工作，他将组织者们制定的议程扔到一边，称其太过"死板"。在场的众多戴着眼镜的督学（Schulrat）无疑被威廉的提议吓得脸色煞白：他要求教师们"必须精通体操，并且每天都要练习"。[25]尽管威廉的提议使安于现状的教育界代表们颇为震惊，其内容却并无多少新意。德国君主干预教育问题早有先例：在1888年3月12日发布的一项敕令（以一贯的温和口吻写成）中，威廉的父亲弗里德里希三世以相似的方式将国家问题、社会问题同教育问题紧密相连，他指出，经济快速发展和社会两极分化带来了破坏稳定的意识形态影响，教育者在应对这种影响的过程中发挥着关键作用。[26]

不过，像这样由君主主导的细节详尽、雄心勃勃的改革计划确实是前所未见的。这不仅反映了威廉本人想要独揽大权，也体现出他相信君主在增进公共福祉方面具有独一无二的能力和肩负着绝无仅有的义务。威廉在其学校演讲中说道："我所处的位置使我能够形成正确的判断［……］所有这些事务都在我的关注范围之内。"[27]这番话很能说明问题。威廉的位置确实是独特的：与大臣和官员不同，他不受繁文缛节所累，可以向任何人征求意见。在针对劳工政策与俾斯麦据理力争时，威廉以典型的霍亨索伦家族作风吸取了远离政坛的各方人士的建议。这些人中包括保罗·居斯费尔特（Paul Güssfeldt），他是一位登山家、探险家，出版过著作，曾呼吁德国的学校增加技能课程和体育活动；还有康拉德·肖特米勒（Konrad Schottmüller），他是一名历史教师，曾在位于罗马的德意志历史研究中心担任主任，他恰好在威廉1888年10月的罗马之行中担任过随从。威廉认为身居皇位使他凌驾于教育和其他行政领域的众多权威人士之上，赋予了他超然的眼界。唯有他能够洞察问题的方方面面。唯有他能体现国家的行政权力，但他不从属于国家。他认为君主无所不能，但实际上君主需要具有专门知识的大臣来辅佐，这种认知落差必然会深刻地影响他和大臣的关系。许多大臣都是职业官僚，由国家雇用来处理各色事务。公众注意到，威廉对学校政策的干预与长期担任教育大臣的古斯塔夫·冯·戈斯勒（Gustav von Gossler）的既定方针大相径庭。《普鲁士年鉴》（*Preussische Jahrbücher*）将戈斯勒和威廉针对相同问题发表的截然不同的言论放在一起，使读者们清楚地认识到两者之间的分歧。此次会议结束后仅三个月，古斯塔夫·冯·戈斯勒便辞职了。

威廉的干预并未像他所希望的那样为普鲁士和德意志的教育

带来大刀阔斧的变革（他后来对这次会议以及相应的改革产生的微薄影响力表达了失望之情）。然而，他的干预确实增加了学校教授德语的时间，相应地压缩了希腊语和拉丁文的授课内容，并延长了体育教学的时间。[28] 从更长远的角度来看，威廉的干预举措有助于消除中学体系里人文学科和自然科学的地位差别，推动了大量精英学校的成立，这些学校在诸多学科领域提供高质量的教学。[29] 也许威廉当时最重要的考虑是如何扩大此次会议在大众中的反响。巴登驻柏林的使节报告说皇帝的提议在教育界遭到了"批评和反对"，而在普罗大众中间却"广受赞誉和欢迎"。[30] 威廉在此次会议的闭幕演说中提到了民众的积极反应，借此来说明他治下的王朝具有"时刻感知时代脉搏"和"预知未来时事发展"的特殊力量。他说："我相信，我正确地理解了前瞻精神的目标，以及这个行将结束的世纪的目标，就像我在社会改革问题上一样，我决心跟随现代潮流来教育未来几代德意志人。"[31] 这些言论尽管有夸大之嫌，却表明威廉相信"外面"存在着一种共识，一位具有现代意识的君主可以通过倾听民意将其发掘出来。

信仰之争

迄今为止，一切顺利。但很快，新的学校政策便引发了巨大争议，无数陷阱在前方等待着这位敢于对时代重大问题表明立场的君主。在19世纪，宗教在教育中应发挥何种作用，尤其是教会在学校事务管理中应发挥何种作用，几乎在所有欧洲国家都是极具争议的话题。德国政治光谱的左右两翼（从社会主义者到左翼自由主义者和右翼自由主义者，再到保守主义者）与新教徒与天主教徒间的信仰之争交错在一起，使这一问题变得更加错综复杂，越发敏感。德国天主教中央党的成员中有工人、农民、手工艺人和小镇居民，就成员的社会成分来说是非常多样化的。因此，社会和经济方面的问题经常会威胁到成员的忠诚度，但是纯粹的信仰问题又似乎能增强该政党的凝聚力，并在该政党领袖制定政策时发挥相应的重要作用。该政党最受争议的一项宗教政策便是呼吁教会加强对学校教育的干预与监管。

那么，德国政坛上究竟是否有可供中央党立足的中间地带呢？在威廉的智囊团和高级幕僚们看来，在文化宗教问题上对中央党妥协就等同于违背"国家"利益。正如菲利普·奥伊伦堡对威廉所说的，所谓"公正"（Unparteilichkeit）政策需要得到民族自由党（多数是新教徒）和保守党的支持。[32]他对弗里德里希·冯·荷尔斯泰因表示，和"中间政党"同进退是至关重要的；如果必须做出妥协，宁可对反对派中的左翼自由主义者（起码是新教徒）低头，也不向"罗马教廷"让步。[33]威廉似乎对这种观点颇为认同；尽管他热切地希望通过多次会见教皇等一系列象征性的举动来获取德国天主教派的舆论支持，但他对中央党始终持保留态度，并坚持认为政府要想有效运转，就必须"摆脱"中央党的影响。[34]然而，任何负责通过帝国议会引导立法的政府都无法如此教条行事。正如卡普里维对奥伊伦堡所解释的那样：

如果我们审视帝国议会的政党格局，就不得不承认保守党、自由保守党和民族自由党的全部选票加起来也只有132票，而成为多数党需要199票。因此，如果我们想要让来年的关键政策顺利通过，就必须获得手握超过100张选票的中央党的支持。[35]

卡普里维所指的"关键政策"首先是一项增强和平时期军备力量的法案。与中央党合作的前景似乎很光明。在卡普里维就任宰相的头18个月里，中央党几乎为所有重要法案都投了赞成票，展现了其亲近政府的友善态度。然而，1891年春，在一项重大的陆军法案即将推行之际，中央党领导人知会宰相说他们希望政府能够在教育政策上做出妥协，以换取他们在国会的支持。卡普里维委曲求全，以现任教育大臣的学校政策不能满足天主教徒的宗教需求为由，迫使其辞职。新任教育大臣罗伯特·冯·策德利茨－特吕奇勒（Robert von Zedlitz-Trützschler，由卡普里维提名）[36]提出了对天主教立场做出明显让步的学校法案。

威廉于1892年1月14日签署了策德利茨法案。这从表面上来看是一个不寻常的决定，因为这项法案与威廉及其幕僚们的公开政治倾向是相悖的。这项法案若在当时得到施行，将会削弱国家对学校系统的掌控力，取而代之的将会是这样一种教育隔离制度：教会权威人士负责审查新教师，几乎所有学生都将在各自教派掌控的学校学习。威廉为何允许在邦议会中讨论该法案呢？根据他的心腹幕僚卡尔·冯·韦德尔所言，威廉当初之所以同意签署这项法案,只是因为卡普里维以辞职相威胁。[37]威廉也可能认为通过辩论以及和委员会协商能够改进该法案,同时帮助政府向天主教徒展现其妥协的立场。从另一个方面来说,他也许确实对天主教的宗教内涵有共鸣(和他的妻子一样)。不过,有一点是肯定的:威廉大大地低估了这项法案颁布之后在新教徒中间引发的强烈反对。

策德利茨提出的妥协方案几乎遭到了普鲁士上层统治集团的一致否定。到处都是警告的声音:天主教徒处心积虑地要推翻霍亨索伦王朝;德意志帝国即将土崩瓦解;以奥地利为首的"天主教家族联盟"将要崛起,它们会联合南部诸邦对抗普鲁士;甚至有人说俾斯麦会出手废止该法案。[38]来自自由派和保守派媒体的批评之声也是震耳欲聋。自由派报纸支持政府对学校进行全面监管;久负盛名的民族自由党历史学家海因里希·冯·特赖奇克(Heinrich von Treitschke)警告说,学校的研究自由及教学自由正在遭受天主教反启蒙主义者的威胁。教育部因此收到了相当数量的抗议请愿书。关于学校政策的冲突反映了帝国众多结构性矛盾中的一个方面:卡普里维所说的"所有具有政治影响力的团体"(包括天主教派)之间的和解,在天主教徒占据多数席位的国家立法机关中是有意义的,然而它在普鲁士无法维持下去,因为普鲁士的选举制度造成的扭曲使得(新教)保守派和自由派利益团体占据了主导地位。[39]没有什么比这个矛盾更能展现出平衡德意志帝国两大最具影响力的立法机构的诉求是多么困难。

起初,威廉对这项法案抱着支持态度,但如今他也开始恐慌了。在奥伊伦堡的建议和反天主教的财政大臣约翰内斯·米克尔施加的压力之下，威廉于1月23日前往策德利茨的宅邸与之共饮啤酒，并在"卡特尔"的一群达官显贵的簇拥之下走了出来，宣布他不会接受任何未得到保守党和民族自由党支持的学校法案。然而数周之后，他在勃兰登堡省议会中发表演说，吁请人们结束目前这种"怨声载道"的状态，而这番言论被普遍误读为对策德利茨法案的辩护。[40] 在1892年3月17日举行的御前会议上，威廉固执己见，坚持对自由派的反对意见做出妥协。会议气氛剑拔弩张，策德利茨在会后提出辞职。而卡普里维认为自己的政策遭到了公开否定，也随之递上辞呈。威廉在绝望之下向策德利茨保证，他会通过这项学校法案，并试图挽留策德利茨，却徒劳无功。卡普里维的辞职是更沉重的一击。威廉起初拒绝接受卡普里维的辞呈。"我不敢相信这是真的，"他在对宰相辞呈的回复中这样写道，"把马车驾驶到泥地里，然后将马车里的皇帝置之不顾，这可不厚道。"[41] 卡普里维最终同意继续担任帝国宰相，但同时将普鲁士王国首相之职转交给保守派的博托·冯·奥伊伦堡（Botho von Eulenburg）。

威廉在遭受压力时的优柔寡断没有逃过同时代人的眼睛。在辞呈中，卡普里维解释说他离职的原因是他感觉无法"从个人层面依赖［皇帝］无价的信任"。[42] 在此次危机中，其他人也纷纷评论说很难揣测皇帝究竟站在哪一边。[43] 在遥远的阿尔托纳，宗教狂热分子、一度成为威廉心腹的瓦德西将军在1891年被剥夺总参谋长一职之后一直郁郁寡欢，对威廉的"优柔寡断和自相矛盾"思考良久之后，他做出了这样的评论："威廉给人留下的印象是他似乎在同时用两条舌头说话。"[44] 威廉似乎觉得自己的职位所带来的责任太重。他饱受耳部感染之苦，而在互相冲突的承诺中保持一致的立场也给他带来了压力，不久他的身心健康就受到了影响。在3月10日致菲利普·奥伊伦堡的一封信中，他说道：

> 我心力交瘁［……］必须暂停工作。压力和过度操劳使我疲惫不堪。虽然高烧退了，但我整个人还是萎靡不振。等我身体好点儿之后，我可能得离开一阵子去换换空气。目前，国内外的一应政务我都不愿意去想。[45]

卡普里维的突然辞职似乎引发了威廉长达两周的精神崩溃。[46] 当然，将威廉反复无常的行为完全归结于他自身的优柔寡断有过分简单化之嫌，因为学校法案危机也暴露了德国政治文化的矛盾之处。我们也不能责怪威廉在学校政策这一颇具争议的问题上大做文章，毕竟最初要求在这一领域做出妥协的是中央党，后来宰相本人也坚持妥协。威廉如果能够更周到地应对策德利茨，或许可以避免宰相辞职，并且能保住他想要的折中法案。威廉总是急于表达对某种具体政治立场的认同，这当然是威廉本人的问题——他在整个19世纪90年代都不断重蹈覆辙——当这些立场迫于实际需要而频繁改变时，这种错误就更明显了。正如学校法案危机所展现的那样，威廉无法既在德国政体中扮演整合性角色，又在日常参与政治活动，二者是不相容的。一位屹立在帝国之巅的皇帝必须凌驾于政治之上，且超脱于政治之外。问题正是来源于此：要想不卷入政治，威廉就必须放弃他强烈的政治野心，并抑制自己弄权的欲望。

陆军法案（1893年）

经过学校法案危机之后，威廉和卡普里维开始起草新的陆军法案，并使其在帝国议会中获得通过。在准备法案之时，威廉看起来似乎已经从学校事件的惨痛经验中吸取了教训：在一年一度的波罗的海夏日度假期间，威廉告诉奥伊伦堡，有必要通过媒体宣传为增加军费造势，让公众对该法案的出台做好准备。[47]同月，卡普里维命奥古斯特·凯姆（August Keim）上校协调该法案的宣传事宜。此举是对宰相迄今为止保守的公关策略的惊人突破。凯姆的宣传活动以筹集经费为目标，并组织了多次由公务员与具有国家意识的教授参与的大型会议，预见了19世纪90年代末卓有成效的海军改革（可能没有预想到其规模，但至少预料了其性质）。[48]阻碍法案顺利通过的主要因素仍然是中央党。中央党的中间派起初宣布支持该法案，但该党中支持农业主义的一派拒绝改变其反对立场。这次中央党又为获取宗教政策上的让步而团结一致，宣布支持这项法案。威廉与布雷斯劳大主教格奥尔格·冯·科普（Georg von Kopp）会面，商讨相关事宜。格奥尔格是一个"开明天主教徒"精英组织的领袖，威廉与其关系融洽。[49]

然而，即便这些安排已经到位，威廉仍在思考这些努力是否可能依旧不足以使这项法案获得通过。早在1892年7月，他就令人感到不妙地提到"将［处理此事的］责任正式交到人民的手里"，即解散帝国议会。[50] 在1893年1月会见普鲁士军队一众将军之时，威廉向他们信誓旦旦地保证："我会不惜一切代价通过这项法案。这些愚蠢的平民都是乌合之众，他们懂什么军事？［……］要是他们胆敢反对我，我就把帝国议会的这群疯子送去见阎王。"[51] 在这个语境下，我们必须注意到军事上的矛盾基本是德国政治与生俱来的问题，因为宪法没有写清楚由谁控制军费。理论上来说，陆军这个组织是皇帝与议会所共有的。一方面，宪法（第63条）规定"皇帝有权决定帝国陆军的规模、建制以及分遣队的安排"；另一方面，宪法（第60条）又规定"和平时期的陆军规模由帝国议会立法决定"。[52] 拜帝国司法体系中这一"无效决定"所赐，军费开支的控制权归属问题成了行政机构和司法机构冲突不断的根源。在帝国时期，帝国议会共解散4次（分别发生在1878年、1887年、1893年和1906年），其中三次都与争夺军费开支控制权相关。[53]

结果表明，凯姆通过卖力宣传取得的支持以及威廉与卡普里维的精心筹划确实不足以让法案得到通过，帝国议会于1893年5月6日迅速解散。新一届帝国议会确实通过了陆军法案，从这点来看，解散上一届帝国议会是成功之举，但此事也暴露出政府的脆弱性。1890年以前的"卡特尔"的多数派地位尚未恢复，而且新一届议会比以往拥有更多的社会主义代表。该法案只有经过中央党代表格奥尔格·冯·许纳（Georg von Huene）大幅度修改之后才有望通过，而最终能否通过还取决于一众水火不容、立场相对的派别如何投票：其中有波兰人、阿尔萨斯人和汉诺威的归尔甫派成员。

陆军法案之争是威廉迈向铁血皇权的道路上的一个重要里程碑。他在19世纪90年代中期的政治思路基本遵循了两条路线：一是通过组织对抗左派共同敌人（社会民主党）的活动来联合自由派、天主教徒和保守派；二是当政府在现行架构安排之下无法正常运行之时，全盘抛弃帝国宪法的规定。我们将逐一分析这两种策略。

消极一体化的失败

1894年7月，威廉命令卡普里维准备新法案，为镇压社会民主党提供新手段，包括赋予政府将社会民主党的煽动者放逐乡间的权力。这一举动被很多人解读为威廉对自己在19世纪90年代早期所支持的亲劳工社会政策的反叛，表明他对自己此前的提议并非真心实意。[54]然而事实上，针对社会主义者的极端举措与劳工政策的内在意图是一致的，目的始终是防止无产阶级的"中坚力量"倒向社会主义。[55]1893年的选举结果，连同萨尔和莱茵兰新一轮的罢工潮，使威廉相信此前的妥协政策并不可行。在这种情况下，他希望"爱国的"中间派势力能够团结在政府周围，共同对抗社会主义者。于是，政府不得不重新施行俾斯麦在

1889—1890年提倡的镇压手段。

威廉采取的强硬政策也体现出他对待政治的那种以自我为中心的神经质般的态度。他任由个人遭受的挫折和背叛感（这次是由德国工人带来的）压倒更加"理性的"考虑。[56]不过欧洲各国政府对来自左翼的所谓威胁采取的政策并不都由纯粹的理性考量主导，对社会主义的过度恐惧、在宗教上的疑虑和对无政府主义的痛恨都发挥了作用。在这种背景下，威廉的举措并不是特别奇怪。在1893—1894年欧洲大陆发生一连串由无政府主义者策划的爆炸和刺杀事件之后，德国以外的不少国家，包括瑞士和法国，都实施了反社会主义和反无政府主义的新法案。

人们有理由相信类似的政策会在德国推行。自由派和保守派的媒体（包括属于俾斯麦派的《汉堡新闻》）均鼓吹对左翼采取强硬政策，这使得威廉更加坚信反社会主义法案能够在帝国议会甚至更广范围内产生政府急需的共识。9月6日，在柯尼斯堡对东普鲁士代表所做的演讲中，威廉严厉批评这些容克地主代表在农业政策上和政府作对，并号召他们同自己一道"为宗教、秩序和道德而战，抵制革命派政党"。[57]正如威廉事后对卡普里维炫耀的那样，此番演讲获得了自由派和保守派媒体的好评；威廉选择直接诉诸臣民的政治直觉，成功地赢得了卡普里维的政策未能成功团结起来的势力提供的支持。[58]

最后，威廉推行反社会主义法案的计划并没有起到团结中间势力的作用，而且严重破坏了政府的凝聚力。出现该问题的一部分原因在于，帝国宰相列奥·冯·卡普里维和自1892年危机以来担任普鲁士王国首相的保守派人士博托·冯·奥伊伦堡对于如何推行该法案持不同观点。卡普里维想要使该法案的温和版本在由保守派和右翼自由派把控的普鲁士王国议会获得通过。但奥伊伦堡迫切要求采取直面帝国议会考验的政策：如果帝国议会拒绝通过该法案，皇帝可以将其反复解散，然后彻底背弃原有宪法，转而采取新的、民主色彩较弱的帝国选举制度。卡普里维强烈反对这一策略，认为帝国的其他邦国（巴伐利亚、萨克森和符腾堡）非但不会支持，而且可能会利用其带来的混乱来推行自己的排他主义政策。这将会导致帝国走向衰落，甚至最终解体。[59]他坚持政府应当避免内部纷争，并在宪法允许的范围内行事。[60]

两人之间不可逾越的鸿沟证明，在1892年学校危机之后将帝国宰相和王国首相的职权交到不同的人手里有百害而无一利。二元对立（联邦制／中央集权制）的问题如今在两个个性鲜明的人物身上得到了更具象的体现，一个是以容克地主群体为主导的右翼普鲁士选区的代言人博托·冯·奥伊伦堡，另一个是需要对帝国议会中各个党派、各个邦国（更不稳定）的议员群体负责的保守派改革家卡普里维。威廉被迫在两人之间做出裁决。他最初支持卡普里维的观点，但随后奥伊伦堡又说服他采取了一种更强硬的路线。威廉承认该法案可能无法在帝国议会获得通过，但是他愿意接受背弃宪法的可能性；他还与同为君主的萨克森国王讨论政变计划——这证明他内化了俾斯麦的理论，即宪法是由德意志王公们制定的，亦可以被他们推翻。9月初，他甚至告诉奥伊伦堡他应该以下一任德国宰相自居。威廉对强硬对抗政策日益增长的热情源自他半成形的观点,即打击议会可以使他排除党派争斗带来的恼人因素,从而修复他同"人民群众"中的政治中坚力量的关系。威廉在1894年10月对卡普里维说,是皇帝而非宰相"了解德意志人民[deutsche Volksseele]的灵魂,并在上帝的见证下承担责任……"。[61]

威廉对宰相政策的否定和对他意见的不屑使其大为受挫,卡普里维再次递交辞呈。[62] 接下来又出现了完全符合威廉一贯行事作风的场面:他已经把卡普里维逼到了忍无可忍的地步,而且似乎已经安排好由博托接任宰相,之后却又乘坐白马拉的马车赶到宰相府邸,拥抱身心俱疲的宰相,一边共饮波特酒,分享雪茄烟,一边苦苦劝说卡普里维留下。正如这种奇怪的行为所表明的那样,威廉的行动自由受到了严格限制。马克斯·韦伯在对德国议会和政府的经典分析中指出,如果"保守党在普鲁士的统治地位在帝国议会得到复制,并保留了其在普鲁士境内的那种不可一世的气焰的话",帝国宪法的脆弱平衡就会彻底失控。[63] 威廉可能想发动政变,让博托处于领导地位,但事实上他也非常清楚,如果卡普里维为奥伊伦堡让路,自己将会处在一个极其艰难的境地之中。"那么,"一个密友警告威廉,"在德国公众眼中,他就成了为实行暴政而抛弃合法领袖卡普里维的专制君主。"[64] 但博托是连接政府和把控普鲁士议会、普遍支持农业主义的保守派选区的桥梁,让博托离职而留下卡普里维同样会造成毁灭性的影响。由于他们两人在政局中势不两立,威廉被迫在10月26日同时接受二人的辞呈。

反革命法案最终由卡普里维（和博托·冯·奥伊伦堡）的继任者克洛德维希·祖·霍恩洛厄-希灵斯菲斯特（Chlodwig zu Hohenlohe-Schillingsfürst）于1894年12月在帝国议会中提出。原先的制订"特殊法案"的计划被放弃了；该法案虽仅仅是对现有的法案提出了一些修订意见，但还是在帝国议会和媒体上遭到了猛烈批判。随后，一个委员会对这些修订条款做出了调整，增加了宗教色彩，试图使其对中央党更具吸引力：除了反社会主义的规定之外，新增条款将"干扰神圣敬拜"和煽动通奸与渎神定性为犯罪。这些修改表明，政府无力长久地维持以抑制社会主义风潮为宗旨的政治联盟；太多的德意志人有其他更加优先考虑的事项。这一新的"宗教化"法案于1895年5月提交帝国议会讨论，却惨遭否决，再无进展。威廉对此非常失望。没有反社会主义法案，他沮丧地对克洛德维希坦承，政府将不得不依靠"消防水龙来应付一般状况，将子弹作为最后的手段"。[65]威廉希望通过对左翼的联合绞杀来建立一个国家至上的多党派联盟，最终却被证明是痴人说梦；"消极一体化"（negative integration）以失败告终。

19世纪90年代早中期，威廉一厢情愿的专制主义理想因其在现实中备受掣肘而一直无法实现。19世纪90年代早期，皇帝开始在行政领域大展拳脚，特别是在官员任命方面。1890年，他在没有征询卡普里维意见的情况下任命了斯特拉斯堡的新任主教。他还在1891年时不时地干预外交官的任命，这得罪了外交部门的不少人。1893年，他无视卡普里维拟定的候选人名单，指定阿瑟·冯·波萨多夫斯基－魏纳（Arthur von Posadowsky-Wehner）伯爵担任帝国财政大臣。1894年秋天，在卡普里维的继任者克洛德维希·霍恩洛厄的任期内，他加强了干预的力度，提名自己属意的候选人担任农业大臣和司法大臣。在普鲁士王国和德意志帝国的宪法中，君主任免政府官员和公务员的权力得到了认可，历史学家们认为君主在德国政体内行使权力的最重要工具就是这种任免权，这是正确的。[66]

然而，威廉使用这种权力的自由是有限的。如果宰相足够坚定，各部足够团结，皇帝的命令也可能被驳回。卡普里维在1890年就曾成功地阻止了威廉的一项人事任命，当时威廉打算任命克虏伯公司的执行总裁约翰·弗里德里希·詹克（Johann Friedrich Jencke）为权力巨大的普鲁士财政大臣，而其他大臣视其为重工业界安插进政府的傀儡（按照一贯作风，威廉正是出于这个理由选择了詹克，以拉拢反对皇帝劳工政策的实业家，从而恢复政府的中立形象）。1894年11月，威廉（再次试图拉拢农业主义者）提议由一位右翼的煽动者担任农业大臣时，又和霍恩洛厄进行了一番争斗，此事以皇帝再次妥协、任命了一位双方都可以接受的候选人而告终。

威廉还企图对市民社会横加干涉，不过也接连受挫。1890年7月，威廉断然拒绝批准在选举中获胜的左翼自由派人士马克斯·福肯贝克（Max Forckenbeck）成为柏林市长，因为他曾经在帝国议会投票反对增加军费。但大臣们一致坚持批准对福肯贝克的任命，威廉被迫妥协。这一事件的重点不仅在于大臣所拥有的权力和他们的团结，还在于柏林市神圣不可侵犯的自治权。威廉曾试图解雇柏林大学的一位年轻物理学讲师，只因他是社会民主党成员。当时威廉也遭遇了类似的麻烦。此举引发了自由派和保守派教授为捍卫学术自由而掀起的抗议风暴。虽然他们在政治制度方面支持威权主义，而且坚决反对社会主义，但他们对高等学府自主性的重视超过了对革命派渗透的担忧。[67]

诚然，政府部门的派系斗争可以提高君主对决策过程的影响力。约翰·洛尔指出，1892年以后，政府部门中的违法乱纪行为日渐猖獗，党派斗争日趋激烈，这促使官员们通过诉诸君主的圣断来解决与同僚的纠纷，进而为君主干政提供了良机。[68]但这种干预本质上是消极的，而不是积极的；其时机和背景都不受君主控制，而是取决于各个部门之间互相倾轧的高级政治。19世纪90年代早中期，威廉似乎也未能系统地向政府部门安插心腹，以推行自己的特殊政策。他的盟友鱼龙混杂，大臣们又太过自主，使他无法长期施加影响。威廉当然有权力（和倾向）通过支持某个大臣来对抗另一个大臣的方式来对具体事务的决策过程施加干预，例如他支持政府部门中的政党联盟对抗策德利茨的宗教化学校政策，或是在反社会主义法问题上支持博托·冯·奥伊伦堡对抗卡普里维。然而，这样的尝试最终只是证明在政府部门之外潜藏着更加坚不可摧（因为是公开的）的障碍，即帝国议会及其中持怀疑态度的多数派。

皇帝的朋友

由于遭到了"负责"大臣们的激烈反对，再加上日益频繁的旅行和古怪的工作习惯，威廉经常被排除在决策过程之外，他只能转向私人助手和朋友来获取信息、建议和道义支持。到1890年为止，有一个人凌驾于众人之上，对威廉产生了决定性的影响：他就是菲利普·奥伊伦堡伯爵（普鲁士派往德意志小邦国奥尔登堡的使节）。奥伊伦堡如同恒星般处在一个松散小团体的中心位置，其中包括荷尔斯泰因（19世纪90年代早期）、巴登大公（19世纪90年代晚期），以及当时任外交官、后来成为宰相的伯恩哈德·冯·比洛。经常有人指出，在宫廷之中，有身份和官衔不如陪伴在君王左右更重要。[69]但奥伊伦堡和威廉的亲密关系是建立在情感而非空间距离之上的——可以在皇帝身边为他安排一个职位，但他不想这样。他基本上隔段时间才同威廉见上一面，一起休闲度假。

两人首次见面是在1886年5月，当时他们在一个共同朋友的庄园里共度狩猎假期；那年奥伊伦堡39岁，威廉27岁。[70]从相识之初，奥伊伦堡就是君主独一无二的"朋友"，他们交谈的话题要比政治崇高得多（音乐、文学、神秘学），而且不掺杂任何别有用心的企图。在初次见面的几个月后，威廉在给奥伊伦堡的信中这样写道：

> 当我和别人接触的时候，直觉通常会告诉我此人的本性

如何,而［这种直觉］很少会让我失望。就你而言,我不消多时就看出你富有同情心,天生就善解人意。你属于在世上难得一见的人,君主们尤其需要这样的人。不幸的是,我们这些人平时只能听到些阿谀奉承之词和权谋争斗之事［……］顺便说一句,俾斯麦侯爵和侯爵夫人也很赞同我的看法,这让我更加高兴。[71]

鉴于他们通信的亲密语气(尤其是奥伊伦堡的),加之后来在全国媒体中被公之于众、引起轩然大波的奥伊伦堡的双性恋取向(见下文),历史学家们一直在思考皇帝和他的朋友之间是否存在肉体关系。参考我们在别处获取的有关威廉的信息(他对待性的保守态度,和奥伊伦堡不定期的会面),这似乎是绝无可能的;我们也不需要假设存在这种关系,借此来剖析两人关系的本质,或挖掘其中包含的政治意义。奥伊伦堡不过是深谙交友之术,且熟知为臣之道罢了。在信中,他能将日常琐事与政治大事巧妙结合在一起,一边奉承和示爱,一边温柔而真诚地提出批评。奥伊伦堡的信中刻意为之的熟稔口气频频令人注意到他和皇帝的关系是多么亲密无间和毫不设防:"天知道我多讨厌以那套一板一眼的外交辞令来［和陛下］交谈,我情愿胳膊上挂着一杆短猎枪,或者手里拿着一本歌谣集……"[72]

奥伊伦堡本能地懂得如何通过逐步打破规矩来加深同皇帝的亲密关系。在1894年2月的一封颇具代表性的信中,奥伊伦堡描绘了狂欢节期间巴伐利亚宫廷的众生相——舞会的来宾个个大腹便便、油光满面，上了年纪的女士在法式深吻的热力下迷醉，奥斯腾－萨肯女伯爵夫人（Countess Osten-Sacken）"下唇几乎要垂到了胸针上，一缕缕长发挂在湿漉漉的眉毛上"。[73] 在另一封信中，他详细描述了慕尼黑的一场游行，有人唆使两头公牛在公主贵妇们面前交配，导致游行的队列乱成一团。这些信是精心设计过的逾矩之作。它们调皮逗趣，足以撩拨得人心痒痒的，又不会给人唐突之感，再加上阴阳怪气的厌女论调，恰到好处地将写信人和读信人置于一种独一无二、推心置腹的氛围之中，与宫廷之中惯有的荒唐可笑和矫揉造作之风截然不同。难怪奥伊伦堡宣称他和皇帝用书信来往要比日常接触更能加深彼此的交情，并以此为由拒绝了宫廷里的差使。

事实上，尽管奥伊伦堡对皇帝忠心一片，他也并非没有动过弄权的心思。早在 1886 年 8 月，奥伊伦堡就向赫伯特·冯·俾斯麦报告称，他同皇帝在慕尼黑共度了五天，在此期间"利用他对我的信任［……］竭力打消他对英国的厌恶之情"。[74] 奥伊伦堡为威廉提供建议和支持，帮助他同俾斯麦对抗；在俾斯麦倒台之后，奥伊伦堡先后同荷尔斯泰因和伯恩哈德·冯·比洛一道成为皇帝的幕后顾问，为皇帝提供信息，推荐高级官员候选人，并帮助皇帝渡过一次又一次的政治危机，风头一时无两。正是奥伊伦堡举荐其挚友伯恩哈德·冯·比洛先后担任帝国的外交大臣和宰相的。并且我们可以看到，当 1895 年威廉同他的大臣就军事司法改革爆发激烈冲突时，也是奥伊伦堡引导着他全身而退的。正如约翰·洛尔所言，奥伊伦堡可以被视为 1897 年之后威廉"人治"生涯的总设计师。[75]

对于君主来说，无可否认，这样的谏言献策当然是非常重要的。但我们也应当记住威廉和他的幕僚们的关系之中包含着重要的依赖性特征。正如卡尔·施米特指出的，君主及其顾问之间的权力分配时常是相互的：拥有权力之人需要建议，而提供建议之人分享权力。[76]奥伊伦堡与他的同僚对政事的干涉方式便是明证：他们时而劝阻和压制皇帝的主张，时而又予以鼓励。[77]1890年9月，正是奥伊伦堡劝说盛怒之中的威廉接受马克斯·福肯贝克成为柏林市长的。奥伊伦堡有时不得不劝阻皇帝，以使其在公共场合举止合宜，在处理这种事情时，他出人意料地有魄力并且直来直往。有时，奥伊伦堡会在皇帝不知情的情况下操纵政局，从而限制了皇帝的行动自由权。比如，1892年秋，荷尔斯泰因为一方，威廉和卡普里维为一方，双方在德国驻圣彼得堡大使人选问题上各执一词，相持不下。为了打消皇帝的念头，一场复杂的计谋拉开了帷幕：荷尔斯泰因让奥伊伦堡吩咐俄国驻慕尼黑大使致信沙皇，请求沙皇正式告知卡普里维，他倾向于由韦尔德担任大使。与此同时，奥伊伦堡在威廉身上下功夫，力图使他相信拒绝沙皇的请求简直就是对对方的侮辱。这一高超的手腕获得了成功。1893年，他们故技重施，成功阻止威廉将他特别喜爱的一位使馆武官提拔为驻罗马大使。因此，威廉同他的一小众心腹的关系也具有典型的不确定性质：在威廉给予他们权力，并享受他们支持的同时，他们也在试图限制皇权，操纵君王。

皇帝与大臣：克勒尔危机

在威廉看来，卡普里维作为宰相的最大问题就在于脾气太过固执。在四年任期内，卡普里维已经递交了不下五次辞呈，"每当威廉想要决定什么事情的时候"，宰相就撂挑子不干了。[78] 不过，他的继任者克洛德维希·霍恩洛厄-希灵斯菲斯特侯爵有望在君主和宰相间开创一种截然不同的新型关系。正如约翰·洛尔指出的那样，霍恩洛厄的高龄（75 岁）、温和的个性、在财政上对威廉的依赖以及与皇室密切的血缘关系（威廉称他"叔叔"）使他不大可能采取卡普里维在职时所抱持的典型态度——疏远和对立。[79] 在致菲利普·奥伊伦堡的一封信中，威廉表达了对新宰相的满意之情："我对老霍恩洛厄很是满意，一切都是那么圆满顺利。我们彼此之间坦诚相见，我觉得自己仿佛身处天堂。"[80]

然而，此次"蜜月"却同前几次一样短暂。在新宰相上任的短短几个月内，威廉又一次同政府爆发了严重冲突。此次冲突同宰相本人的性格没有多大关系，而是与政府部门成员中间不断滋长的不满情绪有关。大臣们在两个方面颇有微词。首先，他们感到自己被皇帝的心腹牵制。比如，威廉毫不掩饰地表现出对他的军事内阁首脑亨克（Hahnke）的倚重，而对普鲁士陆军大臣布龙萨特（Bronsart）的建议不以为然。但后者同他那些"不负责任的"同事不同，他必须向议会说明政府的政策，并为其辩护。其次，大臣们认为，威廉公开反对中央党的态度，使他们在议会举步维艰。几位大臣（尤其是帝国外交大臣马沙尔，还有布龙萨特）认为只有满足天主教会的合法愿望，才能同他们达到"完全和平"的状态，从而使政府和议会建立起更具建设性的关系。[81]然而，威廉（受其心腹的影响）坚持认为向天主教妥协会导致德意志帝国精英阶层产生动荡。他还通过公开言论和故意疏远中央党领导层的行为破坏友好气氛，阻碍了双方的和解。"大臣们身处其位真是苦不堪言，"布龙萨特在1895年2月抱怨说，"我们在议会殚精竭虑，想要达成某个目标，结果那些背后的顾问在皇帝面前密谏一番，一切就都毁了。这样的情况不能再持续下去了。"[82]

1895年春夏，针对普鲁士军事法案改革而爆发的重大冲突使大臣们对君主的不满集中了起来。改革方案中最具争议的部分在于是否允许公众参与军事法庭审判。在法国、意大利、英国，甚至是俄国，至少有一部分的军事法庭审判按规定要举行公开听证会。1869年后，巴伐利亚也采取了同样的程序。1889年和1892年，帝国议会两次通过动议，启动这一方面的改革。然而，普鲁士的军事司法仍然受制于1845年的旧规定，不允许在任何情况下举办公开听证会。审判都是秘密进行的，法官总是由军官担任，辩护律师寸步难行，当地长官随意启动审判程序，甚至随心所欲地决定结果。显然，改革势在必行，布龙萨特和霍恩洛厄也强烈支持改革。[83]

威廉对这一改革的坚决反对导致了19世纪90年代最为严重的危机。他不妥协的态度在很大程度上可以归结于军事扈从的影响，这些人在此次危机期间异军突起，成了拥有独立话语权的政治势力。同19世纪霍亨索伦家族的其他君主一样，威廉被一群军人围绕着：联队副官（wing-adjutant）、副官长（adjutant-general）、名义将官（general à la suite）以及军事内阁和海军内阁的成员们。这些军事扈从的构成是相当松散的、不甚统一的。然而，正如伊莎贝尔·赫尔在其对皇家扈从的经典研究中指出的，军事司法改革所造成的威胁引发了前所未有的政治动荡。[84] 军事内阁首席阁僚威廉·冯·亨克针对布龙萨特的提案发起了声势浩大的舆论反击战，所有的皇室扈从，包括职位最低的联队副官，都团结一致地对抗陆军部。他们确实展示出了团结一致的气势和不达目的誓不罢休的决心，似乎对威廉施加了巨大压力。当然，威廉最初是反对该法案的，主要是因为其中的有些条款削弱了他同意或驳回判决结果的权力，但有很多证据表明，他在1895年曾多次试图摆脱自己对于继续施行不公开审判的承诺，但迫于扈从集团的压力而未能成功。用巴登大公的话来说：“皇帝在他的扈从面前讨论过这些问题后，觉得自己在某些关键问题上被束缚住了手脚。在这种情况下，他倍加难以改变自己的决定了。”[85] 在这里，我们又一次碰到了授予权力和遭到束缚之间的辩证关系，这是威廉执政生涯中绕不开的一点。

1895年整个春夏，威廉都在同拒绝搁置改革（正在拟议中）的政府部门做斗争。这一僵局为1895年秋爆发的克勒尔危机做了铺垫，一些学者将其视为威廉统治生涯的一个转折点。简而言之，有人持续将有关军事司法问题的内阁机密商议的细节泄露给皇帝及其军事扈从，此事被揭发之后，危机随即爆发。"内鬼"

的嫌疑立即落在极端保守的内政大臣恩斯特·冯·克勒尔（Ernst von Köller）身上。自从 1894 年秋被任命为内政大臣以来，克勒尔一直都是威廉在政府部门中安插的亲信，为威廉提出的一系列不切实际的个人设想摇旗呐喊，包括主张将不尊重威廉一世的行为定为非法之举。克勒尔对诸如此类的提议的热情支持使他颇为其他大臣所不喜。因此，当泄露事件的调查结果显示正是极力阻挠改革和维护皇权独立性的克勒尔告发的同僚时，大臣们都震怒不已。一番犹豫之后，宰相霍恩洛厄勉强答应，以所有政府部门的名义向威廉递交正式的申诉状，要求将克勒尔解职。威廉以该请求僭越君权为由，断然拒绝："只有我有资格将大臣解职。"[86]

令人惊讶的是，大臣们坚持立场，在说服克勒尔自己辞职之后，又迫使皇帝接受了他的辞呈。雪上加霜的是，他们拒绝了威廉心仪的继任人选。人事任命对皇帝行使权力至关重要，大臣们正面攻击皇帝在这方面的行动自由权，使威廉感到震惊和愤怒。他对内阁秘书卢坎说：

> 我两次昭告众人，我并未对克勒尔失去信任，因而没有理由将他解职，但没有人当回事。他们反过来抵制克勒尔，威胁我要么解除他的职务，要么所有人集体离职。这在普鲁士历史上是前所未有的。我们如果对此听之任之，便会制造出一个非常危险的先例。[87]

从短期来看，克勒尔危机似乎是政府各部齐心协力对抗威廉二世反复无常的干涉之举的胜利，但胜利是短暂的。从长期来看，政府仍然过于分裂，无法一致对抗君权的干预。不同的政策观点和米克尔以及波萨多夫斯基等大臣的个人政治野心都影响了政府的凝聚力，这两个大臣在1895年之后依旧利用皇帝的偏好来让自己加官晋爵。这些大臣卑躬屈膝的更深层的结构性原因在于他们身处议会和行政机构之间的特殊地位。大臣们如果不依靠君主，又能依靠谁呢？正如霍恩洛厄后来所说："政府不可能同时逆着舆论和皇帝旨意行事。这样做等于让自己悬在半空中。"[88] 正是因为当时的政治局面是如此支离破碎，大臣们又不像当时英国那样通过党派成员身份和议会多数党产生联系，所以他们更为依赖行政部门，也就是说更加依赖君主的个人青睐。到了1896年春天，大臣们的这场"投石党运动"宣告结束，危机解除。

在克勒尔危机中受挫之后，威廉和菲利普·奥伊伦堡曾秘密研究恢复君主权威的策略。在1896年8月的一份特别备忘录中，奥伊伦堡列出了包括政变在内的可行选项，但这些选项都是他反复权衡之后挑选出来的，以引导皇帝通过合宪的途径行动。[89] 奥伊伦堡的目标是避免公开冲突，并与政府建立更为和谐且等级分明的关系，从而提高君主的地位。这一策略的关键是（在适当的时机）将刚愎自用的外交大臣马沙尔解职，由奥伊伦堡的密友、当时的驻罗马大使伯恩哈德·冯·比洛取而代之。在适时的等待之后，霍恩洛厄就有可能告老还乡，到时便可顺理成章地任命比洛为宰相。

这项计划很快就付诸实施了。1896—1897年，威廉发起了对现有大臣的全面清洗。贸易大臣贝勒普什曾经帮助威廉推行劳工改革，但近年来不受恩宠，于1896年被解职，陆军大臣布龙萨特也一样。1897年10月，比洛被任命为外交大臣。还有一些人（由威廉本人提议）进入帝国国务秘书处和帝国邮政部任职。接下来，海军将领阿尔弗雷德·冯·提尔皮茨（Alfred von Tirpitz）被任命为帝国海军大臣，这次任命划时代的意义在日后才得以显现。霍恩洛厄到1900年为止一直担任宰相，但他已经是强弩之末了。比洛逐步挤到了皇帝和宰相之间，架空了霍恩洛厄。[90]

1897—1900：威廉掌权？

在霍恩洛厄作为一股政治力量的核心或多或少名存实亡之后，大臣们开始拉帮结派，"皇帝的人"掌握了多个核心部门，阻止威廉在行政部门占据主导地位的主要障碍似乎已经被扫除了。在君主和政府之间的权力平衡中，一种变化悄然浮现。御前会议（皇帝出席的普鲁士政府部门会议）召开得越发频繁。大臣们不再提供"咨询"，而是听皇帝就他目前感兴趣的事务侃侃而谈，下达指令，抛出提案，然后他们恭而敬之地逐一记在笔记本上。[91]

还有另一个迹象表明威廉扩大了自己在德意志政治中所扮演的角色，那就是他越来越愿意公开自己和政府的具体行动方针。1898年9月6日，在威斯特伐利亚演习期间，或许是受到军事扈从中强硬派势力的影响,威廉公布了一项"保护工作者权益的法案"。该法案旨在为罢工期间继续工作的男性和女性提供法律保护。威廉以他一贯激情洋溢的口吻,宣称任何胆敢阻止他人工作,或煽动他们参加罢工的人,都将面临"刑事拘留"。这个不讨喜的字眼被媒体揪了出来,而这一由威廉亲自起草的法案原本叫作"保护生产性就业法案",后来则被定名为"刑事拘留法案"(Zuchthausvorlage)。除了这一举措之外,威廉还制定了一项法案,提议建设一条运河,连接普鲁士西部的工业省份和东部的农业省份,并为奥得河与莱茵河之间的货物运输提供便利条件。"运河法案"成了1899年夏天普鲁士政坛热议的话题。由于该法案在多个方面都与威廉对君主使命的认识相呼应,因此他为其大力辩护。威廉认为君主的使命是作为首要的调节者来平衡各地经济、文化和地方利益(这里是指天主教的西部工业地区和新教的东部农业地区),以免不安定的因素威胁德意志帝国的统一和完整性。[92]在这种情况下,"人治"(这里是指一种计划,而非已经实现的事实)成为"不断变化的宪法实践的一个组成部分"。[93]

约翰·洛尔认为1896—1897年清洗大臣的运动开启了威廉统治时期的一个新阶段,该阶段正是以君主的"人治"为特征的。"1897年,而非1890年,才是威廉统治初期具有决定性意义的一年。直到这一年,威廉才终于实现了其主导德意志政策方向的目标,而不像此前只能对负责相应事务的大臣的政策稍加干涉。"[94]尽管1897年之后威廉开始频频指点江山,政府各部也不再像19世纪90年代早中期那样有实力抗衡君主的干涉,但我们并不能断言1897年是德国政治系统管理方式彻底革新的一年。大臣们抱怨君主偏听内阁首脑和不负责任的顾问们的意见，自己却只能置身事外，但他们从19世纪90年代初就开始发出同样的怨言了。

实际上，改变微乎其微。[95]法案仍然需要经过大臣们的反复讨论才能通过；皇帝可以不与他们协商就公布某项法案（比如"刑事拘留法案"），但在立法机关面前捍卫新提案是大臣们的任务，如果没有他们的大力参与，新法案就没法交由议会通过。还有一种看法会产生误导作用，那就是认为19世纪90年代末由威廉支持的一系列法案与当时政府部门的优先事项是完全冲突的。1899年的运河法案（据比洛所说）[96]首先经过了普鲁士政府部门的讨论，然后才被威廉采纳。引发争议的"刑事拘留法案"中最尖锐的部分已经在大臣们旷日持久的讨论中被一一删除。此外，大臣们还有能力挫败威廉更激进的举措，这些举措是要将政府部门置于他个人的控制之下，比如他曾明目张胆地建议由他的一位文官内阁成员担任大臣会议的秘书长，一旦他的人坐上了这个位子，政府部门讨论问题的进展就会尽在皇帝的掌握之中了。[97]

不管在哪种情况下（或许这是更重要的一点），威廉赢了与他针锋相对的大臣，都并不一定意味着他个人采取的立场也取得了胜利。一个例子是军事司法问题的解决。清洗运动之后，威廉"又花了一整年的时间喋喋不休地宣称他坚定不移地反对拟议的改革方案"，然而1898年12月签署通过的这项法案对自由主义者坚持的军事法庭审判公开化的立场做出了重大的让步。[98]事实上，威廉面对着一个环环相套的约束君权的系统。即使他能够架空并打击一位年老的宰相（威廉已经在1898年年底相当成功地运用这种办法对付了霍恩洛厄），他仍然要对付大臣们。即使他能够逼迫大臣们放弃自身更正确的判断，转而支持他的举措（他在1897—1900年曾经有几次——当然不是经常——成功地达到目的），他仍然要面对严阵以待的立法机关，更不用说舆论审查了（这一点对于他的重要性怎么估计都不过分，见下文第六章）。比如，1899年11月，"刑事拘留法案"在帝国议会遭到了严苛的对待。议员们尤其对该法案第8条提出的严厉惩罚不以为然；尽管第8条是由威廉本人兴致勃勃地起草并且不顾大臣们的强烈反对而坚持保留的，它却被帝国议会全票驳回，这种全票否决的情况在其历史上是第一次也是最后一次。[99]

运河法案即将遭遇同样屈辱且更加久拖不决的命运。保守党的农业主义一派和它的姊妹组织（大获成功的农业联盟）认为，提议建设的运河体系属于现代化创新举措，将会使本已陷入困境的农业部门遭受国外廉价谷物的冲击，同时会吸引劳动力从易北河以东的庄园涌入西部省份的工业中心城市。1899年8月16日，经过二读之后，普鲁士王国议会以绝对多数反对票（275∶134）驳回了这项法案。[100]这次失败不仅仅是由于保守派的卖力造势，也与大臣们未能就争取保守派同意运河法案所需做出的争议性让步达成一致有关[101]——这说明霍恩洛厄失势之后出现的大臣们越发独立的局面其实不利于实施皇帝的举措。威廉在公开场合反复表达了对该法案的支持，并密切关注媒体每日对议会辩论的报道。这表明他渴望采用一种能够超越党派斗争的技术官僚统治形式。法案的失败让威廉极为沮丧,以至于他的妻子觉得有必要寻求比洛的帮助:

> 我这次找你的时候万分焦灼。昨天晚上,我不得不离开威廉［……］虽然他很激动,也很沮丧。这不幸的运河法案!要是它在星期六［三读也是最后一读的日子］仍然被驳回的话,我不知道会发生什么事。唉,你能不能给陛下写封信,让他平静下来?这很有必要!［……］这个夏天真是糟糕透顶!愿上帝继续保佑我们。[102]

该法案在三读中被驳回之后,理论上威廉有权解散普鲁士王国议会。但德国皇帝即使动用这个终极武器,也无法占据上风,因为解散当前议会只会导致形成更加倾向自由主义的新议会。[103] 因此,威廉转而去对付那些保守派的政府官员(所谓的"运河法案叛徒"),这些人都是议会代表,却并没有支持政府通过该法案。他动用普鲁士宪法赋予他的广泛的惩戒权,将一批妥协的政府公职人员"随意处置"(即把他们调离现有的职位,但并不永久地将他们排除在公务员系统之外)。这种惩戒性的对政府公职人员的大规模调动在普鲁士历史上是前所未有的。[104] 然而,它并没有消除保守派对运河法案的抵抗,反而使威廉遭受了广泛的抨击。几乎所有派系都同意这样一个观点——虽然君主有权在不说明理由的情况下解雇公务员(宪法第87条第2节),但是针对这些公务员的惩罚性解雇却是违宪的，因为此举违反了普鲁士宪法所保障的议会豁免权（宪法第84条第1节）。1901年5月，运河法案的改良版本也未获通过；"运河法案"在1904年最终通过并成为法律时，只保留了原有版本的少量内容，运河只能从莱茵兰经多特蒙德到汉诺威。皇帝在提议建设一条水路来连接帝国地理两端和文化两极的时候是那样热情，但最终其宏伟构想不得不被永久放弃了。[105]

小结：权力和约束

威廉与卡普里维及霍恩洛厄的冲突，以及他在19世纪90年代晚期的一系列失败举措表明，君主受到了某些外在的约束。威廉所设想的那种"面向大众的专制主义"就是无法与德国复杂多变的政治体系相调和。在这一意义上，"人治"（尽管使大臣们极其恼怒，而且只是决策过程中的一个因素）仍然是一次"异常实验"。[106]19世纪90年代早中期的一系列大胆之举，也暴露了威廉在有效运用权力方面的无能。威廉行事十分轻率，这是一个致命的弱点，因为在他所处的政治体制中，立法行动要想成功，往往需要精心安排发布信息的时间点。当威廉感觉到自己的权威遭到挑战之时，他会表现出极度防备和粗鲁的态度，除了最能察言观色的大臣之外，他很难与其他任何人建立合作关系。威廉看待事物非常主观。正如伯恩哈德·冯·比洛（他对皇帝几乎从未有过严苛的批评之语）在写给奥伊伦堡的一封信中指出的那样："不幸的是，我们敬爱的、才华横溢的皇帝很容易夸大其词，总会让自己的脾气（偶尔还有主观臆想）占据上风。"[107]

威廉能够迅速掌握报告的内容，尤其是阅读简短而有趣的报告的时候，但他从未成为一个真正"事必躬亲"的君主，以有规则的和体系化的方式处理国家事务。他的日常行程总是被几乎不间断的旅行所打乱——在其统治期间，他只有不到一半的时间是在柏林和波茨坦度过的。[108] 早在1889年，瓦德西将军就曾说过，"频繁的旅行、无休止的活动、繁杂的消遣自然会导致皇帝无法一以贯之地行事"；皇帝行事毫无章法，也没有制定时间表以拨出一定的时间来完成特定的任务。[109] 威廉不愿（或无力）从宏观角度了解政策的发展方向，这意味着他的干预往往与政府的整体步调相悖；这反过来使他的提案显得十分古怪，甚至不合时宜，哪怕其内容并无特别之处。1893年夏天，弗里德里希·荷尔斯泰因注意到皇帝身上的一个令人不安的苗头——他变得"热衷旅游、懒散轻浮"——并且警告说需要有一个更强硬的宰相来抑制他的"情绪和冲动"。[110]

这些缺陷之所以会出现，一方面是由于威廉缺乏一贯性和自律性，但另一方面也是由于他需要时不时地远离政坛以保持心境平和，考虑到他在压力之下很容易感到惊恐，这种逃离的需要就变得更为迫切了。1895年2月，威廉正与政府针锋相对，他在写给奥伊伦堡的一封推心置腹的信中表示了歉意，因为在危机最严重的时候，他却待在位于胡贝图斯托克的狩猎小屋里。但他补充说："我必须从两个紧要关头之间抽出身来，以保持镇静和冷静的判断。因为我想以绝对公正的态度来判断所有事情。"[111]他总是缺席,却又时常干预;懒散无比,突然又精力充沛。这些奇怪的矛盾集于一身,结果威廉的执政之风越来越像他的表妹夫——俄国沙皇尼古拉二世。1901年7月,沙皇的国务委员A.A.波洛夫佐夫(A. A. Polovtsov)如此说道:"不管哪个领域的政策,都没有一个有原则的、经过深思熟虑的且拥有坚定方向的行动方针来指导。一切都是突击完成的,毫无规划,受到特定时刻的影响……"[112]威廉的行事作风也是如此——这或许表明,他作为统治者的失败反映了一种普遍的不协调:高度发达的威权体制对君主的能力提出了极高的要求,而王朝命运安排在君位上的人却资质平庸。

1896—1897年,在扫除行政机构内阻止他扩大权力的障碍时,威廉只是把一套约束换成了另一套而已。他越是试图绕过他的大臣,就越容易同普鲁士王国议会以及帝国议会发生直接冲突。他越是对在议会中饱受抨击的法案表示个人支持,就越会遭到公众的口诛笔伐。我们已经看到,他有时会提到用政变的手段来突破一切束缚,一些历史学家也认为这对走投无路的君主而言是个切实可行的选择。但我们应该记住,那些对威廉十分了解的人如果提醒他此举会遭到德国民众痛斥,便很容易阻止他的行动。虽然从理论上来说,德国资产阶级中的一部分人会赞同用宪法中没有规定的举措来对付社会民主党,但很明显,这种行动是缺乏政治基础的。[113]因此,对政变的设想仅仅是逃避宪法的一种表现;正如比洛所回忆的:"皇帝的这些言论,散发着炮弹的味道和血腥气，主要是［……］为了哗众取宠［……］其背后根本没有坚定的意志来支撑。"[114] 在架空宰相、把政府弄得四分五裂之后，威廉无法为决策过程提供一种统一的动力。他迫切地需要一个既有统筹协调能力，又能掌握分寸、进退有节的人才。这正是霍恩洛厄的继任者，伯恩哈德·冯·比洛，所具备的品质。

第四章
从比洛至贝特曼时期的国内政治

"积极意义上的人治"？

伯恩哈德·冯·比洛自1897年起担任外交大臣，并于1900—1909年兼任宰相。比洛能够掌权要归功于威廉皇帝的密友菲利普·奥伊伦堡的影响力。的确，对他的任命可以被视为威廉统治时期"奸党政治"（camarilla politics）的顶点。如果认为比洛仅仅是为了确保政治地位而结交奥伊伦堡，这就是不公平的，两人在19世纪80年代中期就已相交，那时他们谁都无法预见与对方的交情将来会有何种用处。然而，随着奥伊伦堡对威廉的影响越来越大，志在跻身朝堂的比洛开始不断自荐，让奥伊伦堡考虑自己。

在他与奥伊伦堡的通信里，比洛把自己描绘成君主制原则的狂热拥护者，并声称他愿意帮助皇帝恢复已被与俾斯麦的冲突和19世纪90年代频发的内阁危机所破坏的帝国君主制。"我们不能不为拥有这样一位君主而心存感激，"1890年8月，比洛这么告诉奥伊伦堡，"［他］经常让我想起中世纪的英雄——萨利安王朝和霍亨斯陶芬王朝所出的皇帝们。他是［……］主以栋梁之材打造的伟大统治者。"[1] "他的想法和计划几乎总是正确的，并且大多是英明的，"比洛在第二年写道，"它们源自旷世无匹的天纵英才，结合了罕见的活力和审慎的思虑，以及对当代需求的非凡理解。［……他又尖锐地补充道］但至于圣上所下达的指令是否被有效、到位地执行，那就另当别论了。"[2]

至1894年，比洛取代荷尔斯泰因成了奥伊伦堡的主要政治合作对象。奥伊伦堡给比洛铺就了仕途，向威廉不遗余力地推荐比洛接任重要职位，先是帮他继马沙尔之后成为外交大臣，后又让其接替霍恩洛厄担任帝国宰相。[3] 比洛自己也宣布了身为宰相的使命：

> 我将会是与前任们不一样的宰相。俾斯麦是独操权柄的人物，与丕平和黎塞留类似。卡普里维和霍恩洛厄被认为或者说自认为代表"政府"，也在一定程度上代表"议会"，要制衡陛下。我则将自己视作陛下意志的执行者，所以可以说是他的政治幕僚长。有我在，积极意义上的人治将拉开帷幕。[4]

人们似乎有理由认为，皇帝让一位以服从与和解闻名的人物[5]承担内阁最高责任，一定会为皇权在政治事务中的巩固、扩张以及影响力的增强奠定基础。这正是约翰·洛尔所描绘的景象，他认为比洛的内阁带来了一个"过渡期"，将皇帝对政府决策的偶尔干预（19世纪90年代）变成了"制度化的人治"。在这种制度中，"皇帝几乎完全不需要再干预政府机构的运行"，因为政府的"关键部门"都"掌握在诸如比洛、提尔皮茨、米克尔、波德别尔斯基（Podbielski）等人手中，而这些人正是威廉为实现自己的意图而亲自提拔的"。[6]

毫无疑问，比洛最终是靠着威廉的意愿才留在这个职位上的，而且他确实擅长服从与和解。但要说在比洛担任宰相期间实现了"制度化的人治"，则还差些条件。甚至在比洛被任命为外交大臣之前就有迹象显示，一旦他大权在握就不仅能哄骗，还能控制甚至是操纵皇帝。在评论1895年的军事司法冲突时，比洛指出，只要威廉有"任何理由认为"政府部门想要采取某种手段来约束他，政府事务就无法顺畅推进。"政府部门不能摆出议会内阁的架子；总体而言，必须少谈部门与政府，多谈陛下。要让陛下感觉霍恩洛厄不过是他派到大臣中间的一个代言人，必要时甚至要惜与绝大多数大臣的意见对立。"[7]这些话语的惊人之处在于（可能是无意识地）对"印象"和"表象"的强调。它首先强调的是说服皇帝相信一切仍尽在他自己掌握。在同期写给奥伊伦堡的一封信中，比洛着重指出，鉴于威廉容易激动又固执己见，必须阻止他直接干预外交政策领域："尽管我对君主主义怀有坚定、彻底的信念，我个人对我们最仁慈的统治者也怀有满腔的热爱和感激，但这些并没有使我盲目到对他本能而强势的个性所造

成的危害视而不见。"⁸

比洛成为外交大臣时，对皇帝的批判态度已变得更加严厉和坚定。1897年4月，在一份私人笔记中，他评述道，威廉缺乏自我节制并且无法认识到自身知识和能力的局限性，这使得他在政治上很"危险"，这造成的结果是人们将大臣们视为抵御"圣上怪癖"的唯一防线。⁹1897年8月22日，在写给奥伊伦堡的一封信中，比洛指出：虽然威廉私下作为一个个体"非常迷人可爱，魅力十足，富有吸引力"，然而，威廉"喜怒无常，不够敏锐，有时还欠缺判断力"，无法将"意志"置于"更冷静的思考"之下，因此，除非他"周围的臣仆聪慧过人，特别是绝对忠心而可靠"，否则那些缺点便会使他陷入极其危险的境地。¹⁰这是一个典型的比洛式论断，以充满奴性和顺从的语言欲盖弥彰地包裹其中暗藏的野心，即束缚住君主并将自己置于事务的中心。比洛与志同道合者——比如对外交官安东·冯·蒙茨（Anton von Monts）的对话就不会这么模棱两可，他是这么评价的："尽力将这位统治者的个性引发的巨大危险降到最低"将会是"帮助德国在威廉二世统治时期安然无恙"的唯一有效措施。¹¹

因此，对于以下事实就没有什么值得惊讶的了——51岁的比洛一朝掌权，就基本成功制定了自己的议程。甚至在被任命为宰相之前，比洛就在未经授权的情况下向中央党领导人示好，知会他们自己赞成废除针对耶稣会的律法了，而威廉对此举依然是抱有敌意的（尽管在19世纪90年代早期威廉自己也曾并不很认真地考虑过这一可能性）。一进入宰相府，比洛就强行安排自己

图3 在所有承担了应付威廉皇帝这一任务的政客中,没有任何一人能像伯恩哈德·冯·比洛宰相那样狡猾机智。这是1908年他在柏林与奥古斯塔－维多利亚皇后(威廉的配偶)的宫务大臣米尔巴赫男爵同行的场景。

以前的副手和总勤务官奥斯瓦德·冯·里希特霍芬（Oswald von Richthofen）男爵为外交大臣；威廉没有热情支持，但默许了。为了保险起见，比洛保留了一些谄媚者的特质：他认识到获取威廉个人信任的重要性，便在皇帝身上下苦功夫。他恳切地寻求皇帝的意见，过分地称赞皇帝的想法，并甘愿为皇帝的设想当传声筒。当时有人记得见过他们两人在皇家宫殿的花园漫步了两个小时，皇帝一路上夸张地比画着，宰相则恭敬地侧耳倾听，好像正陷入深深的思绪里。[12]

与此同时，比洛巩固了其在普鲁士政府部门中的权威。比洛在被任命之后不久，召集了普鲁士政府部门的大臣们，通知他们皇帝坚持要"统一政府"。以后只有帝国宰相／王国首相有权发布有关大臣审议的信息。[13]比洛还建立了一套更加一体化的新闻管理制度，旨在结束卡普里维和霍恩洛厄治下早已成为常态的混乱局面。在奥托·哈曼（Otto Hammann）的高压控制下，政府扶持的媒体报道不仅公开对比洛的行动表示支持，夸大他的政治成就，还有所选择地广为传播其个性、外表和私生活上的细节，适度地打造出针对宰相本人的个人崇拜光环。政治新闻所宣传的一个关键主题就是皇帝与"他的"宰相之间亲密一致和异常和谐的个人关系。[14]

然而，显而易见的是，比洛和威廉在很多关键问题上都有分歧，但比洛常常是成功向对方灌输自己主张的那个。例如，1900—1901年关于粮食关税的续约谈判就很能体现这一点。比洛渴望将保守党派和中央党拉拢到政治多数派团体中并长期维持下去，因此他更希望达成一个折中的解决方案以满足农民对提高关税的部分要求。然而，威廉仍为农民阶层反对自己的运河计划而恼羞成怒，并且在那时受颇具影响力的实业家阿尔贝特·巴林的意见所左右；因而，他倾向于反对向农民阶层的游说团体让步。比洛比威廉技高一筹，成功使各邦国在关税问题上支持自己（以前俾斯麦和威廉就对彼此采取过这种策略）。结果，在1902年12月，关税法诞生了，在中央党、农业主义的保守党以及民族自由党几乎一致的支持下，征收更高的进口粮食税的折中办法得以通过实施。这一重要举措大大地提高了德国主要粮食的价格。但这是比洛的功劳，不是威廉的。[15]

显然，比洛还有许多其他与威廉广为人知的政治倾向不太相符的主张。1900年秋天，宰相要求帝国议会追加预算，以补偿用于联合远征中国、镇压义和团运动的超额军费。威廉曾明令禁止霍恩洛厄这样做，因为这将被视为政府在皇权行使范围内的敏感政策领域向帝国议会的权威低头。但是，请求破例的举动为比洛在议会赢得了广泛的支持，而且这还被解读为一个信号，表明新宰相是一个比前任们更加真诚的"议会"派人物。[16]比洛和威廉对帝国议会代表是否应该在出席会议期间领取（饮食）津贴也有相似的意见分歧。"什么！这群人也能领津贴？"这是威廉对这项提议所发出的质疑。威廉对此项举措的反对是众所周知的；如果比洛没有授意一个普鲁士部门"据理力争"（当然是不太情愿的），这项提议永远不可能被写进法条当中。[17]

比洛对天主教利益集团的让步引发了其与皇帝之间进一步的

第四章　从比洛至贝特曼时期的国内政治　　117

摩擦。自从1892年在学校政策领域惨遭打击之后，威廉明显更加偏好一个由新教中产阶级和无党派之见且具有"开明"民族意识的天主教人士占多数派的政府。威廉对中央党占据政治"主宰地位"的不满早已广为人知，他认为中央党的领袖是"极端分子"，"比教皇还像教皇"。[18] 然而在1900年冬天，比洛公开对中央党提出的一项帝国法案表示支持，该法案意在解除各邦国对天主教宗教仪式的禁令。联邦议会否决了该法案，但比洛走出了不同寻常的一步，在宣读联邦议会的正式否决声明后，他附上了自己的公开声明，表示他个人对该法案背后的意图表示同情。[19] 这一姿态受到了中央党的热烈欢迎。

1903年2月，比洛单方面宣布，他将利用自己在联邦议会中决定普鲁士投票的影响力，确保废除关于耶稣会的律法中的第2节（文化斗争时代残留的突出产物），由此对中央党的利益做出了更具争议性的让步。耗费一年多的时间之后，比洛才使这一提议通过了顽强抵抗的联邦议会的审议。该提议引发了自由主义媒体的抗议，但至少在短期内进一步巩固了宰相与中央党之间的关系。所有这些举动反映了比洛决心在政府内组建一个政治联盟，以此为德国各政治派别搭建沟通的桥梁，以弥合它们之间极具破坏力的分歧。这些事实也反映了比洛更倾向于支持议会，这使他与两名前任截然不同，也使他注定落入与君主不和的境地。消息灵通的观察者们已经注意到比洛政治风格上的一些重要的不同点，或者说新奇之处。与霍恩洛厄和卡普里维相反，比洛毫不掩饰一个事实，即他支持的一些举措是皇帝所反对的。"谈及〔皇帝〕态度的方式提供了最强有力的佐证，表明宰相必定处于极其强势的地位。因为这种方式打破了一个原则，根据这个原则，无论对内还是对外，政府都要保护和捍卫皇帝的决定。"[20]

比洛对普鲁士政府部门的严密控制意味着威廉在当时几乎不可能像在霍恩洛厄和卡普里维时期那样通过与某位特定的大臣密谋来削弱宰相的影响力。权倾朝野、几近独断的财政大臣米克尔一直反对比洛向中央党妥协的政策，由他来扮演这位"特定的大臣"是可以想象的，但在比洛于1901年5月发起的行动中，他和贸易大臣路德维希·布雷费尔德以及农业大臣哈默施泰因－洛克斯顿一同被解职。[21] 在此之后，人们普遍注意到，相比于之前两任宰相，比洛已经更为成功地"按自己的想法"构建了内阁。[22] 只有提尔皮茨能够继续与威廉保持相对可以自主的关系。[23]

诚然，就像凯瑟琳·莱尔曼所展现的那样，在挑选候选人以任命最重要的一些职务时，威廉皇帝经常是做出最终决定的人，而比洛有时只能被迫让步。但比洛也可以通过使用一些计策或是劝说来让皇帝改变主意；而当他成功将自己偏好的候选人提拔为大臣时，甚至没有什么迹象显示他系统性地操纵了用人。另外，威廉提名的候选者反映出他的一种"任人唯亲"的倾向，他是从形形色色的各路熟人中选择的，而不是根据某种特定的政治立场，以一贯的偏好来进行人事任命的。例如，1901年挑选接替米克尔的新任财政大臣时，威廉心目中的最优人选是自由实业家格奥尔格·冯·西门子（Georg von Siemens），但被其婉拒；他的第二选择是极端保守的吉多·亨克尔·冯·唐纳斯马克（Guido

Henckel von Donnersmarck），对方也谢绝了邀约；最终，这个职位落到了保守派人士、前内政大臣格奥尔格·冯·莱茵巴本（Georg von Rheinbaben）的头上。事实上，威廉无论如何都不能保证一旦将自己的心腹安排进内阁，此人就一定能按照他的喜好做事。比如1903年在威廉本人的催促下被任命的普鲁士陆军大臣卡尔·冯·艾内姆（Karl von Einem），他并不喜欢来自上层的干涉，很快就成了威廉在莱茵兰设防政策的反对者。[24]

自霍恩洛厄离职后，宰相与皇帝之间的权力平衡发生了变化，而比洛小心翼翼地向威廉隐瞒了这种改变。一有机会，他就试图让威廉相信政府在议会中以及海外取得的成就都是威廉自己的功劳，而他比洛所有的计划都不过是在尝试实现威廉的国家政策引向的美好愿景。当两人分处两地时，他给"主人"写的信，就像奥伊伦堡的那些信一样，语调如闲谈般轻松，充斥着下流的戏谑之语，而且迎合了对方的偏见和对女性的厌恶。）[25] 我们已经看到，威廉起初对新宰相是满意的；威廉尤其赞赏比洛掌权之后所营造出的相对平稳的政治局面。"我要让伯恩哈德继续默默地干下去，"1901年7月，威廉这么告诉奥伊伦堡，"有了他，我总算可以睡个安稳觉了。"[26] 然而，到了1902年，有迹象显示威廉对自己被排除在政治进程之外感到越来越烦恼，他在政策方向上更为挑剔，在关键且具有象征意义的问题上越发坚定地对宰相发起挑战。举例而言，他成功地迫使比洛在普鲁士王国议会中立法以镇压波兰的民族主义浪潮，在那时这一举措极有可能会得罪中央党代表，而接下来，比洛在关于关税法案的议程上亟须取得他们在帝国议会中的支持。1902年9月,就威廉是否该当众召见三名近期正在德国巡游访问的南非布尔人将军这一问题,双方爆发了激烈冲突。比洛赞成,但威廉强烈反对,因为他担心这样的姿态会有损英德关系(荷尔斯泰因最终想了个可行的法子,即在没有其他人在场的情况下召见他们,从而解决了这个难题)。在圣诞节时,虽然两人间的敌意似乎已经过去了,但威廉现在似乎更加清楚地意识到了他被限制的程度有多深。从这个意义上来说,1902年秋天的事件标志了威廉与比洛之间"蜜月期"的结束。

威廉逐渐意识到了政治现实和他自己所构想的角色之间存在巨大的鸿沟,同时又对社会民主党的不断胜利感到焦虑,而且他在德国媒体上的公开声明招来了猛烈批评(见下文第6章)——这些加在一起,最终导致威廉于1903年夏天情绪急剧恶化。在一年一度的夏季度假期间,在奥伊伦堡在场的情况下,威廉首次公开批判比洛。在他与奥伊伦堡的一次对话中,威廉指出,比洛错估了新的投票站法案保护选民投票时的个人隐私所造成的影响,还严重低估了社会民主党带来的威胁。[27]威廉变得愈加暴躁和神经质;在结束了寻常的皇家游艇一日巡航后,他在晚上的讨论过程中经常表现出困惑不安和神经紧张的迹象。某一天晚上,在读船上的人听完了翁肯(Oncken)对于1848年革命的经典记述后,威廉突然怒火中烧,大声宣布自己将"对1848年的革命进行报复",还声称"这些人每个都是猪狗不如的浑蛋,只有非常具体的命令才能约束和领导他们"。[28]虽然这些话是由翁肯讲述的那些事件所引起的,但人们难免产生这样一个印象:它们表明威廉感受到了他已对政局失去了掌控。

信任危机（1905—1906）

尽管皇帝与宰相之间因上述事件而一度关系紧张，但两人之间的关系依旧维持着表面上的平静，直到二人就德国的对俄政策再度产生冲突（比洛的宰相生涯几乎就此结束）。1905年7月，威廉在芬兰渔村比约克（Björkö）会见了他的表妹夫俄国沙皇尼古拉二世，并同意签署一份共同防御条约。比洛早前阅读了条约草案并对其内容表示赞同，但在与尼古拉谈判的过程中，威廉对其做出了一项重要修正。比洛拒绝接受更改过的"比约克条约"，声称这一变更使得该条约不再符合德国对外政策的目标，继而他递交了辞呈。在此处，我们关心的不是这次争端的细节或其国际背景（关于这些可见第五章），而是这给皇帝和他最具影响力的权臣之间的关系带来的后果。

威廉因为与沙皇成功签署条约而颇感得意，但与此同时，他也对比洛因自己修改条约而打算辞职的消息深感震惊。在苦涩的答复中，他断言"对我自己和我们的祖国而言，宰相比这世界上任何条约都要重要10万倍"，还补充说他和比洛是"天造地设的一对君臣，为我们伟大的德意志帝国耕耘和收获"。他恳求比洛收回辞呈，还警告说如果宰相坚持辞职，威廉本人就没法看到第二天的太阳了："想想我那可怜的妻子和孩子们吧。"[29] 比洛终于满意了，同意留下来；两人在应该采取何种对外政策以及该如何实施外交政策方面的歧见在此固然发挥了作用，但比洛威胁要辞职的主要目的在于提醒身为皇帝的威廉是多么依仗他这个宰相的手腕和名望，并借此来巩固自己的地位。

由于威廉同意让步，所以比洛的权术游戏从短期来看是成功的，但这也给他带来了不良后果。从危机中走出来之后，威廉对宰相甚为不满，并决意恢复自己的政治权威。在1905—1906年冬天的那几个月里，威廉按自己的偏好接连任命了三名高级政府官员。克莱门斯·冯·德尔布吕克（前西普鲁士总督）取代了贸易大臣莫勒的位置，威廉个人对他尤为欣赏。正当比洛为外交部殖民地管理司负责人的可能人选游说拉票时，威廉单方面把这个职务给了自己的亲戚恩斯特·霍恩洛厄-朗根堡（Ernst zu Hohenlohe-Langenburg）——一个毫无殖民地政策制定及管理经验之人。当忠诚于比洛的外交大臣奥斯瓦尔德·里希特霍芬在1905年12月因过度劳累而去世后，威廉不顾比洛的劝说，任命自己的私人密友兼假日玩伴海因里希·冯·奇尔施基（Heinrich von Tschirschky）作为里希特霍芬的继任者，这一举动被同时代的一些人视作皇帝为巩固自己对外交政策的控制权而做出的努力。威廉急于重新获得政治主动权，甚至在1906年2月召开了一次御前会议，这是比洛当政期间第三次召开这样的会议，却是第一次借此类会议来处理常规政务（前两次会议都是为了处理某些特定的国家紧急事件而召开的）。

为了对比洛的大政方针进行调整，威廉向前者施加了越来越多的压力。更重要的是，有迹象表明威廉不再愿意对中央党采取怀柔政策，因为这会大大约束自己。威廉任命新教徒霍恩洛厄－朗根堡为殖民地管理司长官的强硬决定已经引发了中央党的强烈不满，当时中央党的党魁希望行政部门能有天主教的候选人，天主教布道团在德国殖民地能够得到殖民当局更加公平的对待，等等。有件事体现了新形势的特点，那就是陆军大臣冯·艾内姆于1906年1月为军官团中的决斗行为公开辩护，这毫无必要地激怒了中央党的代表。皇帝拒绝在议会与中央党协商合作，这个时刻对比洛而言非常尴尬。自1903年的全国大选后，新一届领导人开始引领中央党，他们更年轻，民粹主义倾向也更为严重。作为在帝国议会中占主导地位的非社会主义政党，中央党开始更积极地利用自身的影响力。[30] 1905年，当比洛提出当时急需实行的税制改革时，中央党联合了左翼党派否决了宰相的提议。1906年，中央党还引导舆论批评政府对殖民地的政策和经费问题，导致帝国议会否决了关于建立规模更大且更独立的殖民管理体系的种种提议。

威廉的干预更加频繁，比洛在议会的支持率也遭到沉重打击，因此霍恩洛厄执政后期的普遍瘫痪状态可能会重现，当时被议会漠视、为皇帝不喜的宰相陷入了两难的政治僵局。在这些压力的逼迫下，1906年4月5日，比洛在帝国议会精神崩溃了，他在诺德奈岛的度假地疗养了整个夏天，在那里一直待到了10月。但威廉持续施压，他不断惩戒中央党，并呼吁对社会民主党实行强硬措施，坚持把那位不受欢迎的霍恩洛厄－朗根堡留在官位上。到了1906年9月，威廉已经明显感觉比洛的存在变得可有可无，还在公开场合与新任外交大臣海因里希·冯·奇尔施基谈论起了可能继任宰相的下一个人选。[31]1906年8月，他甚至询问德国驻罗马大使蒙茨伯爵是否有意接替比洛的宰相职位（蒙茨谢绝后，比洛很快就回到了柏林）。[32]这提醒我们，将威廉二世视为一个"影子皇帝"——仅具有形式上和仪式上的权威，但缺乏行使政治权力的手段——是多么具有误导性。1905—1906年，就如同在19世纪90年代一样，皇帝对高级官员任命权的控制依旧是德国体制的一个关键因素，尽管这种控制是不可预测和断断续续的。

从另一方面来说，令人吃惊的是，即使在高级行政人员的圈子内，皇帝的这些干预似乎也没有带来多少更广泛的影响。威廉依旧没有在全国贯彻有始有终的政治计划，只有两个期望是明确的：首先，将政府从中央党的手中解救出来；其次，恢复政府与中间势力的合作——自统治生涯之初，威廉就寻求实现这一点，只不过未能成功。威廉召开御前会议的决定更多是象征意义的；没有后续行动，因而并没有开创皇帝持续干预政府事务的时代。总的来说，这些举措是对比洛的警告，是一种对抗策略。威廉坚持采取强硬的反社会主义政策，并以此迫使比洛表现出强硬的姿态（至少是在公开场合），但他并没有针对社会民主党采取相应的行动。至于充满争议的霍恩洛厄-朗根堡，比洛在卢坎的帮助下于1906年8月将其从殖民地管理司领导人的职位上拉了下来。事实证明，说服皇帝接受与霍恩洛厄-朗根堡截然不同的伯恩哈德·德恩堡（Bernhard Dernburg）成为继任者是非常容易的。德恩堡是一名有左翼政治背景的犹太裔银行经理,在帝国议会受到众人的尊重。[33]

在一场更为激烈的交锋中,比洛战胜了普鲁士农业大臣维克托·冯·波德别尔斯基将军。1906年夏天,波德别尔斯基因为间接卷入了一个腐败丑闻而遭到媒体口诛笔伐。为了减少此事对政府公信力的破坏,比洛迫使他辞去职务。但波德别尔斯基拒绝辞职,并且得到了威廉的支持。威廉认为他并没有犯什么大错,这个看法与事实是相符的(调查委员会事后做了澄清:波德别尔斯基并无不当之举)。比洛在与皇帝争论时未能使后者相信有必要让波德别尔斯基辞职,于是危机逐渐升级,双方陷入了僵持局面——一边是皇帝,另一边是宰相和他的大臣们。正如19世纪90年代中期的克勒尔危机(见前文)那样,威廉将政府部门毫不让步的姿态视作对其任免官员的宪法权利的严重挑衅。但即使如此,他还是被迫退让了。1906年11月11日,威廉发布敕令,解除了波德别尔斯基的职务。[34]

就在关于波德别尔斯基是否留任的争端慢慢解决的时候,政府与帝国议会,尤其是与中央党之间关于殖民经费的争端进入了关键的阶段。在镇压德属西南非洲起义的过程中(镇压的结果是当地原住民种族灭绝),政府从注册税、关税和消费税中所获得的微薄财政收入已不足以支撑军费。[35]政府因此不得不于1906年11月下旬向帝国议会申请追溯批准超额的预算。随后帝国议会对此进行的讨论为中央党的全力出击提供了舞台,最终形成了一项决议,效果是扩大议会对殖民政策的共同决定权。在此次争端中，立法机关史无前例地（尽管最终并未成功）撬动了行政机关的特权。[36]

1906年冬天的争端也触及了皇帝在宪政中的角色，因为正是威廉本人在面对比洛、总参谋长、陆军大臣和殖民地管理司负责人的反对时力排众议，派遣特罗塔中将到西南非洲取代了当地司令官洛伊特魏因，以至于冲突升级的。[37]然而，中央党要求即刻减少派遣到西南非洲的军队，并坚持遵守预算公正原则，君主特权的捍卫者们拒绝了所有这些要求，理由是在与帝国领土防御有关的问题上，只有皇帝具备决定权。1900年比洛决定向议会申请划拨远征中国的特许经费时，威廉曾很不情愿地默许了，但他现在坚决拒绝在有关军事指挥职能（议会在这一职能上是不能限制皇权的）的敏感问题上做出任何让步。显然，当时激进反对派占多数的帝国议会无论如何也不会批准这个由政府提出的预算方案。比洛看准了机会，在法案二读前特地向威廉讨来一份议会解散令。宰相以"决定军队的需求是皇帝的特权"[38]为由拒绝了中央党所提出的削减国防预算的提案，之后该预算案经投票遭到否决。随后，比洛适时宣读了威廉的议会解散令。

比洛政府以"民族主义"路线的立场参与到新一轮竞选中，以应对殖民政策陷入僵局后引发的问题。这在整个帝国范围内令选民参与度急剧上升，但还不足以使选民疏远中央党——事实上，中央党在帝国议会甚至还增加了五个席位（总数已达到105个）。但1907年的大选确实大大降低了中央党的影响力，因为社会主义代表的人数从79人削减至43人。在德国的五党体系

第四章　从比洛至贝特曼时期的国内政治　　127

中，这种小规模的席位调整足以让一个新政府产生，这个政府主要由民族自由党、保守党、自由保守党和自由思想者党（左翼自由党）所组成。同时加入新政府的还有反社会主义的新教人士所组成的各个小党派，它们共同组成了后来所谓的"比洛联盟"，握有帝国议会全部395个席位中的216席。[39]威廉对多数派"民族"联盟的重新崛起表示欢迎，他还为这次大选打击了社会民主党而感到欣喜，他认为这预示着一个"全新盛世"的到来。[40]威廉似乎并没有注意到，这次竞选未能阻止中央党成员席位的增加，这个问题后来一直干扰着宰相通过"联盟"执政的努力。

比洛的终曲

这些事件的发展是如何影响皇帝和其宰相之间的权力天平的？历史学家对比洛在1906年12月危机期间和其后的政治目标看法不一。在20世纪七八十年代发表的一系列文章中，特伦斯·科尔认为1906年的帝国议会的解散标志着"比洛开始发起一场运动，让德国政府有一个新的立足点"，由此来相对削弱皇帝的政治权威。[41]相比之下，凯瑟琳·莱尔曼在其颇具影响力的关于比洛执政期间高层政治的研究中认为，比洛没有任何长期的政治目标，以他的脾性也难以对皇帝的权威发出原则性的挑战。[42]

我们不需要为这场关于"比洛的政治目标究竟为何"的争论做出评判，我们关注的是在1905—1907年的危机之后，皇帝和他高深莫测的宰相的政治影响力实际上的平衡状况。无论比洛是否认真考虑过展开一场旷日持久的德国政体宪制变革（并没有迹象表明他有过这样的念头），有一点都是很明显的：他仍然决心利用一切手段维持和巩固自己的地位。随着帝国议会新班底的入驻，宰相开始清理各部门中他认为不可靠的人（斯图特、波萨多夫斯基），就像1901年他曾做过的那样。[43] 比洛还与外交大臣奇尔施基产生了权力斗争，后者对宰相外交政策的批评是出了名的。[44] 比洛认为奇尔施基是皇帝的亲信，其目标是削弱宰相对外交政策的控制力。事实上，奇尔施基的确是"皇帝的人"，但并不是一个事事听从皇帝号令的人。这位大臣渴望按自己的意愿施政，这一点很快就变得显而易见，而且他没有半点儿兴趣充当一件"顺从的工具"。[45] 1907年1月，奇尔施基做了一件令人不快的事，他在与丹麦签订新条约的前夕才让威廉和比洛得知即将签署这样一份条约。6个月后，他在一件关于外交代表的棘手事务上先斩后奏，在既没有咨询皇帝也没有问过宰相的情况下便对法国做出了承诺，这让皇帝彻底对他失去了兴趣。[46] 正如过去常常发生的那样，历史再度重演，皇帝专门提拔自己看重之人的行为还是没能为他带来真正的权力。比洛不费吹灰之力便把奇尔施基从外交大臣的位置上拉了下来，在1907年秋天让他前往德国驻维也纳大使馆任职。

然而，这还不能说比洛成功地重获其执政早年所享有的相对自主的地位。在1905—1906年颇具破坏性的冲突之后，比洛避免与皇帝发生正面冲突的决心从未如此坚定过，然而，他的行动自由也相应地被限制了。更重要的是，比洛直接操纵威廉的能力减弱了，而这种能力正是让他早先取得诸多成就的关键因素；皇帝不再那么信任这位宰相了，因而也不再那么热切地回应他的提议。这在1907年9月双方就由谁接任奇尔施基的职务而进行的协商中得到了体现。在此谈判期间，比洛没能让威廉放弃自己中意的人选——威廉·冯·舍恩（Wilhelm von Schön），"一个佞臣和最糟糕的那种社交名流"。[47]

为了恢复受损的权力地位，比洛采取了两项补救措施。其一是发动一场新闻攻势，旨在消除皇帝随从中的"不可靠"因素，尤其针对皇帝的老朋友菲利普·奥伊伦堡（现在比洛将其视为一个危险的阴谋家和对手）。比洛长久以来一直试图拉开威廉和他最喜爱的幕僚之间的距离。在比洛执政初期，恰逢奥伊伦堡的影响力急剧下降（即使是暂时的），奥伊伦堡与皇帝之间的会面频率渐渐降低。但随着威廉与比洛之间的关系渐趋紧张，奥伊伦堡再度有了存在感。奥伊伦堡在夏日陪伴皇帝乘船巡游途中，附和了皇帝对宰相的不满。事后来看，奥伊伦堡显然并没有密谋与比洛作对，他个人对宰相依然是忠实的，但那时已经有了与此相反的传闻，比洛也很难不注意到奥伊伦堡与皇帝之间的亲密关系，因为这与自己同皇帝之间的疏远程度成正比。

1906年秋天，正值比洛执政以来所遭遇的第一次大危机，重要期刊《未来周刊》的编辑马克西米利安·哈登发表文章，猛烈抨击从幕后影响甚至左右皇帝决策的"秘密奸党"。凭借早年荷尔斯泰因、俾斯麦（可能还有比洛）传递的消息，哈登发起的新闻攻势娴熟地利用了奥伊伦堡和皇帝周围其他随从是同性恋者的秘密。接下来，饱含诋毁和审判性的一连串字句使得一个奇异的世界暴露在了目瞪口呆的中产阶级公众的目光之下，这个世界里充斥着矫揉造作、贵族怪癖和宫廷嬉戏，高级官员们互相起着女性化的绰号，威廉被唤作"甜心"（das Liebchen）。奥伊伦堡（以克林顿式的圆滑）发誓称他绝不曾"有过帝国宪法第175条规定的应受惩处之行为"，然而危害已然形成。[48]

奥伊伦堡丑闻在反专制主义和恐同的中产阶级中掀起了滔天巨浪。哈登本人并不像他的很多读者那样对同性恋怀有敌意——实际上，他还为不少其他著名的同性恋者发声辩护过（这些人的生活隐私一直以来饱受公众侵扰），但他利用中产阶级周围随处可见的话题所产生的强大情绪诱发他们内心的负面联想，以实现污名化"人治"的目标。在这件丑闻中，威廉的形象是被用心险恶的佞臣组成的圈子所包围、操控的君王，这些阿谀奉承者为了继续沐浴在皇帝宠信的荣光之下，撇开了责任、荣誉和信念。[49]这有损皇帝声望，还永久地剥夺了威廉从他的老朋友身上获取建议和陪伴的可能（奥伊伦堡回到了利本堡的庄园，再也未能面见天颜）。

比洛可能真的相信过奥伊伦堡正在和他作对的报告。[50]但他肯定还注意到，对不可靠因素和与之相关的"人治"发起的舆论攻势最终将巩固他自身的地位，能增加他对抗威廉的本钱而无须正面交锋——因此比洛本人拒绝向威廉透露关于丑闻的消息，任其发展，按兵不动，这件事最后只能由皇储在当天晚些时候告知威廉。用特伦斯·科尔的话来说："一个靠对威廉近乎谄媚的奴性态度才得以开始宰相生涯的人,最终对威廉发起了一轮近乎谋反的攻势。"[51]

新闻攻势和随之而来的诋毁式媒体审判的连锁反应使得奥伊伦堡和大量与之有来往的名流不再公开露面,其中包括威廉极为倚重的一名副官。从长期来看,这也不利于比洛自身:这次曝光让威廉十分愤怒和尴尬,而且他对于宰相居然没能及时禀报如此敏感的消息深感震惊;他很快便开始怀疑,比洛本人从一开始就牵涉其中。此外,随着对丑闻的关注面持续扩大,宰相本身也成了媒体攻击的目标。比洛参与陷害奥伊伦堡的阴谋以一种更加自相矛盾的方式证明了他其实是弄巧成拙,因为他毁掉了一个常伴威廉身侧、多次为自己美言且颇具影响力的人物。[52]

除了部署媒体清君侧,鼓励舆论批判皇帝对政务的干涉,比洛为了巩固自身地位还与议会多数派建立了一种新形式的关系,就是在1907年大选后为人所知的比洛联盟。比洛希望统合了保守派、自由派、农业团体和工业团体的比洛联盟能演化成一种永久的政治格局。威廉也很喜欢这一想法,因为比洛联盟使人想起俾斯麦宰相在最后一次参选时制造的政党联盟"卡特尔",两者有明显的相似之处。然而,就像"卡特尔"一样,事实证明,比洛联盟也是很脆弱的。到1907年秋天,联盟中的党派已经开始为放松股票交易管制和解除对政治团体的帝国限制令而出现了争执。更严重的是它们对于税收政策出现了重大意见分歧。保守派依旧对任何可能损害产权人利益的税收形式持反对意见,比起直接税,他们更能接受间接税;自由主义者则因为间接税把大部分的税收负担都转嫁到大众身上而反对间接税。[53]

　　1907年12月上旬，比洛联盟似乎因为内部矛盾而处于分崩离析的临界点。比洛在此时召集各政党领袖举行会议，在会议上他强调他们必须搁置争议，团结向前。他警告道，如果他们不能做到这点，他就会辞职。这一前所未有的举动公开表明宰相能否留任并不取决于皇帝，而是由帝国议会的各政党来决定的。正如凯瑟琳·莱尔曼所观察到的那样，这一举动在德国宪政方面具有十分重要的影响，因为它将政治重心从皇帝与宰相的关系转移到了宰相与议会的关系："宰相现在坚信，仅凭威廉的信任，是不足以保证自己留任的。"[54]

　　尽管从宪政理论的角度来看，这些发展进步是很引人关注的，但它们本身不足以长期保障比洛的地位。到了1908年年末，威廉对宰相残存的一点儿信任被彻底打碎。威廉认为比洛在"《每日电讯报》事件"中背信弃义，且拒绝支持自己，这是威廉在位期间众多轰动媒体的新闻中最重大、最具破坏性的事件。我将会在接下来的第六章中详细讨论此事，它是由《每日电讯报》发表的一篇对威廉的访谈引起的。在访谈过程中，皇帝陛下做出了不少对外交政策和英德关系判断失当的评论。在随后引发的轩然大波中，比洛非但没能为皇帝做出强有力的辩护，还出于自身利益的考量而站到了威廉的对立面（他选择利用主流舆论倾向为自己谋利）。因此，自1908年11月起，丧失了皇帝信任的比洛要想留任，基本只能指望"比洛联盟"中各种政党势力在议会中的不稳定联盟了。尽管他们取得了一些令人鼓舞的立法成就（在放松管制和政治结社方面），但税收问题仍使这些党派处于分裂状态。

比洛在自己执政晚期的谋略部署中将威廉置于一个非常尴尬的境地。威廉早前对这位宰相的敬意和爱戴已经化作彻底的敌意和不信任。但他还是希望看到金融改革法案得到批准实施，因此在这项任务完成之前，他并不情愿让比洛离任。从另一个角度来看，如果法案因保守派不肯让步而被搁置，那么宰相突然离开对皇帝而言就是不可接受的，因为这将被视为君主公开承认大臣留任与否可以取决于议会，并默认宰相已经建立了一种"不同的〔即议会的〕规则"。

随后，比洛声称他能察觉出威廉在其困境中的不安和忧虑："我十分了解伟大的主上，不会看不到他内心爆发的冲突。一方面，他渴望摆脱我；另一方面，他又希望由他自己来决定我在何时何地卸任。"[55] 结果是，各方找到了折中的解决方法。保守党派和中央党在6月24日的二读时联手否决了财政改革法案。两天后，比洛在基尔向皇帝请辞。威廉批准了这一请求，但前提是比洛要继续任职一段时间，直到财政改革法案通过帝国议会的审议。1909年7月10日，上述法案终于通过了，但这是在比洛的接班人特奥巴尔德·冯·贝特曼·霍尔韦格（Theobald von Bethmann Hollweg）的监督下实现的。4天后，比洛正式卸任离职。

1914年以前的德国国内政治

贝特曼并非威廉青睐的宰相人选。皇帝考虑过其他不少候选人，他本人更倾向于委任外交官安东·冯·蒙茨为新宰相，推荐贝特曼的人是比洛。[56] 与早前俾斯麦、卡普里维、霍恩洛厄和比洛执政时期的状态不同，威廉和贝特曼之间并没有"蜜月期"。贝特曼拘谨死板、公事公办的作风与比洛春风得意之时皇帝和宰相之间那种轻松惬意的气氛是相抵触的。威廉发现贝特曼总是坚持遵循正确的程序，这让威廉觉得他既迂腐又令人抓狂，而贝特曼又拒绝为威廉认定的紧急事务走捷径，因此两人之间摩擦不断。1913年3月，威廉甚至很不客气地送给贝特曼一篇从《每日画报》上剪下来的文章，文中声称："德意志帝国是一个在拘泥小节的可怕官僚治下的充满爱国精神之地，这些官僚不愿意做实事，只有被专家百般鞭策才会行动。"威廉在这段攻击性的文字上加注了"确实如此"的评论。此时贝特曼正在为新军事法案而进行艰难的谈判，他感到深受羞辱，气得几乎要提交辞呈。[57]

尽管有这般艰难险阻，两人还是设法建立了一段良好的合作关系，那也许还是威廉在位时期最稳定的伙伴关系。有几个原因使得这一点成为可能。首先，虽然他们的交情并不是特别深，但这两人对彼此都很了解。年轻的威廉曾和贝特曼一同在后者位于霍亨菲诺的家族庄园狩猎；正是在这里，贝特曼的父亲费利克斯主动让威廉把枪管搭在自己的肩膀上，帮助他第一次猎杀了雄鹿。[58] 因此，两人之间就算谈不上友谊深厚，至少还是比较熟悉的。其次,贝特曼还享有"比洛红利",这是说他获益于比洛执政末期君臣之间极端恶化的关系。在见识了比洛的诡计和欺瞒之后,威廉开始欣赏贝特曼严于律己的耿直作风。较之比洛,贝特曼很少阿谀奉承,也不贪图权势。再次,贝特曼在日益两极分化的帝国议会不受欢迎,这在两个方面有利于促进他和皇帝发展出良好的关系。从一个方面来说,这使得贝特曼更加倚仗皇帝(也使他更加意识到他对皇帝的依赖)。阿道夫·韦穆特于1909—1912年担任德意志帝国财政大臣,他在自己的回忆录里说,贝特曼极其重视他与皇帝之间的牢固关系:"这是他力量的源泉。"[59] 从另一个方面来说,贝特曼在帝国议会遭受的冷遇使威廉(错误地)认为他支持以君主制的行政机构对抗立法机关的权力。贝特曼所面临的舆论批评越猛烈,皇帝对这位深陷困境的宰相就越支持。[60] 最后,贝特曼是一名虔诚的君主主义者(在某些方面较之比洛有过之而无不及),而且他还带有许多和威廉同样的偏见,例如他对波兰人的民族理想就像威廉一样持有疑虑。

然而,没有任何迹象表明君主统治制度重新回归。皇帝左右政治议程的能力和他对政务的影响力依旧被严格限制着。他已经不可能别像过去那样与某些大臣暗中合作,那种暗通行为曾严重动摇过霍恩洛厄的宰相地位。贝特曼很快就成功地掌握了行政控制权,其掌控力至少和比洛担任宰相时相当。就像比洛一样,贝特曼通过推迟任命副首相的方式强调了首相在普鲁士的国家政治机构范围内所拥有的超然地位。潜在的竞争对手以及在关键问题上反对宰相观点的大臣们(比如莱茵巴本、艾内姆和毛奇)都在

图4 在皇帝见识了比洛的阴谋诡计和有意操纵之后,宰相特奥巴尔德·冯·贝特曼·霍尔韦格展现了一种可喜的变化。其人身形消瘦,而其刚正不阿的处事原则就如同他的挺拔身姿一样。然而,他也如前任一样成功地阻止了威廉对帝国政治进程的介入。在图中,他正与外交大臣戈特利布·冯·雅戈以及副大臣阿瑟·齐默尔曼在柏林帝国议会大厦的台阶旁交谈。

1909—1910年出局。此外，决定新官员（达维兹、肖莱马、伦策）任命的实际上并非威廉，而是贝特曼，这也使得政府各部的气氛前所未有地和谐起来。令人吃惊的是，从那时起直到1917年为止，普鲁士部门的构成（在贝特曼进行部门改组后）就几乎再也没有变动过。

因此，宰相可以让宪法赋予皇帝的最重要权力工具失效或将其控制住。贝特曼还成功控制了大臣面见皇帝的途径，尤其是在他们想与皇帝商讨财政问题的时候——财政问题在战前几年里是贝特曼宰相的重点关注对象。他还（就像比洛曾做过的一样）与文官内阁首脑瓦伦蒂尼建立了良好的关系，瓦伦蒂尼可以亲自为宰相监督非军事人员与皇帝的联络以及监视禀报皇帝的信息。虽然瓦伦蒂尼对皇帝的影响力及其政治独立性远不及奥伊伦堡，有时候宰相还是有可能与瓦伦蒂尼合作以阻止其反对的举措的。[61]

另外，贝特曼本人也准备好了在必要时阻止或破坏皇帝的计划，他一般能通过说服皇帝控制住局面。[62]例如，1910年4月，威廉因为社会民主党在警方许可的情况下于柏林举行竞选游行而向贝特曼表达了愤慨，贝特曼答复说这次游行是根据新的《社团法》（Vereinsgesetz）而得到批准的："政府必须依法行事。越严格遵守法律，就越是有正当理由在必要时对违法者采取武力。"[63]1912年3月，当威廉试图绕过宰相直接干涉帝国与英国政府之间关于海军军备的谈判时，贝特曼向皇帝递交了辞呈，在其结尾处写道："陛下，为官之道要求我为陛下您所下达的命令在上帝、国家、历史和自己的良心面前承担责任。甚至陛下您本人也无法从我身上拿走这份责任。"[64] 就像之前经常发生的那样，威廉迅速投降了。在对宰相的回复中，他以误解为借口否认了自己的干涉行为，并且请求宰相不要因此而责怪他："作为我的最高官员、私人朋友以及贵族之表率，我请求您保持对皇帝、国王和诸侯的忠诚，请您继续勇敢地面对困难，肩负［职务上的］重担。"[65]

无论如何，自1908年的"《每日电讯报》危机"后，威廉就不再直接干涉外交事务了，与此同时，政府渐渐地陷入了与两极分化的后比洛联盟时代帝国议会僵持的局面，威廉与宰相在国内政策问题上出现重大意见分歧的可能性降低了。从一方面来说，在这个阶段，威廉对国内问题的兴趣急剧下降，他现在与掌管国内事务的大臣几乎没有实质上的接触。[66] 从另一方面来说，政府的控制能力在逐渐下降，即使是对于最迫切需要推进的改革也无法达成政治共识，因此皇帝能够提出主张的范围也缩小了。[67] 所以，在1909年之后，因皇帝干涉而产生的政治矛盾越来越多地集中于军民关系的领域绝非巧合。尽管威廉对国内政治及政策的影响已经基本失效，但由于宪法赋予了他独一无二的地位，使他成为民政指挥链与军事指挥链在顶端的唯一相交点，因而他依然是一个至关重要的角色。

没有什么比战争爆发前的十年间在阿尔萨斯-洛林发生的军民关系破裂危机更明显地展示出这个问题了。自1870—1871年的战争之后，德国从法国手中抢占了阿尔萨斯-洛林，而该地区在德意志帝国的宪法地位是非常独特的。它并非联邦中的一个邦国，而是由威廉任命（也有权罢免）的一名总督（Statthalter）治理的。总督在宰相的职责范畴之外行事，亦不受其节制——他任免官员需要宰相联署同意，但他在职时的一举一动完全是在与皇帝协商之后决定的。这一点同样适用于驻扎在该地区的军事指挥官。就像帝国其他地区以及公海舰队的军事指挥官一样，他们通过军事内阁直接由皇帝领导。因此他们在与君主探讨当地的军事政策时，不受包括总督在内的任何民政部门代表讨的约束。因而在阿尔萨斯-洛林的军民冲突事件中，首要也是唯一的仲裁者就是皇帝本人。

这个领域的政策很可能会引发冲突，主要因为军政机关与民政当局看待该地区的方式截然不同。总督卡尔·冯·韦德尔伯爵（包括柏林政府）所制定的长期民政目标是通过在宪制上让步再辅以健全的政府机构来促进该地区的"内部整合"。贝特曼·霍尔韦格的最终目标则是将阿尔萨斯-洛林建成一个典型的由自己的统治家族管理的联邦自治国家，也就是说要承认其区域自治性，以消除该地区的亲法倾向。相比之下，军政机关认为该地区属于具有军事意义的边境区域，在德国国防政策中扮演着高度敏感的守卫角色。他们倾向于认为，对邦国渴望独立的愿望的任何让步都会有损德国的安全，而严密的纪律和时刻准备对当地的不当行径发动严厉打击这两点是成功统治该地区的关键。因此，韦德尔和驻阿尔萨斯-洛林部队指挥官之间的关系比较紧张。

1909—1910年，当地人和德国驻阿尔萨斯-洛林政府之间的摩擦日益频繁，这进一步加剧了局势的动荡不安。很多冲突不过是些微不足道的小事，与热血青年奚落嘲讽德军有关，但它们引起了以支持泛德意志主义的《莱茵－威斯特伐利亚报》为首的德意志沙文主义媒体多到不成比例的反响。他们以这种方式引起了威廉的注意。威廉是《韦德金德贵族通信报》的热心读者，这份报纸每日两版，刊发全德国报刊的文章摘要。然后威廉要求该地区的军事指挥官汇报情况，他们往往借机敦促皇帝对民众采取更强硬的措施，并且对民政部门的疏忽大意与摇摆不定表示不满。威廉比较愿意带着同情的目光看待该地区的报告，儿加强了他这种倾向的一个因素是，他在国内政务上逐渐边缘化的处境更加凸显出了"直接指挥权"（Kommandogewalt，军事首脑指挥下属时不受议会辖制的权力）的重要性——这是他残余的权力中最重要且完整的实权。我们应该还记得威廉最重要的非军事顾问（显要的文职人员菲利普·奥伊伦堡）已经被比洛、哈登等一众人逐出了皇帝近臣的行列，这一灾难性的发展带来了意想不到的后果——将威廉进一步地推向了军事机构的怀抱。

1911年1月，阿尔萨斯－洛林的军民关系因为一次无伤大雅的不愉快陷入了严重的政治危机当中，上述局面的棘手之处显现出来。争端涉及米尔豪森镇的一名帝国行政官员，他与该镇的德军起了冲突。这件事微不足道，但威廉很快（通过新闻报道）听到了风声，立即片面地站在军方一边并要求开展调查。总督韦德尔向威廉提交了一份报告，态度明确地支持那名文职官员；相反地，军团司令冯·许纳为他的属下作保，还一如既往地认为政府和普鲁士军队的声望危在旦夕。

威廉站在军方一边，并发送了一份电报向冯·许纳和事件中所涉的军官表达了其个人的支持。韦德尔明确向贝特曼表示他可能得辞职了；他甚至向宰相提交了一份他草拟的辞职信的副本，在信中他指出，该地区乃至整个德意志境内文官政府的基本原则正岌岌可危。贝特曼很清楚，韦德尔在如此情境下辞职将被视作军方的胜利，可能会引发全国性的政治危机。宰相面临着一场硬仗：他必须在不明显危及神圣的"直接指挥权"原则也不明显超出宪法规定范围的前提下进行干涉，以某种方式使威廉回心转意，并采取一种更加包容的态度。1911年夏天发生的事情使他的目标更加难以完成，那时危机一触即发，威廉却在国外进行每年一次的波罗的海巡航，带去的几乎只有军事随行人员。

在贝特曼的艰苦努力之下，威廉同意移送犯事的军官，但条件是先让那名行政官员也免职。当自由派媒体为即将移送该军官的新闻欢呼时，威廉却以"皇帝的决定绝不能为舆论所左右"为由出尔反尔。长期以来受尽折磨的韦德尔现在真的请辞了。宰相需要进一步努力，一方面说服威廉相信移送那名军官才是上策，一方面又要说服韦德尔同意留任是明智之举。威廉屈服了，但他以授予该军官一个更高军衔的方式对整件事表达了不满。这极具象征性的举动显然没有逃过自由派媒体的法眼。[68]

对阿尔萨斯-洛林的德国行政机构的名誉和贝特曼政府的政治立场造成更大伤害的是著名的"察贝恩事件"（Zabern affair）。该事件于1913年10月爆发，当时一名德国军官的侮辱性评论引爆了当局与察贝恩当地人之间的一连串小型冲突，继而又最终导致德国当局于11月28日非法逮捕了大约20名市民。冲突导致双方对如何处理当局与当地居民之间的关系这个问题再度产生了巨大分歧。该地区的军队领导认为这些违抗行为对军队的威望和效率构成了直接威胁，并且支持军官采取相应的行动，如下达逮捕令等；相反，文官政府则怪罪军队这种挑衅和麻木不仁的态度使得该地区政治局势恶化。威廉再一次站在了军队的一边；他明确表示支持军团司令官冯·戴姆林（von Deimling），还给韦德尔发了一份电报，指出该地区情势恶化的主要责任在于文官政府管理不当。就像两年前的米尔豪森事件一样，此时，非军事人员很难接触到威廉，因为皇帝正待在他朋友马克斯·菲尔斯滕贝格（Max Fürstenberg）位于多瑙埃兴根的乡间庄园里，由军事随从相伴。

　　问题的核心在于威廉坚持以解决军队内部纠纷的方式来处理这件事，但此类指挥问题（Kommandosache）通常只涉及作为军事首脑的威廉及其在军队内部的下属。因此，威廉的举措可谓极端形式主义和短视。显而易见，军队处理地区事件的方式令全德国的自由主义者大为震惊，从此以后，自由主义者们一直都将"察贝恩事件"视为检验法律和公民的权力是否至高无上的测试案例。鉴于威廉强硬的态度，贝特曼（尽管其坚持保留个人意见）认为其有义务在帝国议会面前为自己在阿尔萨斯-洛林所采取的行动辩护。帝国议会以对宰相进行不信任投票的方式来回应，而这次不信任投票以多数票通过（293∶54）。背地里，贝特曼说服威廉对最初的事件进行调查，并对军中的主犯进行纪律处分，这些措施本可以在帝国议会为他争取到一些支持，但他没办法获得这些支持，因为威廉动用了皇帝的"指挥权"，这些事件就只能作为内部军务秘密处理了。[69]

"察贝恩事件"暴露了德国对这块前法国领土施行和平一体化政策遭遇的巨大障碍，凸显了帝国议会权力的局限性。该事件损害了贝特曼作为宰相的威信（其实这也许有助于解释在1914年之后他何以迅速失去各方的支持）。根据至少一个消息来源，这一事件也激起了反对威廉的滔滔民怨，这次"甚至比当初［1908年］11月那段日子的情况还严重"。[70] 同时，这也加强了威廉与宰相之间的联系。贝特曼处理"察贝恩事件"的方式常被拿来与他早前处理媒体报道丑闻的方式相比较，而其与比洛处理"《每日电讯报》危机"的方式之间所存在的巨大区别被威廉看在了眼里。在战争初期的艰苦岁月里，威廉对宰相投桃报李，给予其坚定的支持。米尔豪森事件和察贝恩事件突显了军队在德意志政治体系中的特殊地位。军队因皇帝直接指挥的机制而不受议会管制，属于在其他方面依法治国（Rechtsstaat）的宪政制度中残留的专制主义制度遗产。它是霍亨索伦王朝和普鲁士排他主义传统在新帝国中最重要的载体，严格来说属于1871年各方所达成的和解的一部分。因此，阿尔萨斯-洛林这一混乱地区内发生的冲突不该只归咎于其中一方。就像瓦伦蒂尼所说的，问题的根源在于"我们的政法结构失效了"。[71]

事实证明，威廉没能力拧紧德意志帝国宪政的这颗松动的螺丝。一位更明智自信的皇帝可能会介入两者之间进行调停，以此来确保实现贝特曼所谋求的目标——"军事当局与民政部门在互相尊重的前提下进行合作"。[72]而威廉却态度鲜明地与军方结盟，同时在背后屈从于政客们的要求。从他的这些行为可以明显看出，自 1890 年以来，皇帝的权力已经被削弱到了什么地步。威廉好像觉得自己不用对政府的政策负责，甚至不必为国防秩序承担责任——这些都可以交给贝特曼！因此，他决心站在"他的"军队一边，这是唯一能让他保有绝对权威的组织。然而，这绝不是暗示威廉已经开始转而酝酿一场政变。皇储曾遭遇极端保守派的反对，在战前最后一年理所当然地考虑了政变这条道路。他曾用信件连环轰炸威廉，催促他"对万恶的乌合之众速战速决"，并且"无论内外，严格控制，哪怕这意味着让某些人尝到苦头"。[73]但是，威廉无动于衷。"政变，"他在 1913 年 11 月这样告诫皇储，"也许是南美洲和中美洲共和国的统治方式；而在德国，谢天谢地，无论从上至下，还是自下而上，它们都从来不是惯常的手段，也绝不能让它们成为常态。建议发动政变的都是些危险人物，对君主制和我们的安全而言，他们比最疯狂的社会民主党人还要危险。"[74]

小结

在 19 世纪 90 年代，皇帝往往是德国高层政治中的一个重要角色，他可以发布野心勃勃的立法草案（虽然总是胎死腹中），与个别大臣暗中联手,渐渐地架空宰相。四面楚歌、举棋不定的政府面临着风暴频发、争吵不休的帝国议会,还有信口开河的皇帝——他时常扬言政变可以扭转1871年以来的特权改革,重树君主权威。比洛的出现恰逢政治局面处于相对稳定的状态。宰相与帝国议会各党派之间的关系随着起草和修订法案的深入合作而变得越来越固定。威廉不是没有一种如释重负的感觉,他放手让位,把大多涉及国内事务的政治主张都交由比洛判断处理。的确,威廉偶尔会对某个具体行政措施背书,比如20世纪初的高等教育改革,以及1905年的普鲁士矿业法,但他只是起到了支持作用;他没有反复提及反社会主义措施和运河开凿提案(他本人曾试图以一己之力施压来迫使帝国议会通过新法,但失败了)。

有人认为,哪怕威廉无法亲自干预政治,他还是会影响政局。这是因为,首先,他的偏见本身就建立了非正式的"屏障",没有大臣敢跨过去;其次,大臣们往往会预判皇帝的喜好,并朝着相应的方向努力,以讨好皇帝。约翰·洛尔用"王权机制"(借鉴诺贝特·埃利亚斯对路易十四宫廷的研究)这个词来形容这些间接的皇权形式。[75]但比洛和贝特曼执政时期的变化发展显示,这一类比也许夸大了事实。诚然,比洛是一名"佞臣",因为他需要依赖皇帝本人的信任(虽然这种依赖时强时弱),他也准备投入时间和精力去维持皇帝的信任,但比洛和其他大臣在1900—1906年施行的议会方略却与威廉已知的政治倾向基本背道而驰。

正如我们所看到的,威廉仍然控制着对关键官员的任命,还有能力偶尔凭借这种权力扰乱宰相的布局。但他也面临着不利局面，无论如何他都无法用宪法赋予他的这一重要手段来强行让行政机构带上他个人的印记，更不用说影响当时重大的政治决定了。一般而言，即使是依照他自身喜好任命的官员，也不会转化为支持皇帝的有效力量。在贝特曼执政时期，威廉对关键职位的人事任免权被进一步削弱了。普鲁士国王有权召集大臣们举行御前会议，进而影响决策过程——就像在俾斯麦执政时期发生过的一样——但威廉同样没有利用这一点：在比洛执政的9年中，威廉只召开了4次御前会议。

最后，粗略回顾1900—1914年的这段时间，我们会发现行政机关的政治主动权在整体上下降的幅度有多大。促使比洛构建一个全新的"全国性"议会势力联盟的不是威廉的支持和局外人的抨击，而是中央党不合作的态度和由1904—1907年的殖民危机引发的宪政问题。无论是假设比洛意在对政治体系进行全面的"议会化"改革，还是臆测1909年已经存在进行这种根本性转变所需的先决条件，都未免太过夸张。[76] 尽管如此，"联盟政治"在宰相和议会之间开创了一种新的共谋形式，这种形式倾向于将皇帝在国内政务上的作用边缘化。贝特曼没有沿袭比洛在其执政末期那绝望的几个月里的挑衅路线，但当时的主流政治氛围使得政府愈加无法轻易设定政治议程。皇帝在国内的作用因此逐渐减弱到只能在这样一些领域进行干预（尤其是作为行政机关和军事当局之间的接合点）：在这些领域中，他的至高地位是唯一让系统不至于分崩离析的纽带。

第四章 从比洛至贝特曼时期的国内政治

第五章

威廉二世与外交政策（1888—1911）

"德国政策的唯一主宰者"

在德意志帝国的外交政策规划中，威廉二世到底发挥了多大的作用呢？他自己的断言会使得我们相信他具有无可置疑的决定性影响力。"外交部？找什么外交部？我就是外交部！"威廉有一次叫嚷道。[1] 就如他在写给威尔士亲王（未来的爱德华七世）的一封信上所说的那样："我是德国政策的唯一主宰者，我的帝国必须紧随我的脚步。"[2] 毫无疑问，威廉极其渴望在外交这一特别能突显声望的高层政治领域里一展宏图。俾斯麦在19世纪80年代中期唤起并利用了威廉的这一雄心壮志，他让威廉在与俄国的外交事务中起到了突出作用，从而加快了这位年轻人进入外交部门的步伐。正如我们所见，威廉直扑诱饵，抓紧机会大胆而鲁莽地尝试与沙皇建立私人热线。就是在外交事务上，威廉第一次在朝廷圈子之外的地方品尝到了发挥影响力和被认可的诱人滋味。

威廉想要成为德意志帝国外交政策主宰者的雄心壮志在他登基之后依然不减。他经常兴致勃勃地亲自任命大使,他的个人喜好有时会与宰相和外交部的建议背道而驰。[3]他将派往外国朝廷的军事全权代表视为自己的私人特使,很看重他们,将其视为自己亲自处理王朝外交事务时必不可少的工具。[4]威廉还将自己与其他统治者之间的常规会晤和通信视为一种可以为国家利益服务的独特外交资源。[5]最后,威廉作为德意志帝国武装力量的最高统帅,需要对和平时期的常备陆军和帝国海军负责。严格来讲,关于这些部队的规模与性质的政策主张更多属于国防事务而非外交事务,但这些主张往往会对国际局势产生立竿见影的影响,它们由此成了威廉限制或者增加外交部可用选项的一种手段,而类似的手段还有很多。

综上所述,威廉既不缺乏手段,又拥有影响政策制定过程的雄心。那么,我们可以说威廉赋予了德国外交政策特有的推动力吗?他成功地成为国家之舟的掌舵者了吗?这是他在继承皇位之前就立志要做的事情。我们对于这些问题的回答不能非黑即白。在其继位初年,威廉就一直不知疲倦地到处旅行:例如,1888年他造访了圣彼得堡、斯德哥尔摩、哥本哈根、维也纳和罗马,下一年又前往英格兰、蒙扎、雅典和伊斯坦布尔。这些旅行并非全无意义(尤其是伊斯坦布尔之行可能有助于为德意志帝国与奥斯曼帝国建立更深厚的关系奠定基础)[6]——但它们也绝非标新立异的创举。这些旅行的主要作用就是让威廉到处炫耀自己显赫的新地位,满足他坐火车和乘轮船进行长途旅行的爱好。[7]

1890年3月，德意志帝国决定不再与俄国续签《再保险条约》，没有什么比这个事实更能说明威廉当时距离制定政策的真正核心是有多么遥远了。1887年，俾斯麦与俄国签订了《再保险条约》，该条约规定如果俄国遭到奥匈帝国进攻，或德意志帝国受到法国袭击，双方均将遣兵援助对方。条约的好处在于孤立了法国，而由于法国对德国的敌意是难以磨灭的，因此它使德国得以避免在未来陷入一场双线战争，或者说降低了其可能性。它的主要缺陷在于使得德意志帝国陷入一种尴尬境地，因为这违背了德国和奥匈帝国结盟时的承诺。1890年2月中旬，俄国外交部和俾斯麦初步达成一致，同意续签该条约，可能还会对条约加以修订。[8]然而，就在俾斯麦卸任几周之后，德国政府却任由该条约失效。这一重大政策调整无疑被视作战前时代最重要的里程碑之一。这为俄国转而同法国结盟并订立军事条约埋下了伏笔，在接下来的几十年里，这一联盟在外交方面对德意志帝国施以了重压。从更广泛的意义上来说，就如赖纳·拉姆指出的那样，这标志着"传统五头政治的多极动态平衡"转变为"[欧洲中央强国和外围列强之间]基本出于军事与战略考虑而构想出来的僵硬固定的两极平衡"。[9]

在探寻不续签《再保险条约》的深远意义时，更耐人寻味的是威廉并没有参与该政策的制定过程。要求不续签的压力更多是来自外交部内部的一个派系，这一派系多年来一直密谋反对俾斯麦的路线，并在俾斯麦下台后占据了部里的主导地位。该派系由荷尔斯泰因领导，轻而易举地就把新宰相列奥·冯·卡普里维以及新的外交大臣阿道夫·马沙尔·冯·比贝尔施泰因（Adolf Marschall von Bieberstein）拉到了自己的阵营，这两人在外交事务领域都缺乏经验和自信。3月21日，就在威廉向俄国大使保尔·舒瓦洛夫（Paul Shuvalov）伯爵保证自己真心实意地想要续签条约的两天后，反俾斯麦人士就秘密集会，共谋反对该决定。到了3月27日，他们已经赢得了在圣彼得堡长期任职的德国驻俄大使汉斯·洛塔尔·冯·施魏尼茨（Hans Lothar von Schweinitz，他也是一位研究德俄关系的专家）的支持。施魏尼茨指出，德奥之间的条约义务与德俄之间的条约义务相冲突，所以从长期来看，与俄方续签是可耻的，而且该条约也难以维系。凭借这个理由，他说服卡普里维相信不续签条约才是首选方案。在卡普里维向威廉说明了这一情况之后，威廉这样答复道："如果施魏尼茨也反对的话，那么就不能续签。我真的非常抱歉，但我把追求正直体面的政策看得比一切都重要。"[10]

摆布威廉

以这种方式动摇威廉很容易，因为他对德国各项政策的观点是摇摆不定的。威廉很少果断强硬地做出承诺。他会被任何一个甚至全部政策方案激起热情，包括那些早已被外交部排除的选项。例如，在1890年夏天，他亲自参与起草了（虽然最初不是由他构想的）与英国之间的《黑尔戈兰岛－桑给巴尔条约》，其中德方以割让东非桑给巴尔为条件换取了德国北海海岸附近被英国占有的小岛黑尔戈兰。威廉强烈要求将该条约视为与英国之间达成更全面谅解的一个步骤,在与英国的外交官打交道时,威廉也采取了明显的友好态度。[11]

然而在同一时间,威廉开始对与英国的竞争对手法国改善关系表现出兴趣。1890年12月,在一次与法国大使埃尔贝特的会面中,威廉声称他个人没有"对被普遍认作本国宿敌的国家抱有仇恨",这是后来的《每日电讯报》事件(详见第六章)的显著前兆。[12]"这位君王利用一切机会向法国示好。"埃尔贝特在第二年的2月这样报告道。[13]在未事先咨询外交部意见的情况下,威廉就公开摆出一系列表达和解意愿的政治姿态,以满足他母亲以非官方身份访问巴黎的愿望。威廉对这次访问寄予厚望,希望借机解冻双方关系,但最终却未能实现,甚至适得其反。[14]当法国"爱国联盟"的沙文主义者们发现威廉的母亲被安排参观凡尔赛宫,逗留于圣克卢(在1870年被德意志人摧毁的一个小镇)时,骚乱随即爆发,她不得不在军队的护送下转移到加来,再从那里前往英国。这一事件表明,在大环境不允许两国交好的情况下,王朝的外交政策收效甚微。这对大臣和官员们来说也是一种警示:他们应该为君王出人意料而且可能不受欢迎的外交行动做好心理准备。

1891年秋天,威廉的行动体现出了更多独立自主的倾向,那时他开始致力于巩固与沙皇之间的私人关系,以尝试修复德俄两国之间因不续签《再保险条约》而被破坏的关系。亚历山大三世计划从丹麦经由德国领土返回克里米亚,却不按惯例访问德国首都，这明显体现了他对柏林的漠视。威廉打算赶忙前往但泽迎接他，沙皇和他的家人按行程应该在那里下船，然后乘坐火车程从陆路返回俄国。荷尔斯泰因成功鼓动了奥伊伦堡去阻止威廉，因为德国公众和外国政府可能会把这种过分的礼貌视作威廉害怕俄国的表现。[15]

1893年1月，威廉又一次未与外交部事先协商就决定与俄国皇太子（未来的尼古拉二世）会面，后者当时正为了与德方商量一些外交政策问题而逗留柏林。在会面过程中，威廉再次向尼古拉保证，德国希望与俄国保持和平，他还表达了其个人对两国之间建立贸易条约的强烈兴趣，并向沙皇展示了一份概述"三国同盟"目标构想的文件。这些和解的努力只取得了有限的效果。它们有助于改善俄德之间的贸易关系，但并不能阻止两国关系日益疏离，亦不能扭转俄法之间军事合作日益深化的不祥趋势。1893年10月，媒体纷纷报道沙皇亚历山大登上了一艘停泊在哥本哈根的法国军舰，此事清晰无误地证明了俄法的友好关系。

令人不安的是，威廉这些擅自干预的举动不仅仅没有事先与相关大臣及官员达成一致，而且其中似乎也缺少清晰的政策框架。威廉看上去很容易就会突然间改弦易辙。例如，1896年秋，英德之间正由于德方在南非的利益问题而剑拔弩张，关系急剧降温，威廉一度赞同与法国、俄国结成欧洲大陆联盟，以共同抵御英国对其殖民地的侵占。然而，几乎在同一时间，他又动过念头，想要将德国的势力撤出除东非以外的所有殖民地，以此从根源上杜绝与英国的潜在冲突。这一异想天开的计划被外交大臣（马沙尔）视作虚张声势，他认为威廉是在拐弯抹角地要求增加海军经费。但威廉对待此事比他严肃多了。威廉甚至还向英国驻柏林大使弗兰克·拉塞尔斯爵士解释了他的观点，这位大使把这些观点传达给了英国首相索尔兹伯里。然而，到了1897年春，威廉又放弃了这个想法，转而建议德国寻求与法国之间建立更密切的关系。[16]

威廉这种动辄胡乱更改政策的态度使得那些负责规划和实施德国外交政策的官员简直要抓狂了。在一封写给奥伊伦堡的信中，荷尔斯泰因惊惶地表示，这已经是"三个月里的第三个政策方案了"。奥伊伦堡很了解威廉，对此并不是很担心。"这样的评论和正经的行动之间有显著的差异。"他回复道。他向荷尔斯泰因保证，威廉的计划并非"方案"，而是天马行空的"随感而发"，对政策的实施影响有限。荷尔斯泰因也终于冷静了下来："似乎陛下要推介另一个新方案了，但我不会太悲观；我已经看过太多的方案了。"[17]

尽管如此，鉴于威廉的这类行为反复无常、变幻莫测，显然需要有人仔细监督和小心应付他。我们已经看到，这就是威廉继位后围绕着他的那群朋友、顾问的功能之一。事实证明，荷尔斯泰因－奥伊伦堡这个小团体在控制外交系统的人事任命方面尤为成功，确保了他们看中的候选人前往伊斯坦布尔、圣彼得堡、维也纳和罗马成为大使。他们还成功地让自己最主要的竞争者，即总参谋长瓦德西将军难以对威廉发挥影响。瓦德西反对卡普里维政府的外交政策，还曾试图将常驻外国使馆的武官组成一个由他控制的类似外交网络。[18] 正如我们所看到的那样，1891年，荷尔斯泰因和奥伊伦堡成功地阻止威廉动身前往但泽与沙皇见面；而在接下来的一年，在奥伊伦堡的帮助下，外交部成功说服威廉克服受伤的自尊心，接受沙皇的邀请，在基尔与其见面。外交部还采取行动，以消除皇帝早已施行的主张所带来的不利影响。因此，当威廉在1890—1891年努力使德法关系升温时，荷尔斯泰因却警告称政府不会解除针对阿尔萨斯-洛林地区施行的烦琐通行证管理制度，从而使两国关系再度冷淡下来。[19]1895年，威廉保证德国将会支持奥地利人的海峡政策，但外交部在德奥联盟义务方面的政策并未走到这一步，这迫使马沙尔立刻行动，以免奥地利人误会德方的立场。[20]

在整个19世纪90年代，臣僚们持续以这种方式"应付"着威廉。1897年春天，威廉想将德军逐步派往德兰士瓦以驰援布尔人，却遭到了霍恩洛厄的极力劝阻。大臣们有时觉得有必要向他隐瞒信息。比如，1897年3月英国外交部助理秘书弗兰西斯·伯蒂爵士与德国外交官赫尔曼·冯·埃卡德施泰因男爵进行了会面，但威廉对此次会面的详细信息一无所知。在讨论德意志帝国在南非的利益时，伯蒂警告对方（著名的亲英派），"英国政府会不惜一切手段，阻止德方的干涉"，他还补充道，"如果来日与德国开战，英国会使出全力。封锁汉堡和不来梅，切断德国的公海贸易线，这对于英军舰队来说简直是小菜一碟"。[21] 从未有人向威廉转达这些异常刻薄的言论，大概是因为这可能会让他冲动行事，令人难堪。

众多大臣和官员之中，在应付威廉对外交事务的干预方面，最得心应手的就是伯恩哈德·冯·比洛了。在彼得·温岑对比洛政府外交政策颇为权威的记述中，他为我们展现了比洛是如何巧妙地"摆布"君王的。比洛确保了自己在德国外交关系方面是威廉获取重要信息的唯一渠道。在比洛权衡过各种选项的利弊之后，威廉仅剩的选择实质上是已经定下来的结论，只不过他一直让威廉保有一种错觉，使威廉认为所有的政策措施都是"按陛下的方针执行的"。[22] 通过这种典型的宫廷权术，加上荷尔斯泰因的支持，比洛得以在一定程度上减少了君主不稳定的主张对决策过程的不良影响。[23] 在1898—1901年英国"联盟提议"的背景下，这种应付方式成功地使威廉免于匆忙做出更有利于英国而非德国的承诺。比洛的"自由发挥"政策仍然是德国外交领域的指导方针，帝国的领导层通过该政策来利用其他大国之间的紧张关系，以最大限度地保证德国的独立自主性，并使德国拥有最充裕的操作余地。一系列影响历史走向的重要决定在没有威廉直接参与的情况下相继形成——比如1898年的南非条约，它不但缓和了英德之间的紧张关系，还使德国得以从德兰士瓦共和国的泥潭中脱身；又如1900年4月，德国决定拒绝俄国对布尔战争进行联合调停的提议；再如1901年，德国与英国就中国长江流域的利益划分问题达成了协议。[24]

威廉二世和海军构想

然而，威廉在一个领域似乎发挥了决定性的影响力，那就是推进帝国海军现代化，扩张其规模，决定展开一场海军军备竞赛，与大英帝国一较高下。[25]自孩童时代起，威廉就是一名狂热的航海爱好者，他那出身英国的持反军国主义立场的母亲也一直鼓励他的这一爱好。青年威廉是海军历史和科技刊物的热心读者，因而，他在现代船只设计和技术领域获取了许多令时人印象深刻的知识。在其早年绘制的航海草图中，他展现了未来的海上堡垒，还用铅笔精心画出了一排排火炮。甚至在继位之前，威廉就开始计划建造豪华的"霍亨索伦号"游艇，这也是第一艘专供皇室成员使用的官方皇家游艇。在威廉的统治时期（直到1914年战争爆发），他在这艘游艇上度过了每一个夏天，在朋友和亲信的陪同下巡游于波罗的海。

在即位的前6个月里，威廉下令彻底改革海军管理架构，统一指挥系统，在战略和人员方面巩固皇帝个人的权威。威廉毫不掩饰自己对海军的重视：他打破了霍亨索伦王朝的传统，任命一名海军军官作为自己的私人副官；他是首位自封为海军上将的德意志人皇帝；在公共场合，他似乎更喜欢由高级海军军官而非陆军军官陪同左右。[26]尽管如此，在威廉早年统治时期，没有多少迹象显示他对海军事务的兴趣与明确的战略计划或政治纲领有关。他任由造船业发展停滞，这导致到1895年为止，根据帝国海军部的一份报告，德国舰队无论是从绝对实力还是相对于以前来看都在衰落。[27] 除了偶尔对更具雄心的舰队建设战略闪现一下热情之外，总体来说威廉关于国防的想法依旧以领土战争为主，海军至多是次要角色。

然而，到了19世纪90年代中期，海军建设和战略在威廉对德国安全和外交政策的思考中占据了中心位置。这意义重大（且史无前例）的重新定位反映了这位皇帝对于最新舆论潮流的敏感性。保罗·肯尼迪指出，[28] 尽管议会内部依旧对极具野心的海军项目（以及这些项目所需要的大量经费）没有多少支持，但在学术界及商业领域的中产阶级中间却存在一种日益壮大、越来越广为人知的呼声，这些人期盼能制定全新的海军政策，以帮助德国在帝国外围的殖民地获得与其地位相符的利益，确保其在列强中间屹立不倒。威廉时刻关注着媒体发布的海军至上主义文章，并偶尔在文章中进行批注。同很多受过教育的中产阶级一样，他喜欢阅读极有影响力的美国作家阿尔弗雷德·塞耶·马汉的作品，这位作家预言全球权力斗争的结果将由庞大的重型战列舰及战列巡洋舰舰队所决定。在追求扩充海军的过程中，威廉认为自己是在顺应合理的国家舆论行事。发展海军极其适于实现威廉成功统治的愿景：与陆军所承载的普鲁士式狭隘贵族价值观相比，海军是帝国以及整个德意志民族国家的武器，尤其是对于从事工业、商业及学术等领域的中产阶级而言。这个积极扩充海军的君主可能希望自己处于德国政治和舆论的中间地带，而这在19世纪90年代初期和中期极为难以实现。

除了这些国内因素之外，威廉的海军政策还有其国际背景。

与外围殖民地或势力范围相关的一系列冲突使威廉更加强烈地意识到了大规模海军潜在的政治影响力是多么可观。例如，柏林与伦敦方面在1894年5月的《英国－刚果条约》上产生了争议。柏林方面正确地指出，该条约违背了先前的英德协议的内容，损害了德国在东非的利益。次年，紧随着日方宣告中日甲午战争的胜利，德意志政府强行挤入了关于中国租界谈判的权力角斗场。这次介入是由对英国即将夺取中国上海的恐惧所导致的（其实这一猜测是毫无根据的）。[29]

到目前为止，这些无关紧要的冲突中最严重的一起是1895—1897年的德兰士瓦危机。长期以来，英国控制的开普殖民地与近邻布尔人的南非共和国（该地也被称作德兰士瓦）之间的地方局势一直都很紧张。英国已经正式承认该共和国是独立的主权国家，但开普殖民地的显要人物塞西尔·罗得斯却由于受到大量金矿的引诱而极力争取兼并其北面的邻居。鉴于德国殖民者在德兰士瓦经济方面起着举足轻重的作用，而德意志人又坐拥1/5的当地外国投资份额，柏林政府在维护德兰士瓦共和国的主权方面有正当的权益。1894年，柏林和伦敦政府之间由于德国出资建设连接德兰士瓦内陆和（葡萄牙殖民地）莫桑比克德拉瓜湾的铁路轨道而一度关系紧张。英国考虑通过吞并德拉瓜湾来掌控这条恼人的铁路，拒绝任何可能削弱其在该地区政治经济方面主导地位的协议，然而，德方坚持要求德兰士瓦在政治及经济上保留独立性。[30]1895年秋天，英国驻柏林大使爱德华·马利特爵士称德兰士瓦是英德关系的问题所在，他还暗暗地威胁称，若德方不肯让步,两国就有可能开战。这加剧了双方之间的摩擦。尽管英国首相索尔兹伯里匆忙地采取行动,表示这位使臣的言论并不代表英国政府的观点,但马利特爵士的言论还是使威廉深感震惊。威廉来到其友(暂居柏林的英国武官斯温上校)的住处,对其抱怨马利特竟敢因区区"几平方英里*的黑人和棕榈树"的利益就威胁他这位维多利亚女王的外孙。[31]

1895年12月,英国对德兰士瓦发动进攻而未遂,引发了一场国际危机,威廉及其政府因此愤怒已极。虽然英国政府并未正式批准利安德·斯塔尔·詹姆森博士对该共和国进行突袭,但站在今天的角度回顾往事,很显然至少有一名英国政府大臣(约瑟夫·张伯伦)事先就对此心里有数。索尔兹伯里不失时机地发表了必要的官方谴责,并予以否认,但柏林政府仍然坚信伦敦是这次袭击的背后主谋,并下决心要让对方知道自己对此事的愤怒和不满。1896年1月3日,在柏林方面得知詹姆森已被打败和俘虏之后,威廉会见了马沙尔、霍恩洛厄以及各位海军代表,与他们商讨德国政府在此事上可以选择的应对方式。在考虑了各种可能性之后,他们萌生了让威廉向德兰士瓦共和国总统保罗·克留格尔(Paul Kruger)发送私人电报的主意。这份后来所谓的"克留格尔电报"(Kruger telegram)祝愿总统新年快乐,并恭喜他在没有"求助友邦力量的情况下成功地抵御了外部侵略,保卫了国家的独立性"。[32]

---

* 1平方英里≈2.59平方千米。——编者注

历史学家叙述这些事件时，倾向于将克留格尔电报及威廉在发送这份电报的过程中所扮演的角色以尽可能糟糕的方式展示出来。比如，有人认为1月3日会上的官员赞同发电报，只是为了让威廉放弃与英国在非洲土地问题上开战这一不切实际的空想。电报本身则被指责是"无缘无故"且"多余"的。[33]但是，这种评价并没有原原本本地反映威廉在与这封电报有关的事件中所起的作用。威廉并不是唯一考虑派遣德国军队到该地区的人：马沙尔也考虑过这一选择。在荷尔斯泰因的影响下，外交大臣早已确立了德国在德兰士瓦共和国独立问题上的坚定政策；他指示德国驻里斯本大使打听葡萄牙政府是否会允许德军借道葡萄牙控制的洛伦索－马贵斯地区前往德兰士瓦。因此，威廉在1月3日的会议上并不像一些记载中所说的那么孤立无援；所有与会人员在德兰士瓦问题上所持的"基本立场"都是相同的。[34]换句话说，这封电报不是大臣们为了控制脱离实际又怒气冲冲的皇帝所采取的策略。

克留格尔电报的的确确毫无必要地冒犯了维多利亚女王、英国政府，还激怒了英国媒体，但我们没有理由把这种反应当成检验自己判断的试金石。[35]在关于这一时期的著作（包括当今流行的看法）之中，存在着这样一种令人费解的倾向：人们似乎总是习惯从英国政府的角度看待问题，甚至不自觉地接受了这样一种观念——英国殖民扩张和英国人对英国权利的看法构成了一种"自然秩序"，鉴于此，德意志帝国的抗拒态度似乎就是一种肆意挑衅了。尽管措辞温和，但克留格尔电报在国际社会面前对英国处理德兰士瓦问题时所表现的傲慢和对待德国时轻蔑无礼的态度进行了反击,因而它绝不是无缘无故的。而且,如果威廉意在团结德国民众,那么我们就可以认为这份电报极为成功地达到了目的,因为至少从短期来看,它引领了一场席卷政治光谱中所有党派的风潮。[36]

德意志帝国最终不再与大英帝国在南非对抗。很明显,德国缺乏贯彻其意志的手段,甚至无法保证在这种冲突中作为平等的参与者得到应有的尊重,威廉的大臣们便怂恿他达成和解协议,承诺德国未来不再介入南非的政局,换来的则是英国毫无价值的让步。威廉对布尔人和"非洲德意志人"的感伤情绪很快便减退了,他甚至在不经意间成了塞西尔·罗得斯的狂热崇拜者。"多伟大的人啊,"1899年3月,威廉在与罗得斯共进一次早餐之后这么热切地赞叹道,"为什么他不是我的大臣呢?有了他,我将无往不利。"[37]

海军至上成为国策

德兰士瓦危机和克留格尔电报事件成了重要的节点。它们立即激发了威廉对更宏大目标的渴望,也使得他更强烈地意识到德国政策因缺乏海军而受到的限制。1896年1月18日,在发送那份电报仅仅两周后,威廉发表了一场被广泛报道的演说,宣称"德意志帝国将成为一个世界帝国",并在结尾处恳求德国民众"帮助我将这个更广阔的德意志帝国与我们的本土牢牢绑定"。[38]

威廉着魔一般地认定需要大量建造舰艇，以至于他开始把几乎每一次国际危机都视为海军力量至高无上的证明。在接下来的一年里，克里特岛发生动乱，引发了希腊和奥斯曼帝国之间的争端，威廉既羡慕又愤怒地看着英国一马当先地通过外交协议解决了问题，还恢复了其在地中海的支配地位。威廉在一份来自德国驻希腊大使的报告上批复道：

> 在这里，又一次可以看出缺乏强大舰队的德意志帝国是多么被动。[……] 如果我们在克里特岛附近有装甲巡洋舰组成的强大巡洋舰分队，而不是只有一艘船，那么德国就能仅凭自己主动、及时地封锁雅典，从而吸引其他大国，无论它们愿意与否都得参与。结果，什么事都没有发生，只有一个国家，它打乱了全部计划，令其他国家不敢轻举妄动，让我们不得不顾虑重重，这就是英国！因为它拥有最强大的舰队！在这种事态中，我们的十万掷弹兵都是没有用的！[39]

然而，在一年内，远东事态的发展凸显了拥有强大海军力量所带来的结果。两名德国天主教神父在一场冲突中于中国胶州湾附近被杀，威廉决心以此事件为借口占领、控制胶州湾。他于1897年11月14日下令让一支海军中队侵占该地。德国人由此得以租借胶州湾，租期长达99年。占据胶州湾的主张是在中国海域服役的一名海军中队指挥官提出的，采取行动时也没有咨询德国宰相和外交大臣——虽然威廉出于慎重探询了其表妹夫尼古拉二世的意见，以确保俄国不会反对。这一事件使威廉下定决心：德意志帝国一定要拥有一支强大的舰队。[40]

威廉对扩充海军的日益关注恰逢海军行政当局的高层中出现越发严峻的派系斗争。一方面，威廉的海军内阁首脑——海军将领古斯塔夫·冯·森登·比布兰（Gustav von Senden Bibran）男爵和他野心勃勃的门徒阿尔弗雷德·冯·提尔皮茨完全按照海军至上的历史学家马汉所预想的方向行事，迫切要求建设大规模战列舰编队。另一方面，负责起草帝国海军法案的海军大臣——海军将领弗里德里希·霍尔曼（Friedrich Hollmann）生性谨慎，依旧致力于建设一支巡洋舰组成的舰队。森登和提尔皮茨认为应该以未来与大英帝国在近海平起平坐为目标制定德国海军战略方针，而霍尔曼则设想出了一种更加灵活的武力手段，帝国可借其争取并保护自身的边陲利益。提尔皮茨要求进行政治宣传，以争取让公众支持增加海军开支，霍尔曼则仍然相信帝国议会不会长期资助大型舰艇建设计划，坚持认为扩军必须脚踏实地，一步一步来。1893—1896年，霍尔曼的政敌发动了一场针对他的游击战，公开质疑其工作能力，不停地用概述其战略构想的备忘录"轰炸"威廉。霍尔曼的反对者们规模惊人的提案使威廉兴奋不已，但他不愿放弃霍尔曼，一部分原因是时兴的法国"少壮派"所青睐的巡洋舰制胜的观念仍然使他着迷，另一部分原因是以奥伊伦堡为首的"奸党"仍然支持着霍尔曼。最后，威廉以他标志性的方式在双方之间摇摆不定，让意见相左的两派相互制衡。与此同时，他也默认提尔皮茨是霍尔曼的最终继任者。[41]1897年3

月，霍尔曼提出的海军预算案遭到帝国议会预算委员会的抨击，他的位置终于保不住了。霍尔曼被准许"休假"，而提尔皮茨接任了他的职务。

这一结果代表着意图制衡英国舰队的以战列舰为基础的战略获胜，这一战略自19世纪90年代起就一直为森登、提尔皮茨和他们的同盟者所大力推崇。1898年3月26日，在一场规模和力度都前所未有的海军政治宣传活动拉开帷幕之后，帝国议会通过了一项新的海军法案。提尔皮茨的帝国海军部制订了长期建设规划，以取代19世纪90年代早中期那些无重点的折中主义方案。其最终目标是使德国有能力在势均力敌的情况下正面抗衡英国海军；这一规划被贴切地命名为"提尔皮茨计划"，其意图正如乔纳森·施泰因贝格所言，在于"夺取英国在全球海域的独霸地位"。[42]

提尔皮茨被任命为海军大臣，以及伴随着1898年、1900年、1906年、1908年和1912年相继推出的海军法案而到来的所谓"单方面海军重整军备的时代"，是否代表了威廉和"人治"原则的纯粹胜利？从某种意义上而言，答案似乎无疑是肯定的。毕竟是威廉越过整整13名更加资深的军官提拔了热衷造舰的提尔皮茨。面对越来越多的齐声指责，威廉继续支持提尔皮茨（后来还擢升其为元帅），坚持让各部大臣与提尔皮茨共同努力以支持新的海军法案。"阁下应该知道，"1899年11月，威廉知会首相霍恩洛厄，"［……］我已下定决心，如果帝国议会否决加强海军军备这一对我们的安全和未来至关重要的提案，我会下令将其解散。所有其他问题和考量都必须让位于此事,因为它太过重要,关乎帝国的生死存亡。"[43]

尽管如此,仍需走一些流程。令人惊讶的是,威廉只能通过调解霍夫曼的海军部与他在海军内阁及海军司令部的对手的"官僚式内斗",才得以实现国防政策的这一重大转变。在此次事件中,就如其他许多皇帝被牵涉其中的政治冲突一样,威廉扮演了被动而非主动的角色。长久以来,关于德国究竟需要何种舰队的问题,提尔皮茨也没有打算与威廉本人的长期看法保持一致。威廉想要高速的现代化巡洋舰,提尔皮茨则想要火力最大化的重型战列舰。从这一方面来看,大规模建造战列舰属于违背了皇帝的意图。威廉后来尝试修改提尔皮茨的舰艇建造计划,而提尔皮茨成功打消了他的念头——这正是提尔皮茨的一大成功之处。正如福尔克尔·贝格哈恩所言,新的海军政策不仅避开了议会干预的威胁,也避免了来自上层的干涉。[44]

威廉从一开始就意识到了新计划旨在反英,提尔皮茨的政策文件里充斥的反英倾向和敌意很难让威廉忽视。例如,他在1897年6月向威廉提议改革的备忘录上,一上来就用简洁利落的语言指出:"对德意志帝国来说,现今最危险的海上敌人是英国。"相同的主张以各种形式不断出现在他后来几年的提议草案和备忘录上。[45] 短期而言,这种强硬的说法无疑迎合了威廉对19世纪90年代那些事件的怨恨情绪事。但是,我们必须区分清楚,威廉对他的英国亲戚的祖国善变又矛盾的态度,和提尔皮茨对英国坚定的敌意是不同的。提尔皮茨的敌意,正如彼得·温岑所发现的那样，与其社会达尔文主义的信念有关——德意志帝国人口和经济上的扩张必将导致其与世界上最强大的帝国发生冲突。[46]即使是在德意志帝国海军高层之中，提尔皮茨这种不依不饶的狭隘态度也使得他成了特立独行的人物。他是一名尤为悲观且行事教条的宿命论军人：对他而言，问题不是会不会交战，而是什么时候交战。他还要清楚，当双方兵戎相见时，德国海军能否迅速做好应战的准备。

相比之下，威廉一如既往地对当时的形势持开放态度。他相信并希望英国出于尊重而承认德国日益增长的海军力量，最终能下定决心加入三国同盟。"我清楚这样一个事实，"他母亲在1898年夏天写给维多利亚女王的一封信上说，"威廉是最渴望与英国和睦相处的，他全心全意地希望英国也能以某种方式主动向他接近，与他在两国交好的道路上相会。"[47]1901年2月，威廉在参加完维多利亚女王的葬礼，即将从英格兰返回之际，在马尔伯勒府邸发表了又一场被广泛报道的演说。他直率地宣称英德两国应该建立一个联盟："有了这样的联盟，便没有宵小敢不经我们允许，随意在欧洲捣乱。"[48]当然，有人可能会认为这种言论不过是一时冲动的产物，但因为威廉在整个战前时代总是重提此事，这种观点也就不攻自破了。可能还有人认为威廉公开对结盟表示兴趣仅仅是为了在英国民众面前掩盖其真实的国家意图，为德意志帝国建造舰队打掩护，动机非常可疑。但这一观点很难解释他为什么在不可能误导公众的情况下频繁发表类似言论，例如他在外交信函上的批复以及私人谈话。"尽管我在他们那边经历了很多糟心事，"1902年1月威廉这么告诉大使瑟杰尼，"但我永远不会成为英国的敌人。"[49] 直到1913年3月，他还非常自信地向符腾堡驻柏林使节表示，英国对德国海军的忌惮很快会被基于互相尊重的和平关系所取代。[50]

换句话说，1897年的重大转折意味着君主一直不曾明确且悬而未决的政策与他的强势臣仆过于专注的计划之间产生了不祥的分歧。正如福尔克尔·贝格哈恩所指出的，威廉并不是"一个有清晰概念的人，他努力思考、奋力准备，然后怂恿他人实施自己的计划"。[51] 也难怪他越来越意识到他对自己亲自启动的海军政策的控制力是有限的。"［陛下］尚不能凭借一己之力完成这一壮举。他似乎不是那个掌控全局的人，尤其是在相对知情的海军圈看来，他为此感到心烦意乱，"在1903年写下这些话的提尔皮茨认为威廉的狼狈之态更确凿地证明了他是个极为肤浅的君主，"注重外表而忽略本质，这就是这位天赋英才的君王令人难过与沮丧的地方。"[52] 但事实当然是提尔皮茨本人牢牢控制着海军计划的关键事项，徒留威廉控制全局的假象。

逃生路线（1904—1906）

1904年夏天，德国的外交处境相比俾斯麦离职时已大大恶化。俄国与法国在十年前结成的联盟开创了德国东西两大邻国之间军事、金融和工业紧密合作的时代，而且两国的盟友关系似乎已经成了欧洲舞台上的永久特色。1899年，俄法双方对盟约的措辞进行了修改,加重了其中的反德倾向,使得这一协定对德国国防的威胁加剧了。随着与英国之间的关系降温,德意志帝国越来越倚仗三国同盟中奥匈帝国和意大利的支持。但是,这里也有需要担心的理由:在三国同盟的共同防御部署中,意大利与奥地利的利益一直难以调和;1902年意大利与法国关于的黎波里和摩洛哥的协议也使得意大利承诺的可靠性遭到了严重质疑。

德意志政治高层观察到这些不利的发展趋势后表现出漫不经心的态度,事后来看我们似乎有理由觉得震惊。比洛从未觉得德国应该为了应对俄法联盟而向大英帝国靠拢,因为他认为英国和两个大陆强国之间的紧张局势为德国提供了斡旋的余地,这也为与英国握手言和——如果有必要的话——保留了可能性。他对意大利-法国北非协议的反应也是如此冷静。"在一场幸福的婚姻中,"1902年1月8日,他对帝国议会说,"当妻子与别人额外跳一支舞时,她的丈夫完全没有必要急红了脸。"[53] 因此比洛毫不迟疑地拒绝了俄国外交大臣兰布斯多夫伯爵在1902年提出的结盟条件——后来,他对此颇为后悔。1904年订立的《英法协约》更是一枚重磅炸弹。1904年4月,威廉在一封写给比洛的信中透露,协约让他"思考良多",因为英国和法国再也无须忌惮彼此的事实意味着"它们越来越不需要把我们的立场考虑在内了。"[54]

德国该如何摆脱这种令人不快的处境呢?它面前摆着两个选择。第一个是坚持与俄国结盟,从而削弱或者瓦解俄国和法国之间的联盟。第二个是想办法削弱英国和法国之间的新协约。

1904—1905年，一场国际危机将欧洲的联盟体系置于重压之下，从而为德国提供了权衡两种选择的机会。

1904年2月，俄国与日本为争夺中国东北的控制权而爆发了战争。威廉此前一直呼吁通过外交途径与俄国沟通，但并没有成功，不过他迅速意识到德国可以利用俄国的困境。1904年2月，在写给沙皇的一封信中，威廉指出法国正在向日本提供工业原料，因此法国人算不上可靠的盟友。[55]6月，威廉告知尼古拉，他本人相信《英法协约》起到了"阻止法国援助你方"的效果；他在其他信里对俄国陆军所遭的厄运屡屡表示出怜悯之情，还表示他相信俄军未来会胜利。[56]威廉还下令实施了一些更切实的举措，比如俄国战列舰在开往东方的途中可以在德意志帝国的港口装煤。终于，在10月30日，威廉向沙皇展示了由比洛提供的联盟草案。草案中约定，双方中的一方无论是在欧洲还是在世界其他地方受到攻击，另一方都将不远万里前来驰援。尼古拉认真考虑了此事，但在询问其法国盟友前，他并不愿意签订正式条约。其实不难想象，法国绝不会同意这样一份盟约，这便等于是直接拒绝了这一提议。

然而到了1905年夏天，俄国的处境急剧恶化：1月，日军攻陷俄国在中国强租的旅顺口；3月，俄国陆军在奉天（今沈阳）败于日军之手；5月，俄国波罗的海舰队在日本海遭到毁灭性打击。俄国的政治和经济因此开始动荡，1月爆发的一场革命断断续续地进行了长达一年的时间。威廉向尼古拉重新提出结盟的建议，尼古拉出于绝望，现在打算慎重考虑他的这位姻亲的提议。

1905年夏天，皇家游艇"霍亨索伦号"抵达地处芬兰海湾的一个叫比约克的小渔村，与沙皇的"北极星号"会合。正如罗德里克·麦克莱恩所言，这次出行的目的是保密的，甚至随行人员也被蒙在鼓里，但威廉的一名同行者后来回忆时说威廉曾屡次谈论"联盟和政治连横"，明确提及了"德国、法国和俄国之间的联合"。[57] 7月23日，两船并排停泊，沙皇上船与威廉共进晚餐。在接下来的秘密商讨过程中，借着沙皇因英国设计对付俄国而产生的焦虑，以及他对法国可靠性的疑虑——法国当时已决定站在英国一边——威廉相当成功地大做了一番文章。翌日清晨，两位君主签署了一份条约。条约规定："在两个帝国中的任何一个受到欧洲大国侵袭的情况下，另一个缔约国都将在欧洲境内以水陆两军全力驰援对方。"最后的条款中规定，俄国将争取让法国也作为联署方参与进来。[58]整个过程中，沙皇的情绪似乎一直处于不稳定的状态；威廉向奥伊伦堡讲述签约的情形时说，沙皇在签字后"扑到我的怀里啜泣，泪如雨下，[说道：]'你是我唯一忠实的朋友'"。[59]

威廉为新协议感到高兴，也为自己在精心策划这一协议的过程中所扮演的角色欣喜若狂。他认为这是王朝外交的一次重大胜利，也是欧洲政治的新"基石"，它将翻开世界历史的新篇章。在这一点上，他注定是会失望的。说来也怪，比洛对早前的1904年条约草案表示了强烈支持，现在却拒绝接受威廉已在比约克做出的承诺，也不肯在协约上联署签字。宰相反对威廉在草案内容上（无视外交部的建议[60]）做出的修订（修订后的协议将

图5 威廉二世渴望参与制定德意志帝国的外交政策。他在这一领域最显著的介入发生于1905年的夏天,当时他与沙皇尼古拉二世在芬兰比约克附近海域见面并就条约草案内容达成一致。这次见面非常愉快(此图中两位君主正在德方舰艇的甲板上聊天),但正如威廉许多其他外交主张一样,此事最终也不了了之。

第五章 威廉二世与外交政策(1888—1911) 173

履约范围限定在欧洲以内,而原版则规定无论在欧洲还是在世界其他任何地方,只要遭到袭击就能激活联盟机制),并在思考了几天后决定递上辞呈。比洛在他的辞职信中指出,威廉将条约的适用范围限制在欧洲以内,就相当于让这个条约毫无用处了,因为德国在欧洲出兵援助俄国比俄国在欧洲支援德国要容易得多。对于比洛的反对理由是否站得住脚,历史学家的看法不一。拉马尔·塞西尔倾向于根据宰相辞职信中的表面意思进行判断,比较赞同他对威廉的外交手段的消极评价。凯瑟琳·莱尔曼则恰恰相反,她认为威廉做出的修改背后有切实合理的理由(即想避免德国陷入俄国与英国之间的帝国主义争端之中),如果这一条约被认可的话,很有可能产生有价值的效果。然而,两者都认为比洛反对和辞职的动机主要是想巩固自身的地位以及在君王权威下维护自身的独立性。[61]

皇帝与宰相针对比约克条约的博弈影响了双方之间的关系,这一点前文已述(见第四章)。修订版条约对德国外交的价值如何,很快就变得无关紧要了,因为事实表明法国永远不会联署这样一份协议。[62]俄国外交大臣兰布斯多夫伯爵在呈给沙皇的备忘录里指出:"向利益互相冲突的两个政府同时做出同样的承诺是绝对行不通的。"尼古拉懊悔的回复透露出这一协定的基础是多么脆弱:"我不如你那么理解比约克条约的意义,当我签署时,我从未想过我与威廉皇帝的协议会直接伤害到法国;恰恰相反,我一直打算让法国也参与进来。"[63]尼古拉仍然有意与德方签署某种协议——可能是法国审核通过的比约克协议改良版?——但在政治经济顾问施加的压力下，他渐渐打消了这个念头。[64]至少在可见的将来，德国通过"东方道路"走出孤立困境的可能性消失了。

德国在这些年来探索的另一条外交途径聚焦于英法之间最近达成的协定。虽然威廉几乎没有参与政策制定，但他再度高调地出面；事实上，正如我们即将看到的，他对柏林的政策制定者分配给他的任务缺乏热情。"第一次摩洛哥危机"是经常被反复讲述的事件，在这里只要大致介绍一下就可以了。在1904年通过友好协定来全面解决殖民地主要纷争的谈判中，英国同意承认摩洛哥处于法国的势力范围内，以换取法国承认英国在埃及的特权。1905年1月，法国政府决定趁着英国没改变主意利用这一协定，向摩洛哥非斯派出了外交使团，以期加强法国对摩洛哥的控制力。德国外交部长期以猜疑的态度关注着法国在摩洛哥的一举一动，决定阻止法国发起可能伤害德国在该地区利益的单方面行动。

德国的这一观点从国际法角度而言，具有一定的合法性：1881年的一项国际协定正式承认摩洛哥地区的事态只能按国际条约处理。然而，德国政策的最终目的仅仅是试探英法盟约的紧密程度。伦敦发来的报告使人们有理由猜想，英国并不认为其有义务介入法国与第三方国家关于摩洛哥的争端。[65]在威廉古怪的构想中，此事将反过来提醒法国人"海军在陆上难有作为"，从而缓和其反对的态度，使其与德国达成某种共识。[66]从这个角度看，德国在摩洛哥的做法可以被视为1904—1905年德国对俄国

第五章　威廉二世与外交政策（1888—1911）　　175

所用方法的"西方"版本。

威廉没有对摩洛哥产生过多大的政治兴趣。[67]所以，当荷尔斯泰因和比洛想到威廉应该利用定于1905年3月的地中海巡游机正式访问位于丹吉尔的摩洛哥政府，以展示德国维护自己的主权以及捍卫德国在当地的商业利益的决心时，威廉对此并不热心。他的主要顾虑可能是这样做与法国开战的风险太高。1905年3月22日，在威廉（取道葡萄牙）登陆丹吉尔前不久，他在不来梅发表了一次广为流传的演讲，向法国传递了明确的和解意图（因此也削弱了德国官方政策的锋芒）：

> 我曾以我自己的人生经验起誓，我永远不会谋求毫无意义的全球霸权。[……]我梦想中的世界性帝国［Weltreich］首先应该是一个脱胎换骨的德意志帝国，作为一个和平诚信的邻国而享有别国的全然信任。[68]

即使在离开里斯本远渡北非的途中，威廉依然不确定他是否真的要在丹吉尔上岸。比洛熟练应对皇帝的技巧又一次帮助他解决了这一问题。在向威廉所乘之船发送的多封电报中，宰相以英雄主义色彩渲染了此次官方访问所能带来的影响。尽管如此，威廉仍然直到船只已经在港口下锚停靠时，才决定下船进入城市。[69]

短期来看，这次登陆似乎是一次巨大的成功。这在英国和法国国内激起了不满，但英国没有兴趣介入，法国政府则试图寻求和平的解决方案。法国外交部长泰奥菲勒·德尔卡塞（Théophile Delcassé）被解除了职务；欠缺经验的新晋法国总理莫里斯·鲁维埃（Maurice Rouvier）接手了德尔卡塞的职责，提议对摩洛哥的未来进行双边磋商。但比洛态度坚定，拒绝了鲁维埃的建议，反而坚持按照1881年协约条款的规定在国际会议上解决该争端。这一要求最终得到了同意。正如美国总统西奥多·罗斯福所言，对德国外交部来说，"这是重量级的外交胜利"。[70] 正如我们所看到的，这也是比洛职业生涯的巅峰。但德国在摩洛哥事件中的胜利被证明是短暂的：1906年1月，在西班牙港口城市阿尔赫西拉斯召开的会议上，摩洛哥的准独立地位得到了确认，但德方的其他进一步主张却未能得到更多的支持（只有奥地利给予了支持）。1906年4月5日，比洛在帝国议会发表了一次关于阿尔赫西拉斯会议结果的简短讲话之后脸色发白，崩溃倒下。直到当年10月，他仍在疗养。[71]

比洛政府为克服德国被孤立的困境而探索的东方和西方两种方案都彻头彻尾地失败了。德国在摩洛哥问题上发起的挑战没有削弱英法联盟，反而巩固了英法的关系。英法联盟在军事层面的关注目标也因此更为明确。正如保罗·肯尼迪指出的，1905年德国向法国施压所造成的一个不良后果是，英国对法国的军事支援承诺更为坚定了：英国战略家们现在开始设想当德国发起进攻时该如何将英国军队转送到法国。1905年，英国－法国－比利时的参谋会谈进一步表明西方的阵线更加稳固了。[72] 而由于英国和俄国在1907年夏天签署了协约，解决了关于伊朗、阿富汗等地的

第五章 威廉二世与外交政策（1888—1911） 177

争端，通过东方来解决问题的可行性也大大降低了。德国在欧洲大陆事务上自主行动的一个重要先决条件就这样不复存在了。

孤立（1911）

1911年春天，摩洛哥再度成为国际危机的焦点。当年4月，法国以一个站不住脚的借口占领摩洛哥首都非斯，再次尝试将摩洛哥变为法国的保护国。德国新任外交大臣阿尔弗雷德·冯·基德伦-韦希特尔（Alfred von Kiderlen-Wächter）决心不让这样的操纵得逞，计划以攻击性的示威表明德国的反对立场。德国公开以保护当地德意志人的商业利益为由，将炮舰派往摩洛哥西部的阿加迪尔港市，目的是迫使法国尊重1906年的协议，永久地放弃其在摩洛哥的野心，或是将非洲中心地带的殖民地割让给德国，以换取将摩洛哥置为保护国（德国人更偏向后者）。与此同时，像在1905年那样，德国在1911年也希望英国能够慎重考虑，不会为了支援法国而直接介入，这样英法联盟就会动摇。基德伦对摩洛哥的政策是否意味着德国随时都可能与法国开战，以及贝特曼是否支持他冒这样的风险，对此历史学家尚无定论。[73]虽然比起军事解决方案，基德伦显然更希望能以殖民地利益的交换解决此事，但毫无疑问，他认为（可以感觉到的）战争风险所带来的威慑效应是德国取得成功的前提条件。无论如何，这一政策是一大败笔：英国并没有选择退后保持距离，而是明确表示站在它的同盟者一边。一份条约确认了法国在摩洛哥的特殊地位，就此终结了此次危机。而德国不得不凑合着占据虽然面积很大却几乎没有经济价值的法属刚果土地。

威廉已经不像1905年那般深入地参与引发危机的决策。事实上，他最初很乐意看到法国介入非斯的事态，因为他相信这有助于稳定摩洛哥的局势。在法国占领该地之后的几周里，一直狂热地爱好考古的威廉参与了科孚岛上的挖掘活动：于他而言，1911年4月最重要的事件是古老的戈耳工石雕头像出土。他毫不关心政府该采取何种行动应对摩洛哥事件。[74]然而，贝特曼和基德伦成功地向威廉灌输了应该向法国施加更多压力的观点，从而将他们的计划以符合君主意向的形式包装了起来。6月末，基德伦与法国驻柏林大使的谈判未能取得实质性成果，随后，威廉授权贝特曼派遣一艘德国炮舰前往阿加迪尔。"豹号"是一艘没什么威慑力的舰艇，本要报废，已经拖了两年，它于1911年7月1日在南摩洛哥海岸下锚停泊。

威廉愿意冒险随时在摩洛哥开战吗？所有证据都表明，他并没有打算这么做：5月，在出访伦敦期间，他告诉国王乔治五世，德国无意开战。正如他自己后来所言，派遣这艘炮舰是为了传递一种印象，让人觉得德国在摩洛哥的势力"虽然冷静却很强大"。[75]阿加迪尔的示威行动是作为政治信号而非侵略行为构想出来的，一个事实似乎为此观点提供了佐证，那便是威廉没有就此事咨询提尔皮茨或其他海军高层。当海军内阁首脑发声表示反对时，威廉告诉他："最好不要询问陆军和海军对政治问题有何看法。"[76]在"豹号"到达目的地后，危机开始逐步升级，英国发出

第五章　威廉二世与外交政策（1888—1911） 179

了威胁和警告，威廉很快就退缩了。基德伦以辞职相威胁，才确保威廉批准继续向法国施压以令其让步的政策。威廉同意了，但他警告基德伦，德方提出的要求应该尽量节制、温和，以避免引发冲突。威廉每过一段时间都会因为法国不妥协的姿态而怒斥不同的谈判人员，但实际上，在拖延到1911年秋天才达成的补偿协议谈判过程中，他几乎没有起到任何作用。尽管法国给予的领土补偿有限，但他在得知达成协议的消息后毫不掩饰宽慰之感。

"第二次摩洛哥危机"表明威廉在制定外交政策方面的能力依旧极其有限。我们已经看到，他必须等高级顾问们向他介绍基本情况之后，才得以从符合德国政策目标的角度看待法国对非斯的占领。正如在之前很多场合一样，威廉发现自己正为独立的强势臣下所掣肘：基德伦最初是由贝特曼·霍尔韦格举荐担任外交大臣的，与威廉的意志相悖。[77]结果证明，他是一个性情固执的专断政客，很少听从宰相指示，利用帝国脆弱的中央领导机制变成了类似"士瓦本的俾斯麦"一样的存在。1911年夏，基德伦在应对危机时的最令人震惊之处也许是他愿意调动舆论来支持自己的计划。这位外交大臣利用他与极端民族主义的泛德意志协会的接触来鼓动政府采取更强硬的摩洛哥政策，由此帮助德国右翼媒体掀起了一场步调一致的沙文主义运动。由于威廉不愿与德国舆论背道而驰，同样也不愿意真的激怒法国，所以这进一步地限制了他的行动自由。

从长期来看，基德伦与沙文主义媒体的配合同时损害了政府和皇帝的名声。在民众的期望值如此之高的情况下，很难为德国政府最后换得的有限领土赔偿做辩护。结果，威廉受到了右翼民族主义者对他个人的中伤。8月4日，柏林报纸《邮报》声称德国政府关于摩洛哥政策的"全部本质"都反映出"恐惧、个性软弱以及怯懦"的特点：

> 这还是普鲁士吗？我们已经变成了女性的国度了吗？[……]霍亨索伦家族是怎么了，这个曾经出过大选侯弗里德里希·威廉、弗里德里希·威廉一世、弗里德里希大王和威廉一世皇帝的家族居然已经沦落至此了？皇帝似乎是英法政策的最强支柱。[……]胆怯的威廉，勇于后退！[78]

这篇文章没有得到广泛支持，实际上公众还普遍谴责其对君主的不敬之意，但军方高层内也流传着类似的观点，他们因威廉未能捍卫祖国的尊严而轻蔑地称其为"求和者威廉"。[79]1911年8月，威廉个人最为偏爱的军官、才华横溢的近卫团指挥官埃里希·冯·法金汉（Erich von Falkenhayn）在一封写给友人的信中谈论道，只要威廉继续坚持"避免采取极端行动"，那么德国的现状就不会改变。[80]1912年3月，在摩洛哥危机解决后的平静时期里，他注意到皇帝仍然"相当固执地抱着无论如何都要维持和平的决心"，并遗憾地补充道，"他的身边没有一个人能劝阻他放弃这种决心"。[81]

威廉的影响

德意志帝国在这一时期渐渐陷入被孤立的境地，威廉在其中到底有多大的责任？为了回答这个问题，我们需要区分清楚威廉对德国政府决策过程的影响与他在更广泛的国际环境内的影响，德国的政策正是在这种大环境下实施的。我们要依次考虑这些因素。

评估威廉对德国政策的影响的最大困难之处在于他的意图变幻莫测、难以捉摸。要是威廉在位时奉行过一个清晰一致的政策构想，那我们只要以实现了多少意图来衡量成效就可以了。但威廉的意图总是那么模棱两可。他总是时不时地想要建立欧洲大陆联盟，将英国排除在外，但又总是急于避免做出可能引发英德纠纷的承诺。所以，威廉不顾外交部的建议，坚持在比约克条约草案中添加"在欧洲"这样的字眼。他愿意在摩洛哥问题上接受比洛的引导，甚至开始享受在其中所扮演的角色，但他还是注意控制事态，以减少冲突升级为战争的可能性，即使这意味着给外交部门的战争边缘政策拆台。这才是他动身前往丹吉尔之前在不来梅所发表的那一通演说的真正含义。德国军方中的鹰派没有忽视这一点，他们认为不来梅的"和平演说"是在颠覆外交部门为利用摩洛哥问题敲诈法国而做出的努力。[82] 和外交部的众多下属不同，威廉不愿（或者是无法）承认，选择一种策略就意味着要放弃另外一种策略。由于长期低估德国在决策自由方面受到的限制，他对外交事务的干预带有一种天真而不切实际的色彩。据

图6 威廉非常痛苦地意识到爱德华七世瞧不起他,他还十分羡慕爱德华在英国外交事务中能够起到积极作用,特别是在为《英法协约》奠定基础方面。在以后的岁月里,他逐渐将这位故去的英国国王视作德国的头号敌人和造成他所有不幸的罪魁祸首。

奥伊伦堡在 1897 年所言，在威廉重新对与法国达成和解产生浓厚兴趣的时候，他的谈话以及写在纸边空白处的评语里充满了"空中楼阁"（Zukunftsmusik）。它们所关注的"遥远未来"可能"实际上永远都不会实现"。"归根结底，陛下这种躁动不安的情绪实际上造成了什么样的危害呢？"[83]

因此，威廉对政策的影响与他引导外交部决策的能力关系不大，真正的关键之处在于他愿意发出自己的外交信号。有时这些信号支持或放大了来自德国外交部的信息，有时它们又为官方政策提供了异见的注脚，还有些时候它们与官方政策彻底相悖。从这一方面来看，威廉是个端着铁饭碗的"无赖"大使，他那不可预测的意图需要政府人员时刻保持警惕，还要时常控制由此带来的危害。但是正如我们所见，外交部仍然拥有制定政策并规划实施的主动权。

这就要提到威廉在国际舞台上的更广泛影响了。历史学家经常评论称，威廉在与外国政治人物打交道时，尤其在面对外国的王公贵族时，总表现得麻木无情。约翰·洛尔引用保加利亚斐迪南国王和俄国弗拉基米尔大公的案例突出了威廉的粗暴行为。据斐迪南所说，1910 年，威廉当众在他的屁股上拍了一掌，之后斐迪南愤然离开柏林，气得"七窍生烟"；而在 1904 年，威廉用一根元帅指挥杖击打了俄国大公弗拉基米尔的背部。[84] 不消说，我们是通过宫廷流传的小道消息了解到这些逸事的，但它们很难揭示这些事件在更广的意义上产生了何种影响。更重要的是以下的结论，即威廉与同时期的其他君主以及外国列强的政治家之间的私人关系增加了他人的不信任,最终导致其外围各国团结一致来对付德意志帝国。例如,罗德里克·麦克莱恩认为,威廉与其舅父、英国国王爱德华七世之间关系的破裂,自1905年起"使本来就为数不多的将英德利益捆绑在一起的机制又失去了一个支撑",将王国统治者之间的血缘关系转变成了一种"政治负担"。[85] 拉马尔·塞西尔指出,威廉"不受几乎任何一个国家欢迎的事实显著加重了德意志帝国的外交负担",所以这也是德国在阿尔赫西拉斯会议上的主张被拒绝的一个原因。[86] 政治家和新闻记者对威廉多有贬损之语,大意是威廉是个两面派、好战分子,非常不可靠,还是一个阴谋家、战争贩子,精神失常,诸如此类。若是将这些评价整理汇总,无疑足以形成一摞厚厚的书稿。探讨研究这个时代的政治和外交的史学著作借鉴了数量众多、形形色色的回忆录、信函、日记和私人文件,而在这些史料中,个人的私下见解和对人物的臧否都显得十分重要。

但是,威廉的个人关系和名声与德国整体外交运势之间的联系并不如乍看之下那么直接。威廉与同时期的统治者之间的交往对德国政策的进程几乎没有任何影响。私人之间的关系和政府之间的关系常常不如我们想象中那么界限分明:威廉写给尼古拉二世的"私人"信笺其实受到过德国外交部的审查修改,正如"尼基的回复也受俄国外交大臣审阅"一样。[87] 的确,一些政治家打心眼儿里不待见威廉,但这对德意志帝国的对外关系却不是什么重要因素。19世纪90年代早期,英德联盟的希望化为泡影不是因为索尔兹伯里对威廉的反感,而是由于德方所要求的和英

第五章 威廉二世与外交政策(1888—1911) 185

方自认为可以提供的不相匹配。同理，探讨1894年的法俄联盟时，哪怕把两国结盟的原因只是部分归结于保守的沙皇亚历山大三世或他的儿子尼古拉二世对法国共和党领导人的同情（反之亦然），也是很荒谬的。我们不能因为外交史料中的小道消息和私下见解泛滥成灾，就受其误导，高估它们对于政策制定的影响力。为政策奠定基调的不是统治者、政治家之间的私人交往，而是国家和国家之间的利益关系。大体上说，比起法国、英国和俄国的外交官，荷兰、奥地利和美国的外交官对威廉的评价就要正面得多，极少将好战的动机归咎于他。美国和荷兰的外交报告一直用"令人印象深刻、知识渊博、才能卓越"这样的话来描述德国的君主，认为他的话语虽然有时不中听，但其意图本质上是友好的。他们视威廉为制衡"军国主义党派"影响的一股力量。[88]

这并不是说其他人对威廉本人的态度完全不会影响国际局势。毫无疑问，威廉以一种相当独特的方式体现了德国政策的特征。部分原因在于他零星的干预往往是公开的，如克留格尔电报事件，或者保密性不足，如在1898—1899年的"法绍达危机"中威廉发动的一眼就能看穿的幼稚阴谋。[89]还有一个事实是巴黎、伦敦和圣彼得堡的许多观察者似乎都认为威廉的个性体现了德国政策最令人不安的特点，即不可预知和态度暧昧，也就是"反复无常"和缺乏一致的"指导思想"。威廉本人的性格举止和国家政策之间的密切关系强化了尽管错误却被广泛接受的推论——威廉是德国政策的首要制定者。这反过来意味着，人们在关注有关德国权力和政策方向的一般性问题时，也会将焦点投注在威廉身上。例如，1899年夏天，法国外交部长泰奥菲勒·德尔卡塞为威廉正设法与沙皇见上一面的消息而感到极端烦恼。他得出结论，威廉打算向尼古拉提议由德俄两国瓜分地处两国之间的奥匈帝国。为了防止这个恶魔的计划开花结果，他甚至亲自造访圣彼得堡。德尔卡塞的恐惧是毫无根据的，但反映出了这一时期外交机构的看法被整体的偏执氛围扭曲到了何种程度。"帝国主义的外交，"克里斯托弗·安德鲁写道，"往往构建在猜疑和由猜疑产生的道听途说的基础上。政府倾向于认为其他国家也有自己帝国的野心。"[90]

如果德意志帝国在威廉时代的外交政策如乔治·皮博迪·古奇曾经所言那般"缺乏统一的控制"，[91]那么这是威廉在其中所起的消极作用之一吗？我们已经看到，在国内政治领域，帝国政治体系混乱的特征使得威廉必须承担起协调各方的使命，但他从未培养出胜任这一使命的能力。而且可以肯定的是，德国外交政策往往代表着不同的势力。毋庸置疑，威廉的介入使得负有责任的政策制定者的工作更加艰难；而其干预是否"在相当大的程度上诱发了"1906—1907年针对德意志帝国的"围剿"，则还不能确定。[92]首先，一个事实是，威廉的很多干预都是软化了官方政策的效果，敞开了那些德国外交部正要关严的门，因而他在19世纪90年代早期未经政府授权就对法国和俄国示好，1895年对奥匈帝国再三给出承诺，19世纪90年代末期则主动接近英国。我们也很难把威廉的影响同德国外交政策制定过程中更大的混乱和悬而未决的问题完全区分开来。如果把这种许多人都指出的现象归因于君主的不慎和疏忽，那就太过简单化了。这种现象部分源于1871年之后俾斯麦在普鲁士-德意志外交部内全面压制分权文化所产生的后遗症。在一定程度上，这也反映了德国立场的不确定性。我们不该低估德意志政策制定者在为新兴的大国绘制一条正确路线时所面临的困难。正如我们所见，作为平等的第三方加入法俄联盟是不可能了，但与英国结盟也是风险重重。怎样才能避免德意志帝国在英国与一个或多个对手发生冲突时自己被推出去当欧洲大陆上的替罪羊呢？在某种程度上，正是这种不可解的困境造成了充满不确定性的比洛式政策，这种被称作"自由发挥"的政策旨在让德国避免做出承诺，并利用每一个到来的机会。但这样的政策难道不是注定会显得不可预知、随性、混乱或充满挑衅意味吗？

也许，威廉影响德国外交政策的真正关键之处不在外交领域内，而在于他支持了一项影响深远的海军军备计划。毫无疑问，德国对英国海军霸权的挑战和威胁（尽管可能性很小）是促成英法联盟和英俄协约的一大诱因。但德国海军政策产生的影响到底有多严重？提尔皮茨启动的造船计划本身没有排除与英国达成共识的可能性；相反，它开辟了新的沟通渠道。两国分别在1906年、1908年、1909—1910年、1911年以及1912年3月（最广为人知的一次）进行了谈判，以达成"普遍良好共识"，包括敲定一份关于限制海军建设的协议，在这些谈判中威廉大都起到了至关重要的作用。[93]

为什么这些谈判几乎毫无成效？答案并不仅仅在于德国在海军建设的规模和速度方面持强硬态度，[94]因为贝特曼和威廉已经勉强接受在此方面做出妥协了。真正的症结在于德国人坚持要求得到实实在在的回报，即当德国和另一个大陆强国开战时，英国要坚守中立的承诺。为何英国不愿意做出承诺以满足对方的要求？有人认为这是因为英国受到了对法国负有义务的约束，这种观点是有漏洞的，因为贝特曼愿意让中立协议仅适用于德国"不能是所谓侵略者"的情况，并明确承认双方所缔结的任何协议都"不适用于与缔约方已经签署的现有协议冲突的情形"。[95]英国不愿表态的真正原因在于，它不愿白白放弃一些东西而无所得，这也是可以理解的：英国在海军军备竞赛中的胜利唾手可得，还享有不可动摇的优势，贝特曼和威廉却想通过承认其永久享有这种优势来换取一个中立协定。"为什么，"正如尼尔·弗格森所说，"英国要为早就已经拥有的东西讨价还价呢？"[96]总而言之，双方无法达成协议的原因不在于战舰本身，而在于双方眼中的自身利益是对立的。[97]

如果威廉不是皇帝，德意志帝国的政策会有多大的不同呢？我们不需要通过"虚拟历史"推测相关场景，就能知道德国国内要求扩充海军的压力仍然会是巨大的。德意志民族运动对于海军军备的关注可以追溯到法兰克福议会时代和丹麦海军在保卫石勒苏益格-荷尔斯泰因时起的作用。[98]到了19世纪90年代，德国工商资产阶级对此的关注已经达到了痴迷的地步。对崇高威望和国际认可的渴望变成了帝国政治生活中"最可观的政治

图7 阿尔弗雷德·冯·提尔皮茨正在走下台阶（日期未知），这栋建筑可能是柏林的帝国议会大厦。威廉二世对德国海军的发展深感兴趣，但实际控制海军规划的是这位有着标志性分叉胡子的威风凛凛的将军。

现实"。⁹⁹ 提尔皮茨最重要的成就便是利用了社会和政治方面的潜力来承担影响深远的海军计划所需要的开支。当然，正如保罗·肯尼迪所指出的那样，提尔皮茨的确有为人诟病之处，他也确实领受了威廉的提携之恩，但这不足以使我们断言，像提尔皮茨这样精力充沛、对舆论那么敏感，又在海军体系中有重要人脉之人，没了威廉就会陷入默默无闻的境地。¹⁰⁰ 换句话说，即使威廉没有掌权，德国也极有可能会奉行一种多少带有野心的海军建设政策。

无论是什么情况，从长期来看，对抗性没那么强的海军政策是否能避免德国被英国疏远，都是说不准的。海军总参谋长阿尔布雷希特·冯·施托施（Albrecht von Stosch）在1896年2月所说的一番话比较可信："英国［对德国］的愤怒"可以通过"德国在世界市场的竞争得到准确解释"。¹⁰¹ 值得注意的是，促使英俄两国首次尝试达成全面妥协的，并非提尔皮茨启动的计划，而是此前德国租借中国胶州湾的举动，此举为德国在长江流域进行商业活动打下了基础性——英俄和解的基础正是双方对德国在涉及英俄两国共同利益的领域内进行商业扩张的担忧。¹⁰²

我们可能会同情英国政策制定者的忧虑，甚至会佩服这个时代英国人的坚韧和警惕，正是这样的品性捍卫了英国的全球势力范围，但我们也必须认识到它们本身就是政治因素。在一种互相猜疑的氛围里（新闻媒体的炒作起到了推波助澜的作用，这种猜疑还会时不时地升级到偏执的程度），要想与英国这个海岛强国建立稳定的"伙伴关系"，德国就必须放弃追逐权力。有历史学家指出，俾斯麦正是通过这种"弃权"（Machtverzicht）的方式使得德意志帝国在欧洲安稳度日的；威廉二世及其政府的外交政策就相形见绌了。实际情况可能确实如此。但在这个时代，联盟集团成为趋势，到处都是沙文主义的大众化报纸，海军至上主义如日中天，出口也快速增长，德意志帝国绝不可能重新以俾斯麦式外交政策的狭隘眼界来行事了——德国的政商阶层不愿意，皇帝当然也不愿意。

第六章
权力与舆论

演讲的力量

从某种意义上说，威廉是一位"媒体君王"，这在今天的我们看来并不稀奇，但在当年却是前所未有的。我们已经看到，甚至在即位之前，威廉就发现自己因为与宫廷牧师施特克尔的关系而身陷新闻风暴的中心。威廉早年也因关于自己父亲患病和去世的报道而与媒体有过很多不愉快的摩擦。1887年11月，威廉前往齐里奥别墅看望卧床不起的父皇弗里德里希，但别墅没有足够的客房，他不得不住在对面的维多利亚大酒店里。在此期间，他遭到了新闻记者的尾随窥探，这些人架设了望远镜，目光对准了病房；其中一些记者还从英国医生莫雷尔·麦肯齐口中挖出了不少保密信息。"即使在我父亲去世当天，当他的眼睛刚闭上，"威廉回忆道，"在他过世的那个房间里我都发现了一名由莫雷尔介绍来的维也纳记者。他跑出去时可比进来的时候快多了。"[1]

因此，威廉很早就认识到了新闻无孔不入的威力；他甚至一生都常常高估新闻报纸反映和塑造舆论的能力。正如我们所见的那样，他相信自己拥有代表舆论以及面向舆论的能力，认为这是君主取得成功的关键。他靠大量阅读报刊来保证自己密切关注全国瞩目的重大问题。他正是通过这种方式萌生在社会政策、国防、学术研究与技术创新等领域推行一系列新举措的冲动的。威廉在向大臣传达命令或提出建议时，常常使用从日报上剪下的相关文章并辅以潦草注释——难怪那些试图对他施加影响的人极为注意控制送到他办公桌上的新闻剪报。[2] 就像俾斯麦和他之前的普鲁士政府一样，威廉有时会亲自干预，"纠正"那些他认为会损害自己或政府利益的新闻评论。[3] 威廉还对关于他本人的新闻极端敏感。正如宫廷典礼官罗伯特·冯·策德利茨－特吕奇勒伯爵在1904年所言的那样，值得注意的是："皇帝对媒体是多么敏感啊。[……] 当别人向他报告或者他偶然读到那些关于他生活的不准确和不真实的报道，它们即便是无害的，也会令他感到很烦恼。"[4] 他的这些顾虑不仅反映在他对媒体批评的过激反应上，还体现为他对自己的外表格外关注——他会根据特定的场合频繁更换服装，精心"梳理"他那著名的胡子，在公开仪式上故意露出庄重的表情。他对外表形象的过分在意甚至发展成了对皇后事无巨细的管理：正如澳大利亚文化史学家朱丽叶·皮尔斯所言，威廉不但为皇后的服装、独特的珠宝首饰和华丽夸张的帽子提供设计方案，还迫使她通过节食、服药和穿紧身衣等方式保持如沙漏般玲珑有致的身材。[5]

但威廉这种明显现代式的对形象的关注，不该被视作自恋型人格障碍的症状。根据威廉和其他许多同时代人对快速发展的新闻媒体力量的看法，他的上述行为是颇为合理的。这也反映了自1890年俾斯麦离职后威廉在德国国内易受舆论攻击的处境，媒体在评论他这位"最高统帅"时使用的语气越来越不客气而且伤人。正如一名观察者注意到的，19世纪90年代是"一个信息到处公开的时代，新闻线索随处可见，无论发生什么事，人人都要表达意见和看法"。[6]由于对媒体不加控制，后俾斯麦时代见证了德意志帝国高度分化且迅速扩张的媒体批判力量的兴起。[7]的确，鉴于那几年来报纸及其读者数量迅猛增长，我们似乎可以说当时爆发了一场"媒体革命"，其原因部分在于科技的进步，部分在于竞争日益激烈的政治出版物市场难以遏制的循环升级。[8]正如汉斯-乌尔里希·韦勒所指出的，威廉时代的记者所使用的语言"比那个时代典型的语言更开放、更尖锐，有些时候更有攻击性"。[9]在这个日益不受约束的环境中，媒体不再作为政府的工具，而是成了一股独立的力量。[10]但威廉本人必须为报刊对他的评论氛围迅速恶化承担主要责任；在他统治的前20年间，他不断积极吸引公众的关注，却往往造成了灾难性的影响。

霍亨索伦家族中从未有过像威廉二世这样频繁且直接地向其治下的众多臣民公开演讲的君王。他的伯祖父弗里德里希·威廉四世是第一个在宣誓就职仪式上（1840年）公开发表即兴演讲的普鲁士国王。在这种场合，他居然向宫廷广场上如此大规模的人群发表关于公民投票的即兴致辞，这令他的随从们都感到震惊。但自此之后的历任统治者很少再这样尝试过。威廉的祖父很少公开讲话，而他的父亲尽管善于演说，但在俾斯麦的统治下却无法在公共场合发挥多大作用，而且到他继位时，他几乎已经失声了。相比之下，威廉对德意志帝国公众连续不断地发表公开演讲。比如，在1897年1月到1902年12月这6年时间里，威廉至少出访233次，至少光临了123个德国乡镇和城市，在大多数地方都发表了演说，随后当地媒体和全国性媒体会发表并讨论这些演说的内容。[11]

至少到1908年为止，威廉不是按照专职写手为他准备好的演说稿发表讲话的。文官内阁成员忙于搜集素材，为特殊场合准备发言文本，有时会把最终印刷出的版本粘贴到一块木质的阅读板上，在需要时递给皇帝查看，但他们大多是做了无用功——威廉更喜欢自主发言。[12]威廉的父亲作为储君时常常在演讲前准备好讲稿，然后"反复修改"，相比之下，威廉却很少提前准备自己的演讲内容。[13]威廉有意识地将演讲塑造为即兴、直接的交流方式，正像当时有人（可能是一位"深受威廉启发"的记者）对此的描述那样：

> 皇帝时不时会停顿一会儿，可以看出他在蹙眉沉思，眼望向远方，直到他找到合适的措辞，以自然且符合逻辑的方式接着刚刚的内容讲下去。不过，一旦他找到了思路，演讲就会不间断地持续下去。他会滔滔不绝地讲话，直到结束的那一刻。[14]

文化历史学家卡尔·兰普雷茨曾见识过威廉的演讲,他以类似的笔触描述了威廉"饱满洪亮的声音"和"格外生动的面部表情变化",说他"不停地打着手势,最后逐渐升级到整个身体都在动"。"皇帝,"兰普雷茨写道,"浑身上下都散发着演说家的气息。"[15]在表演和技术层面,威廉能够掌握面向大众讲话的一定要领。而他演讲的内容,相比之下则往往漏洞百出,充满错误的判断。事实上,可以毫不夸张地说,这位皇帝的言论对他的声誉造成的损害——无论是在同时代的人当中,还是在后来的历史学家当中——比他的所作所为和行为导致的后果造成的损害要严重得多。

这一问题的根源部分在于威廉以直接的、不假思索的方式吐露出自己当时抱有的成见。例如,1890年11月,在波茨坦近卫军新兵宣誓入役仪式上,威廉打破惯例发表了一场个人演说,其中他提到"一种作对、叛逆和造反的倾向"正"在这个国家中散播",他警告军队永远不要"听信骗子和煽动者",因为"他们如今是皇帝的人了,哪怕皇帝下令让他们向自己的父亲和兄弟开火,他们也必须准备好遵从命令"。[16]即位十年来,威廉周而复始地强调这类主题,[17]这反映出他非常担心自己的皇位并不稳固——正如1901年荷兰驻柏林使臣的报告所言,威廉相信"自威廉一世去世后,人民越来越不尊重当权者了……"[18]但威廉在1890年发表的争议性言论也反映了当时颇为普遍的一种忧虑。正如我们所看到的,社民党从那年的选举中脱颖而出,成为得票最多的德国政党。由于人们普遍认为只有德意志帝国的工人阶级会投票给社会民主党,这一阶层的应征入伍者也不少,因而有人担心军队的政治可靠性。不仅战前时代的军事政策制定者关心这个问题,社会民主党的领袖阶层也关心这个问题,他们认为,通过输送无产阶级的新兵从而逐渐染"红"军政队伍是德国社会未来变革的关键。[19]

文官内阁成功地让媒体只能刊发删节过的演讲稿,从而避免了这些话语可能引发的民愤。有意思的是,瓦德西伯爵对威廉面向新兵发表的演说甚是不满,不是因为演说太粗鲁无礼,而是因为他认为对任何一名指挥官来说,暗示普鲁士士兵会考虑违背命令,都是极为愚蠢的。[20]这些言辞的政治问题大概并不在于言语本身,而多在于演讲者本人。威廉可能觉得作为最高统帅,以及作为与波茨坦近卫团有长期联系的正式军官,他有权利和义务在军营附近的训练场发表上述演讲。但作为威廉的副官,卡尔·冯·韦德尔指出,这种直接参与的行为是有危险的,因为君王过于"纡尊降贵","亲力亲为了太多普通高级军官该做的事情"。[21]纵观威廉整个统治时期,他一直承受着这种角色冲突所带来的负担。

威廉还面临着进一步的问题,那便是观众之间差异很大,人们对他的历次演说抱有的期望也各不相同。比如,1891年年初,他对一大群莱茵实业家说"德国有且只有一个统治者,那就是我";这句话旨在警告和贬损俾斯麦——俾斯麦在莱茵地区的制造业圈子里有诸多支持者——但也无意中冒犯了一些人,他们将其视为轻视邦国王公尊严的表态。[22]事实上,在履行职责的过程中，威廉不得不处理与某些选区之间复杂又无可替代的关系。威廉在勃兰登堡议会的年度宴会上发言时，总是习惯把自己称为"藩侯"（Margrave），以强调他的王朝和家乡之间独特的历史联系。[23]这是一种无伤大雅的（但有点儿装腔作势的）姿态，在保守派云集的勃兰登堡议会中很吃得开，但南部德意志人在第二天的每日新闻中读到这样的公开演讲稿，就感到不快了。奥伊伦堡在1892年3月的一封信中向威廉阐述了这个问题：

> 陛下雄辩的口才和风度气场令听众和观众都深深着迷，勃兰登堡在陛下演讲后的气氛也再次证明了这一点。但经过德语教授的冷静评估后，演讲内容却呈现出截然不同的面貌。[……]在巴伐利亚，当陛下以"藩侯"的身份发言，《帝国公报》却将"藩侯的话"作为皇帝的话刊登出来时，人们"气坏了"。帝国的臣民认为《帝国公报》应该刊登的是皇帝的话——他们不关心弗里德里希大王（他们都十分清楚，他将巴伐利亚称作"动物乐园"，诸如此类）；他们也不关心罗斯巴赫会战和洛伊滕会战。[24]

记者和普罗大众很容易将威廉的言论与其所处时代的政治事件挂钩，因而不可避免地以某种方式把威廉拖入了党派之争的是非之地。每日的政治新闻经常引用皇帝演讲内容的片段来支持特定党派的观点。[25]1892年2月，威廉在一次演讲中猛烈抨击了那些"批评挑剔政府所作所为"的"愤青"，他的话语原本只是针

第六章 权力与舆论 199

图 8　1908 年，威廉二世在阿尔萨斯视察上柯尼斯堡城堡的维修工程。威廉出行的盛况带有几分无声表演的色彩，一名历史学家（贝恩德·魏斯布罗德）曾将此描述为"电灯照耀下的中世纪图景"。在工业文明快速发展、城市化与技术创新并行的时代，德意志帝国官方所展现的文化依旧守着历史主义的意象和母题不肯放手。

对党派纷争的普通谴责，却被自由派媒体和天主教媒体广泛解读为皇帝想为中央党备受争议的教育法案背书（见第三章）。正是威廉对党派进行干预的嫌疑引发了公众如此强烈的反响。[26] 由此而生的不满情绪还对各党派的行动产生了直接影响，卡普里维就发现，在威廉于勃兰登堡演讲的短短几日后，普鲁士议会代表就撤回了之前为柏林修建一座新大教堂拨付一千万马克建设资金的承诺。[27]

换言之，我们不该低估听众在理解皇帝的演讲时所处环境的复杂性，也不该低估威廉找到合适的措辞来应对各种场合且符合人们期待他所扮演角色的难度。然而，不得不说，威廉明显不适合完成其职务所需的交际任务。他发现自己几乎不可能用冷静、有分寸的措辞来表达观点，而熟悉政治的公众显然期待威廉做到这一点。他在许多公开演讲中都声音洪亮，语气饱含个人情感，这似乎是有意让评论家们把演讲者的个性作为分析的主题。（因此，路德维希·克维德所著的《卡利古拉》才得以凭借辛辣讽刺大获成功；这本畅销书重印过34次，它没有过多关注皇帝的为政举措，而是在描述其所谓人格扭曲方面用了大量笔墨。）

威廉那些更为浮夸的演说犹如19世纪的历史画卷：它充满了笨拙的象征，在全然的黑暗中，狂风暴雨与救赎之光交错出现，日常琐碎的冲突之中则浮现出崇高形象。威廉这么做的目的在于"美化"君主制进而使人们认为君主超然至上，以便统治其民众。其核心主题是霍亨索伦王朝源远流长的历史及其统治普鲁士王国－德意志帝国的使命。[28] 它强调了君主制是德意志帝国团结统一的最终保证,"也许能够调和历史、宗教和经济上的对立"。[29] 最后,天赋君权是贯穿了他在位时期所有演讲的一个主题。1907 年 9 月,威廉在梅默尔市政厅发表演说时敦促听众记住,是"神圣的上帝之手"让德意志人民取得了卓越的历史成就。"如果上帝没有为我们安排伟大的命运,那么上帝也用不着赋予我们人民如此优秀的特质和能力了。"[30]

比起那些通过报纸读到威廉演讲内容的人,现场听众对皇帝的演讲往往有着更好的印象。或许,演讲者的外观、信念以及肃穆的现场都能向观众传达一种信服感。现场听众喝下的酒想必也起到了作用。但经过冷冰冰的转载,即使是在经过大量编辑工作之后呈现出来,这些演讲稿也很容易变成被嘲讽的对象——它们看上去过度浮夸、狂妄自大、华而不实。正如荷尔斯泰因所言,它们"用力过猛,过犹不及"。[31] 威廉精心准备出来的演讲形象和措辞常常被讽刺媒体用以反过来攻击他。例如,当他宣称自己不会容忍"悲观主义者"("我不能容忍悲观主义者!")时,《痴儿西木》(Simplicissimus,相当于威廉二世治下德国的《侦探》* 杂志)的回应是,用一整期来讨论"悲观主义"。[32] 1898 年,威廉在中东之旅中于耶路撒冷发表了一场演说,《痴儿西木》刊登了一首嘲讽君主的妄想症的诗歌,嘲讽了威廉的演说内容,其中包含了以下诗节:

---

* 《侦探》(Private Eye),英国讽刺杂志,以嘲讽和揭发公众人物的丑闻著称。——编者注

千百万基督徒以你为傲；

各各他山也是如此；

十字架上的人所说的最后话语，

却成了今天你的原创名言。[33]

1892年，威廉在勃兰登堡议会的演讲中庄重承诺，他将带领勃兰登堡人"走向辉煌"；这句话很快被广泛引用，反复出现在大量不同的讽刺出版物上。到了1913年，《痴儿西木》刊登了一幅卡通漫画，代表德意志人的大天使"米迦勒"在画中是一个稚童，他信任地握着一个堂吉诃德式人物的手，从背影看得出后者就是威廉。竖在他们面前的路牌上写着："走向辉煌。"孩童问道："还会很远吗，爸爸？"[34] 直观的漫画确实在批判德国君主方面发挥了越来越突出的作用。正如约斯特·雷本蒂施所指出的，1904年第一幅毫不掩饰对威廉敌意的讽刺漫画成功发表而未遭到政府处置之后，俨然发生了连锁反应，导致越发激进直观的讽刺作品纷纷出现。1906年，威廉二世成了整个帝国受到讥讽最多的人。[35]

无论是威廉一世还是俾斯麦，都不曾受到如此无礼的嘲讽（虽然在1848年革命前后禁止出版的对弗里德里希·威廉四世的描述中，可以看出类似的讽刺）。威廉二世统治时期大量施行了诸如取缔刊号、监禁或起诉作者及编辑等法律制裁手段来治其"大不敬"之罪，但由于这些制裁常常会增加被禁期刊的发行量、让受迫害的记者成为国家名人，因而其结果往往事与愿违。[36]

解决这一问题有两种办法。第一个是阻止皇帝本人说话。"我真希望，"1892年2月威廉的母亲喊道，"在他所有进行公开演讲的场合都能往他的嘴巴上挂一把锁。"[37] 让威廉完全闭嘴是完全不可能的，但可以寄希望于"打造"他的公众形象，防止他在各种庆典活动上发表"惊世骇俗"的演讲（比如勃兰登堡议会年度晚宴上的那场演讲！），在这类场合他可能会举止失当。荷尔斯泰因、奥伊伦堡和霍恩洛厄做出的几次尝试偶有成功。[38] 这样至少可以让威廉意识到他对自身及政府造成的伤害。例如，1891年5月，之前一直隐瞒此类事情的宰相府一反常态，直接把关于一场有争议的演讲的新闻剪报递送给了威廉，上面还用红笔画出了最为关键的段落。[39] 作为威廉信赖的挚友及支持者，菲利普·奥伊伦堡也会提出尖锐的批评和警告。1891年11月，当有人请求威廉在慕尼黑市的官方访客簿上添上一笔时，威廉写的是"国王的意志是最高的法律"。奥伊伦堡在给威廉的信中说：

> 我无权过问陛下为何写下这些字句，但我如果不在这封信里写下此事在德国南方产生的负面影响，那么我就成了怯懦渎职之人，因为陛下将我派到南方邦国，就是要我时刻关注当地的动向［奥伊伦堡当时是普鲁士驻慕尼黑使臣］。首先，您写下的文字令南德人民极度不满［……］因为他们察觉到了皇帝将个人意志凌驾于巴伐利亚人的意愿之上［的迹象］。陛下的言论冒犯了所有派别，无一例外，它们很容易被人利用，令陛下名誉扫地。[40]

威廉非常难以忍受来自媒体的直接批评，这使得他的臣下寄希望于通过向他大量提供负面反馈来促使他采用较为缓和的语气进行演讲。1892年3月末，也就是威廉于勃兰登堡议会晚宴上发表了那一通不合时宜的演说大约一个月后，赫尔多夫－贝德拉伯爵报告说威廉在读了新闻剪报后夜夜辗转反侧，难以入睡，看上去十分沮丧憔悴。"我本打算恭敬地告诫他不要轻率地发表言论之类的事情。——但我觉得他很可怜，我敢肯定他已经无比自责了［……］我实在不想说什么重话了。"[41]但这种事的影响是很短暂的。一旦从最初的冲击中平复，威廉就会渐渐自我膨胀，恢复夸夸其谈的作风。威廉以他一贯令人困惑的思维方式，将所有试图减少他公开发言的行为都视作对其言论自由的剥夺，而言论自由是他哪怕最卑微的臣民也享有的权利。

至少直到1908年，威廉似乎都无意或者无力约束自己，宫廷内侍和政府官员也在想方设法控制公众获知皇帝言论的形式。例如，我们已经看到，威廉在1890年11月的新兵宣誓仪式上发表的演讲，其内容在经过严格编辑修改后才报道出来。[42]实际上，我们现今看到的很多威廉的演讲稿在发布前都是经过删改的。政府官员当场速记的演讲稿在获准公开出版前均会由文官内阁进行审查。[43]在威廉应该要发言的场合，威廉的幕僚往往会指示在场记者淡化某些内容再向公众报道，甚至会提供一份官方的报道，删减了更多令人难堪的段落。[44]对于官员们而言，幸运的是，许多记者和编辑都乐于采取措施以减轻皇帝失言所造成的危害。编辑们常常将自己的记者在皇帝演讲现场写下的速记稿递交给文官内阁首脑，以便后者做出一些必要的改动；[45] 有时，新闻编辑还会自己主动修改其内容。例如在 1907 年 9 月，威廉在泰克伦堡的一场歌颂德意志美德和力量的庆典活动中发表了一场演说，以"德意志雄鹰将再度在欧洲上空展翅翱翔"收尾。在演讲过后举行的会议上，出席的记者一致同意将"在欧洲上空"这几个字从德国媒体公开发表的文本内容中删除。文官内阁后来发布的版本则使用了"在［德意志］帝国上空"这样的字眼。[46]

当然，按照这种路线实行的媒体政策，本身就漏洞百出，因为这依据的前提是记者会恪守与宫廷官员之间的"君子协定"。而事实上，他们常常会违背这样的约定。有时候，敏感材料会首先递送给海外的德语报纸，如维也纳的《异闻报》，随后由德国媒体转载。[47] 不管怎么说，威廉如此频繁地出游，又在这么多的不同地点、不同场合发表演说，想让其内容不散播出去几乎是不可能的事。

有一段插曲尤其戏剧化地展现了其间的困难。1900 年 7 月 27 日，在德国远征军即将在不来梅港登船前往中国镇压义和团运动之际，威廉发表了讲话，这次讲话自此成了臭名昭著的"匈奴演说"（Hunnenrede）。在发表演讲的那天清晨，威廉已经在港口检阅过了三艘运兵船的官兵。下午 1 点时，三艘运兵船上的船员齐聚"哈雷号"的甲板聆听演讲。皇帝敦促他们成为德意志帝国军纪和勇气的榜样，同时告诫他们即将在中国面临的危险；演讲中还包括了以下内容：

你们要毫不留情地打败他们，不留战俘，格杀勿论，碰上一个杀一个！要像一千年前的匈奴*一样［……］名扬天下，永载史册，让德意志之名以同样的方式在中国打出威风，让中国人再也不敢小觑德意志人！⁴⁸

威廉还在演讲时，比洛（当时仍是外交大臣）似乎就与宰相霍恩洛厄达成一致，要求到场记者在得到政府正式公布的官方文本前不得发布关于此次演讲的报道。记者们默许了这一安排。当晚公布的官方说法引用了一些演讲片段，但只字未提"匈奴"和不准心慈手软的要求。然而，抹掉全部在场者的记忆是不可能的。除了士兵，当时在海港区还聚集了两三千名观众，他们把印象最深的话传了出去。"毫不留情"似乎被当作标语展示在了军用列车上，从而传遍了整个德意志帝国。比洛在察觉到关于威廉言论的民间（信实）传言时，试图再公布一个"官方版本"，在里面包含"毫不留情"之语，以此重获主动权，但他仍然对"匈奴"只字未提。然而，与此同时，不来梅地区的大量报纸上刊载了第三个版本的演讲内容。这来源于威廉发表演说时在场的一名记者所撰写的报道，他要么是不知道，要么是不愿意遵守比洛的指示。这一版本逐字逐句地展现了威廉演讲的原貌，包含了与

---

* 西方历史中的 Huns 与我国秦汉时期的"匈奴"是否为同一族群，目前尚有争议，所以一般将4世纪至5世纪从东欧侵袭罗马帝国的 Huns 译为"匈人"，以区别于"匈奴"。威廉二世演讲中提到的 Huns 指的是"匈人"，但由于"匈奴演说"本身已成为通译，故此处保留"匈奴"的译法。——编者注

"留情"和"匈奴"相关的段落。[49]

文本间的互相矛盾和逻辑不一致表明威廉可能已经（像他一贯所做的那样）放弃了事先准备好的稳妥的演讲稿，开始就近几周来他密切关注的事件即兴发挥：当时，欧洲诸多媒体报道称中国的义和团残酷无情地攻击在华欧洲人，因此威廉认为必须对义和团加以惩戒。然而，他关于"留情"和"战俘"的言论也反映了一个受到更广泛关注的问题——如何处理现代"文明"军队与所谓"暴民"的关系，当时有很多欧洲人在如今所称的"第三世界"的起义运动中发现了这个问题。1899年围绕《海牙公约》的制定和批准所展开的争论展现并激发了当时的人对军事行为"文明"与"野蛮"之分的高度关注。威廉总是对英国的殖民扩张抱有同情态度，或许他也意识到了1898年英国军队遵照基钦纳的命令在苏丹的恩图曼实施了暴行？——当时受伤的马赫迪派俘虏惨遭集体屠杀，理由是即使受伤的俘虏也会对英国军队构成致命的威胁。在7月中旬的欧洲报纸上，社论作者们利用西方读者所抱有的"中国人非常野蛮"的偏见，推测义和团的"暴行"规模极大且十分恐怖，由此触发的"谣言恐慌"将人们以更为直接的方式聚焦于所有此类问题之上。[50]

在比洛于魏玛共和国早期写就的回忆录里，他将不来梅演讲描述成"那时最糟糕的演讲，也许还是威廉二世做过的最不光彩的一次演讲"。比洛之所以有这样的观点，是因为英国战时政治宣传总是拿不来梅演讲关于"匈奴"的主题大做文章，并成功地将其应用到德国军队身上，证明德国人会残忍地对待敌人。[51]然而，正如贝恩德·索瑟曼所言，那时各方对于这次演讲的评价褒贬不一。宰相霍恩洛厄在一篇日记中赞扬其为"慷慨激昂的演讲"，认为皇帝在士兵和其他所有志愿者踏上漫长而危险的旅程之际，激励了他们。法国外交部长泰奥菲勒·德尔卡塞告诉德国驻巴黎大使，那场演讲"给法国上下都留下了深刻印象"。而德国媒体的评价则各不相同，中央党、社会民主党和左翼自由主义组织倾向于谴责其"毫不留情"之说没有人性，而保守派人士和部分民族自由党的报纸则为皇帝的话语辩解，认为这是一种合理的行为，目的是让即将在一个不遵循现代战争法则的国度作战的德国士兵为自己面临的艰难困苦做好准备。[52]

帝国议会内部也正为远征中国的是非曲直吵得不可开交（关于欧洲军队在中国乡村犯下暴行的报道逐渐见于德国报端之后，争论就更激烈了），威廉的演说本身成了政治辩论的对象。这打破了议会将君主本人排除在政治讨论之外的惯例，因而标志着一个重要的里程碑。批准改变这一习惯的是受人敬仰的帝国议会议长弗朗茨·克萨维尔·冯·巴勒施特雷姆伯爵（Franz Xaver Graf von Ballestrem）本人。1900 年 1 月 27 日，在威廉 41 岁生辰之际，巴勒施特雷姆在帝国议会中宣称，皇帝本人的意图正是"由所有与这场演讲利益攸关的人，尤其是德意志帝国的人民代表，来关注、权衡与讨论"他的演讲。[53] 帝国议会代表们毫不迟疑地利用了议会与皇权之间拓展出的新关系。11 月 19 日，社会民主党人奥古斯特·倍倍尔当众宣读了政府公布的官方版演讲内容，指出与"匈奴"相关的段落"出于某些原因被遗漏了"，还敏锐地批判了演讲中带有帝国主义和基督教优越主义的情感色彩（威廉特意暗示过镇压义和团的远征可能会打开向中国传教的大门）。[54] 左翼自由主义领袖欧根·里希特在翌日的发言中强调了皇帝演讲的宪政意义。里希特指出，"目前在位的君主"比他的任何一位前任都更广泛地运用了"纲领性公开声明"，并批评宰相未能合理控制皇帝的公开露面。对于未来，里希特这样建议，"君主〔应该〕与负责相应事务的大臣确认这类纲领性发言的内容和形式"。[55]

作为新任宰相，比洛回应说，宪法要求他履行的职责仅是为君主下达的"敕令和圣旨"负责，而不为其公开演讲担责；尽管如此，他还是同意未来会肩负起对君王演讲的"全部道义责任"。他还坚称君王"作为一名军人而非外交官"在不来梅为即将启程的军队所做的演说是无可非议的。[56] 在比洛讲话两天后，奥伊伦堡向威廉发去了一张语气坚决的便笺，恳求他："克制〔自己〕，不要再公开发言了——不管是关于民事还是关于军事的，因为这些话语可能以任何形式产生刺激或惹恼他人的效果……"[57]

《每日电讯报》危机

尽管里希特和倍倍尔使出浑身解数，议会对威廉失言而产生的愤怒还是很快就平息了。一部分原因在于比洛为皇帝所做的机敏辩护——但他说的话多少有点含糊其词；但更主要的原因可能在于这些批评未能让议会相信君主的个人干预随时会损害德意志帝国的国际地位。[58] 他们最担心的是威廉失言所造成的外交影响可能会超出德国政客的控制。1908 年，这一问题尤为凸显：在一家英国报纸的访谈中，威廉的言论激怒了公众，比洛政府就此陷入了战前最严重的危机当中。这起事件主要源自威廉的一位私人朋友——爱德华·詹姆斯·蒙塔古·斯图尔特-沃特利（Edward James Montagu Stuart-Wortley）上校——对他所做的一次访谈，后来被称作"《每日电讯报》危机"。1907 年 11 月，作为斯图尔特-沃特利的私人宾客，威廉在海克里夫城堡逗留。在与英国东道主会谈的过程中，威廉声称他个人在布尔战争期间为英国提供了决定性的战略建议，并阻止了其他欧陆强国利用布尔危机联合起来反对英国的企图。

他将那些质疑德国的和平愿景以及德国与英国和平相处的诚意的英国人说成是"疯子，就像发情期的野兔似的"。他承认当时德国民众对英国没有"好感"，但威廉是英国真正的友人，不断努力改善两国关系。斯图尔特-沃特利将他记录的这些言论以及次年威廉发布的其他一些言论编成了一篇文章，发表在 1908 年 10 月的《每日电讯报》上；他似乎相信，发布的访谈内容会使英国公众相信威廉的善意，当时英德关系正因巴尔干危机而急剧恶化。

德国报纸发表了这场访谈的内容之后，"一种先是困惑，后又愤怒而绝望的情绪占据了所有德国人的心头"。[59] 帝国议会内部也弥漫着愤怒和沮丧。来自民族自由党的恩斯特·巴塞曼在帝国议会中表达了"无比震惊及深深悲切"的心情；社会民主党的保罗·辛格则表示"德国人民感到深受羞辱并愤怒不已，这完全合情合理"。有"普鲁士无冕之王"之称的保守党领袖恩斯特·冯·海德布兰德认为："这种对皇帝的担忧和怨恨情绪已经积攒了很多年，即使是在一向对威廉皇帝忠心耿耿的心腹重臣的圈子里也是如此。"[60]

在这场辩论中，大多数参与者最初的焦点是德皇的言论对英德关系以及德国和其他大国间的关系所造成的损害，但讨论很快扩展到皇帝在德国宪法体系中的角色上面，最终还探讨了帝国议会扮演的角色。例如，巴塞曼攻击皇帝的"个人统治的干预"破坏了宰相一直贯彻的"客观、灵活又坚定的政策"。中央党的赫特林男爵指出，所有党派都愿意指责皇帝，这是"德意志帝国议会史上的一个里程碑"。反犹主义的改革党的奥斯瓦尔德·齐默尔曼强烈谴责了政府对威廉一贯的献媚作风，质问道："他怎么会以这种方式和英国绅士聊天？"社会民主党的海涅要求帝国议会"也从心理角度考虑这个问题"，还警告说威廉永远无法遏制自己夸大其词的倾向。当海涅用威廉刚刚在博登湖的讲话来支持这一观点时，所有人都笑了：威廉在那次讲话中将齐柏林伯爵尊称为"20世纪最伟大的德意志人"，而那时20世纪才过了8年。"先生们，伯爵大人固然是勇敢且相当谦逊的，但这么说是不是有点儿太夸张了？"[61]简而言之，这场争论反映了各党派对威廉作为君主的行为几乎全面一致的公开谴责。"史无前例，"一名亲历者这么记述道，"过去从未有人敢在议会中公开说这样的话。"[62]

然而，也许这场辩论最引人注目的地方在于宰相为皇帝辩护时不冷不热的语气。比洛的第一步行动是发布一份报告，宣称他事先没有看到这次访谈的文本内容，不然他一定会亲自建议威廉不要发表。11月10日，比洛在帝国议会中所做的演讲简直是左右逢源的经典案例，他表面上代表了君主的立场，同时又含蓄地博得了帝国议会的同情和支持。比洛告诉代表们，皇帝并没有真的为英国提供关于布尔战争的战略计划（尽管他并未言明这一说法究竟是来自威廉还是只是采访者讲的），威廉仅仅对英国人说了些"关于一般战争艺术的纯粹理论的思考［社会民主党人笑了起来］——我相信这些话都只是格言"；比洛表示，威廉与其英国亲属的沟通有时确实过于轻率，但在诸国外交史上这样的失言难道不是经常发生的吗？至于威廉就自己对待英国的态度所发表的言论，比洛声称他太了解威廉了，皇帝只是为了改善英德关系而太过"鞠躬尽瘁"，并且极为憎恨沙文主义报刊破坏两国关系的行为。最后，比洛向帝国议会保证，他"已经相当确信，鉴于过去几日发生的骚动，从此以后，陛下即使在私人对话中也将遵照事先的准备进行，这无论对于统一的政策还是皇帝的权威都是必不可少的。［右翼派别叫起好来。］若非如此，我和我的任何一名继任者都无法担负起这样的责任"。[63]

很显然，比洛在维护威廉的形象时没有尽全力——正如荷兰驻柏林使臣所言，他给出的是"无关痛痒的辩护"。[64]凯瑟琳·莱尔曼指出，比洛没有使用他之前在11月写的更坚定维护威廉的演讲稿。[65]一如既往，他的主要目标是在帝国议会、普鲁

第六章 权力与舆论　　213

士政府和皇帝三者之间周旋，以巩固其自身的政治地位。一些观察者称宰相在11月19日再次公开出现于帝国议会大厦时颇有一丝志得意满的意味，也就不足为怪了：

> 宰相所呈现出的整个形象、言语、态度都为新形势做了注脚。比洛大人并没有以殉道者背负他人罪孽般的悲剧姿态出场［……］他现在反而展现出了一名控制住局势的政治家务实而自信的一面……[66]

至少在威廉看来，这一切都充满了残酷的讽刺——因为在所有这些场合中，他都已努力遵守宪法在细节上的规定。1908年11月13日，威廉在与文官内阁首脑瓦伦蒂尼对话时，解释说他一回柏林就立刻向比洛口述了他在海克里夫城堡谈论过的大致内容，并回忆说"宰相对皇帝如此大力支持他的政策而感激涕零"。当威廉收到访谈的文稿时，他立刻就将其递送给了比洛，并特地嘱咐宰相亲自阅读并核查其中是否存在不宜发表的内容。"我认为此事事关重大，"威廉告诉瓦伦蒂尼，"不能委托给外交部的一些下属处理。"几周之后，文稿返了回来，"修正了几处地方，还附上了宰相的一张便笺，表示他不反对［将其发表］"。换言之，威廉已经尽己所能地"让自己的行为符合宪法规定"。[67]

比洛到底有没有在事先审阅过访谈内容，目前已经无从考证了。但显然，他不太可能会由于疏忽而无视威廉的明确要求，不去查看这样的文件内容，何况该文稿还是同比洛的亲属马丁·冯·吕克尔－耶尼施（Martin von Rücker-Jenisch）的一封四五页厚的信件一起送到的，耶尼施当时正随侍威廉左右，且极力反对发表该内容。[68] 瓦伦蒂尼努力想要弄清楚文稿在从英国送出到发表之间出了什么状况，他发现比洛在诺德奈岛休假时收到了手稿，然后将其转发给了外交部并征求意见。10月初，经过些许调整的文稿返还给了比洛，随后比洛将之寄回给耶尼施，并附信说明他"饶有兴味地"审读了文稿，并希望耶尼施向皇帝转达他对"陛下近来对［比洛的］政策怀有信心"的谢意。[69] 当然，有可能是比洛对下属过于信任，因此他准备采纳下属的判断；凯瑟琳·莱尔曼令人信服地指出这完全符合比洛履行公职时漫不经心的一贯作风。[70]

但核心疑问仍然存在：10月6日，比洛向费利克斯·冯·米勒（一位在诺德奈岛当值的德国外交官）口授了文本需要改动的地方，而这些改动是由职位相对较低的外事官员克里迈特提出的，他负责审核稿件以供发表。[71] 他肯定在那时甚至更早一些的时候，就对文本有了足够的了解，足以产生疑虑。比洛并非没有意识到皇帝的话语可能会有多么重要的影响；就在他收到《每日电讯报》访谈文稿的几周前，他便已经从诺德奈岛写信给瓦伦蒂尼，强调务必让威廉同意在阿尔萨斯－洛林地区旅行期间做演讲时，严格按照事先准备好且完整审查过的稿件大声朗读。[72] 简而言之，如果要认为比洛没有审阅过访谈内容，那么他自己的坚决否认是最重要的依据。然而，鉴于比洛在影响他声誉的事情上文过饰非的深厚功力，这一切都难有定论。[73] 因此，仍然有理由怀疑（至少威廉肯定会怀疑），在访谈文稿发表之前，比洛确实有读过它。威廉如果相信这一点，那他肯定深感委屈，这不仅仅是因为宰相应对危机时临阵脱逃，也是因为他后来在政坛竭力让人相信威廉应该为所发生的一切负主要责任。往轻里说，这种行为相当于背信弃义；往重里说，这种行为则是企图破坏君主的公众权威的恶意阴谋。[74]难怪《每日电讯报》危机实际上破坏了威廉和宰相之间仅剩的信任感。

这场危机还对威廉在民众当中受欢迎的程度造成了沉重打击。[75]在访谈的内容于德国国内发表之后，媒体批评的力度之大和言辞之尖锐可谓创下了新纪录；"各方报纸从未如此激烈地反对在位者"。[76]不出所料，威廉为这负面的新闻评论浪潮而心烦意乱。在1909年5月写给沙皇尼古拉二世的信中，威廉抱怨说他觉得自己因为（1908年10月）奥地利吞并波斯尼亚和黑塞哥维那后欧洲大陆的紧张局势而饱受指责："尤其是很多报纸用极为卑劣的方式抹黑我。"[77]也许他是对的。无须为威廉的失言开脱，就能看出对于政客、公众及历史学家之类的人来说，将复杂的问题和集体的错误归咎于"高位之人"是极其容易的。显然，沃特利对威廉的采访是愚蠢和欠缺考虑的，但认为这可能会严重破坏德国与其他列强之间关系的看法是很荒谬的。自俾斯麦离职之后，尤其是自1905年摩洛哥危机开始，德国渐渐陷入被国际社会孤立的境地，熟悉政治的公众深感焦虑，《每日电讯报》采访引发的愤怒浪潮让他们找到了一个宣泄口。可是，正如我们在第五章中所看到的，德国国际地位这种划时代的转变实在不能怪威廉。

　　一些更加不切实际的（也就是左翼自由派）帝国议会代表在 11 月 10 日至 11 日关于《每日电讯报》事件的辩论期间表示，希望这次危机可以使得某些对君主难以实现的宪法约束成为可能，然而这种愿望并不能实现。除少数特例外，帝国议会党派都在集中火力攻击威廉本人思虑不周这一点，却略过了更根本的宪法问题；让各邦王公齐聚柏林以对威廉提出正式抗议的计划也被搁置了。比洛不愿总是抓着威廉这点不放——原因不言而喻！正如所有其他的危机一般，这场危机也在没有永久改变德国政治格局的情况下渐渐平息了。

　　人们常常这样描述《每日电讯报》事件对威廉思想状态的影响：50 岁的君主连续两周都因"精神上的紧张抑郁"而无法正常行事，依瓦伦蒂尼的记述，随着"原有的生命活力"逐渐枯竭，威廉萌生了"厌倦之心"，想要退位。[78] 接下来的几个月里，他一直避免公开讲话，保持着低调的公众形象。但这样的沉默最终不可避免地被打破了，如今高度敏感的新闻媒体重新开始义愤填膺地抨击威廉。1910 年夏，威廉在柯尼斯堡的一场晚宴上致辞时提醒在场嘉宾，他的普鲁士王冠只是得自神的恩典，而不是"议会、群众集会或公众的审议活动"授予的，君王是"天选之子"。[79] 主流报纸的社论很遗憾地指出，皇帝打破了自 1908 年"黑色 11 月"起所坚持的"自我约束"，还有文章大段大段地分析致辞内容，其中很多都指责了致辞中的天命之说和专制主义措辞。[80] 但在接下来的几年里，都没有严重的丑闻出现，这表明

第六章　权力与舆论

君主的嘴巴已经被成功地"堵住了"。[81]在一封写给贝特曼的电报中,威廉懊悔地诉说道,由于比洛的诡计,现在媒体拥有了评判是非的特权,"可以对所有的人尤其是高层人士盖棺论定"。[82]

"威廉二世的一生实际上是一个不断稳固自身皇权的过程,"1913年左翼自由主义杂志《三月》评论说,"现今,我们之中有谁知道德意志帝国实际上,即在宪法意义上,是一个共和国,君王不过是在中央任职的官员罢了?"[83]尽管这种说法有点儿夸张,但这段带有挑衅意味的话确实触及了威廉二世统治的核心问题之一。皇位在德国宪法中没有稳固的基础。正如我们在第二章看到的,1871年的宪法几乎没有提及皇帝的角色和权力,只是轻描淡写地称之为"联邦议会首脑"。皇权在政治传统中也并未占据一席之地。在一次著名的帝国议会演讲中,民族自由党人弗里德里希·瑙曼表示,在缺乏革命传统的情况下,德国议会必须在没有"民间传说"光环效应的前提下勉力行事。但是,德意志帝国的君主也面临着同样的情况。中世纪鼎盛时期的帝国和近代哈布斯堡王朝的传统在年代上太过久远,性质也和德意志帝国迥异,无以算作1871年新成立的这个帝国的可信前身。与德意志帝国皇位相关的习俗和礼仪传统十分缺乏,反映了现今与过去在政治和宪法制度上的割裂。最不可思议的是,德意志帝国根本不存在皇帝加冕仪式,除了在庆典晚宴和宫廷宴会上根据地位高低来安排座次之外,几乎没有公开的帝国仪式。威廉一世在称帝之后,对自己的新头衔始终持怀疑态度,仍然把自己定位为普鲁士国王,他在统治期间几乎没有改善过这一状况。是俾斯麦而非威廉一世，塑造了帝国最重要的具有统合意义的公众形象。

但威廉二世继位后决心发挥帝王的作用。他不断地在德意志帝国各邦之间旅行，赞颂他的祖父是为德意志人开拓新家园的"圣战士"，他还设立了新的公共假日，举办新的纪念活动，可以说是用所谓"民族"历史的外衣来掩盖皇位在宪制和文化上缺乏根基的事实。他打算让民众视自己为"帝国理念"的化身。威廉为了将君主打造成德国民众心目中具有政治和象征意义的角色而不懈努力，在这个过程中，演讲起到了至关重要的作用。它们是"言语煽动"的工具，让皇帝在德意志帝国的公众生活中有了独一无二的突出地位。[84] 对于威廉本人而言，公开演讲是对他时常感受到的政治束缚和权力限制的一种补偿。的确，正如瓦尔特·拉特瑙（研究威廉的学者中最具见地的一个）在 1919 年所指出的，演讲是威廉行使皇权的最有效工具。[85]

威廉到底借此取得了何种成果则是另一个问题了。一方面，正如我们所见，威廉十分离谱的失当言论导致大量报纸刊登负面评论，尤其当它们触及德意志帝国与其他列强之间的关系时。作为皇权独立性最明显的标志（或最响亮的信号），它们成了对"人治"发动政治批判的主要焦点。[86] 而从长远看，它们逐渐动摇了君主发布的声明的政治意义。尤其是在 1908 年之后，政府越来越多地以这些言论只是君王发表的个人意见而非必须执行的方针为理由，同这些不受欢迎的讲话划清界限。政府这样的声明暗示了一个现实，即皇帝的政治观点不会造成广泛政治影响。[87] 在威廉二世统治时期的前 20 年里，动摇了君主宝座的那些丑闻

第六章 权力与舆论

并非只是如盛夏行踪不定的风暴那般偶然出现的。它们是循着一定的规律慢慢积聚起来的：俾斯麦将自己在1890年被迫离职成功栽赃成可疑的"佞臣们"所为，导致他们在1908—1909年的奥伊伦堡丑闻事件中遭到了恶报。19世纪90年代德意志帝国在南非事务上的被动政策引起的强烈不满，在《每日电讯报》危机时期再度持续发酵并日益恶化。每出现一次丑闻，都会生发新的话题，在批评的话语中留下持久的印记。曾担任皇室家庭教师的军事历史学家汉斯·德尔布吕克以一个不吉利的隐喻精准地指出了这致命的模式：他表示，每一次新的危机都像一个花环（Kranz），把储存在公众记忆中的、皇帝以前犯过的所有过失编织在一起。[88]正如1910年《法兰克福汇报》派驻维也纳的记者所说的那样，对威廉二世与奥匈帝国皇帝弗朗茨·约瑟夫进行比较，就可以看出威廉过度的公开发言起到了多么适得其反的效果；有人指出，奥匈帝国哈布斯堡王朝的"沉默皇帝"一向把私人生活和公务职责区别对待，从不利用公共平台发表任何个人演说，而且"在奥地利，如果有谁打算像德国人讨论德皇那样谈论他们自己的皇帝，那他很快就会惹上大麻烦"。[89]

而另一方面，众所周知，由于舆论状况是难以评估的，我们应该慎重对待仅仅以报纸评论为依据的论断——"报刊观点"和"公众观点"并不一样。《每日电讯报》事件期间，一名旅居柏林的外国观察者写道，皇帝也许失去了"皇权不受批判的光环，但由于他所拥有的个人魅力，在大部分臣民眼中他还是一直处于至高无上的地位。"[90]威廉的位置能如此经受考验的原因之一在于，他与民众之间的关系并非全然是狭义上的政治性的。威廉作为君主，在其执政的方式上还有其他特点，能够唤起相当一部分民众的兴趣和同情心。我们已经看到，威廉比之前的两任皇帝更加痴迷现代科学，在他身边围绕着工业和技术革新方面的著名专家，他因此将自己与前沿科学研究联系在了一起。当然，这些时髦的兴趣也许具带有心理补偿的性质——威廉在科学技术领域可以自由行事，不再受到他在行政机构所遭受的种种阻挠；不过这也是他重新让工商界中产阶级忠于自己的一种手段，他们本来是对他努力定下的政治基调最为怀疑的群体。但毫无疑问，威廉是真心实意参与科研的，由此产生的积极公众影响也是毋庸置疑的。大受欢迎的齐柏林伯爵是飞艇的设计师和推广者，威廉与他之间的密切联系可以从当时大规模发行的明信片上看出，两人的肖像被分别印于当时最有魅力的技术产物的两边。柏林的一家报纸意识到了威廉与伯爵之间关系的重要性，于是评论道："深受民众喜爱的东西也应当为代表他们的皇帝所欣赏，一名君主若是通过行动证明其接受了这一原则，这总是好事。"[91]

威廉宣传"君权神授"的行为或许成了严肃报纸的笑料，却符合了很多普通德意志人更凡俗的神学品味，从而引起了他们的共鸣；还有许多中产阶级新教徒热情地支持他再度神化皇权的努力。[92]威廉对那种"世纪末"文化浪潮中的最新发展趋向显然是知之甚少的。他不喜欢柏林分离派的作品：对于分离派的瓦尔特·莱斯蒂科充满忧郁格调的画作《格鲁讷瓦尔德湖》(Der Grunewaldsee)，威廉发了一通著名的牢骚——"他毁了我的整个格鲁讷瓦尔德湖"。[93] 但如果说威廉对前卫艺术直言不讳（且往往无知）的批评对文化人士、知识分子来说是颠倒黑白、荒谬可笑的，它们对更多的文化消费者来说则是颇有意义的，这些群体相信艺术应该帮助人逃避现实并给人启迪。[94] 再者，威廉仍然被基本默认为民族的象征，因为德国几乎没有其他真正意义上的民族象征。[95] 在巴伐利亚，"帝王崇拜"的一系列仪式（游行、揭幕式和1913年皇帝登基25周年庆典活动）吸引了大量中产阶级、农民和商人参与。[96] 即使在社会民主党主导的工业区，社会民主党精英与其普通党支持者的批判性视角之间似乎也有一道鸿沟，后者将皇帝视为"家长式的天命原则"的象征。[97] 警方线人在汉堡的工人区酒吧记录的一些谈话中，有对"我们的威廉"的诋毁之语，但也不乏支持他甚至表露喜爱之情的评论，很多人对威廉积极支持造船业的发展充满了感激。[98] 这种积极的反响中还有一个未经仔细探究的方面，即皇后的公众形象，其真诚的态度和慈善筹款活动得到了很多好评，她本人也被普遍认为是"皇室最受敬爱的成员"。[99]

  我们不该低估在1900年前后蓬勃发展的电影行业为君主带来的娱乐价值。[100] 德国皇室很快就意识到这一新兴技术的宣传潜力。自1890年以后，宫廷官员和威廉本人主动开始监管刻画君主的影片。宫廷大臣奥伊伦堡伯爵（指奥古斯特·路德维希·祖·奥伊伦堡，不要把他和其亲戚菲利普以及博托搞混了）派先锋摄影师奥斯卡·迈斯特到中东去拍摄威廉的巴勒斯坦之旅——影片在整个帝国上映，在公众宣传方面取得了巨大成功。

图9 1913年3月21日,马车里的乔治五世和威廉二世(右)正前往汉诺威公爵恩斯特·奥古斯特三世与威廉之女、普鲁士公主维多利亚·路易丝的婚礼现场。欧洲各国的君主纷纷前来参加这次奢华的家族庆典,这可能也是德意志帝国统治家族成功地与国民产生情感连接的最后场合。

从 1905 年起，威廉指派自己的私人摄影师特奥多尔·于尔根森（Theodor Jürgensen）拍摄舰艇出航和自己主持的其他海军活动，还要求他记录自己的日常生活场景（这是历代君王都从未尝试过的新的自我表现形式），不论是在皇家游艇"霍亨索伦号"上，还是在位于科孚岛的夏日行宫里，或者在自家的柏林宫里。于尔根森拍摄的镜头片段由一家大型发行公司推广，在帝国上下数百个电影院里放映。这些影片向公众展示了威廉私下里同家人休闲度假时的形象。这在君主与大众娱乐之间建立了一条纽带，并延续至今。君主政体下的帝王家庭形象，仍然是让民众与君主产生情感依恋的重要焦点。[101]1913 年，威廉的女儿维多利亚·路易丝公主与汉诺威的恩斯特·奥古斯特三世的婚礼轰动一时；这场婚礼被早期的彩色胶片记录下来，为整个帝国数以百万计的人所见证，这也许是战争爆发前帝王生活中最后一次让民众产生情感认同的事件了。即使是极具批判性的报纸也承认这些宏大场面对在场见证者和影片观众有着强大的心理影响力。德意志帝国社会中仍有数量可观的（如果说不能精确量化的话）"帝国保皇党"。只有经过世界大战带来的社会变革和政治动荡，这些群体才会彻底消失。

第七章

从危机到战争（1909—1914）

随着我们离第一次世界大战爆发的时刻越来越近，如何衡量威廉二世在一连串事件中起到的作用，成了越发棘手的难题。关于威廉二世统治的记述，在这里和现代欧洲史学中最复杂、分歧最多的争论交织在了一起。如果我们想要评价威廉二世在其中的作用，就不可能不触及一些争论，至少得稍微提一下它们，比如：德国在巴尔干危机中所采取的外交政策的特点是什么，1914年之前德国备战的本质和意义是什么，1914年德国是如何推动奥匈帝国和塞尔维亚之间的冲突进一步升级的，以及在战争迫在眉睫时为什么没能成功地阻止这场劫难。而当我们临近1914年8月这场灾难的边缘时，还会遇到一个更深层的认识问题：回过头来看，每一个透着战争气息的文件边注、每一次呼吁增加海军和陆军军费的提议中都蕴含着不祥的意味。从我们现在的视角来看，那时一切都好像即将落入黑洞的视界，那些决策、批示甚至只是一些随口之言，都在把所有人、所有事推进这个黑洞。因此，将一个人的言行置于其所处的背景之中变得加倍重要。我们即将看到，这个通行的原则会以极其具体的方式用于威廉二世的身上。

威廉二世、奥匈帝国以及巴尔干半岛

在战争爆发前的十年里扰动着整个欧洲外交局势的一系列外交冲突中，有两个地区的摩擦格外激烈：摩洛哥和巴尔干半岛。威廉二世从未对北非展现出浓厚的兴趣。相比之下，最终在1914年点燃第一次世界大战战火的巴尔干危机，其引出的问题则与威廉二世长期以来对高效、高尚的德国外交政策的看法密切相关。沃尔夫冈·卡尼斯以及拉马尔·塞西尔都曾强调，威廉二世向奥地利人保证过，他会在巴尔干错综复杂的问题上给予他们全力支持。[1]考虑到1914年德国最终和奥地利并肩开战这一灾难性的后果，卡尼斯认为威廉二世长期以来对他的奥地利盟友恪守承诺是德国政策中的致命累赘，"威廉二世这项长期持续的政策使德国暴露于生死攸关的危险之中"。[2]然而，战前时期威廉二世在多次巴尔干危机中介入的记录并未支撑这个观点。我们将会看到，威廉对奥地利在该地区政策的支持并不是不加评判的，他是否愿意给予支持取决于他认为奥地利的要求是否正当，以及他对其中所包含风险的预估。

1908年10月，奥匈帝国突然宣布要吞并波斯尼亚和黑塞哥维那，这引发了在巴尔干半岛问题上的第一次危机。奥匈帝国此举本不应引发大陆的危机；毕竟，这块领土已经受奥地利管辖 30 年了，正式把它们并入奥地利帝国的版图里这件事也得到了俄国的支持，这是之前奥地利外交大臣埃伦塔尔和俄国外交大臣伊兹沃利斯基在一次秘密会晤中达成的协议的一部分。这场危机会出现，在很大程度上是因为埃伦塔尔在俄国媒体做好准备之前就把这项注定会引发争议的吞并计划摆在了欧洲公众的面前。俄国竟然把"塞尔维亚兄弟"割让给哈布斯堡王朝，这引发了俄国国内的一片愤慨之声。在压力之下，尴尬的伊兹沃利斯基不得不否认和埃伦塔尔达成的这一协议。[3] 随后，奥匈帝国和俄国所在的两大联盟集团的关系就变得紧张起来。1909 年 3 月，德国在"圣彼得堡通牒"中警告俄国不许威胁奥地利，这场危机由此达到了顶峰。由于法国拒绝履行承诺，俄国只能选择让步，伊兹沃利斯基也因此辞职了。人们普遍认为，这项最后通牒加剧了同盟国的孤立状况，因此也使得德意志帝国更加依靠它的奥地利盟友。

当威廉二世第一次得知奥匈帝国的吞并计划时，他主要考虑的是这可能会为列强全面分割奥斯曼帝国在巴尔干地区的领土打开绿灯。他谴责奥地利的这个尝试是"一个不负责任的玩笑"，可能会产生"打破欧洲纪录"的外交动荡。[4] 威廉在 10 月 7 日称，"埃伦塔尔愚蠢得可怕"，让德国外交政策陷入了两难的境地，"所以，我们既不能置身事外，也没办法保护我们的土耳其朋友"。[5] 实际上，很可能正是因为猜到威廉会反对这次吞并之举，所以奥地利人决定不预先提醒威廉他们即将这样做。1909

年5月，在威廉二世斥责埃伦塔尔没有事先询问他的意见时，这位奥匈帝国外交大臣直言不讳地回答道，他之所以没有这么做，是因为"已经预先想到了威廉二世鉴于德国和［奥斯曼帝国］苏丹之间的长期友谊，一定会反对这个计划"。[6]

然而，事实上威廉二世最终还是支持了奥地利的吞并计划，一部分原因是比洛已经给他准备好充足的理由了，还有一部分原因是从那时欧洲的舆论情况以及俄国对此事的软弱表现来看，没有任何其他国家会支持俄国来对抗奥地利。毕竟，德国外交部早就知道了埃伦塔尔和伊兹沃利斯基之间即将达成某种交易，所以他们没有理由把俄国的抗议当真。[7]况且，当时威廉正处于11月的《每日电讯报》事件的风口浪尖上，波黑危机没有得到多少关注（详见第五章）。最后皇帝选择了中立态度，这作为一个政治因素，意味着当波斯尼亚危机在1909年3月达到高潮时，德国与俄国之间的外交关系的主动权依然牢牢掌握在比洛和德国外交部的手里，而他们的目的和三年前摩洛哥危机时一样，是想通过孤立协约国的一个成员并对其施压来撬动整个协约国联盟系统。

换句话说，1908年的这次波黑危机并不能证明威廉二世对奥地利的巴尔干政策问题那极端的承诺会将德意志帝国置于"生死攸关的危险"中。在随后的另一场巴尔干危机（1912年）中，也是如此。1912年10月8日，塞尔维亚、保加利亚、黑山和希腊这四个国家在俄国的支持下向奥斯曼帝国宣战，这也就是我们后来所说的"第一次巴尔干战争"。随着奥斯曼帝国节节败退，这四个国家瓜分了原来属于奥斯曼帝国的那些领土。其中最敏感的是塞尔维亚提出的要求，除了它已经占领的大片领土以外，它还想要原本属于奥斯曼帝国的阿尔巴尼亚，进而得以通往亚得里亚海。这得到了俄国的支持，但是遭到了奥匈帝国的强烈反对，于是形成了一个危险的死结。如果塞尔维亚坚持自己的要求，那么可能会导致奥地利军事干涉阿尔巴尼亚，俄国也可能会进行干预，从而激活德意志帝国的联盟义务，即派兵援助奥地利。

维利巴尔德·古切在他撰写的威廉二世政治传记中强调，从威廉二世对第一次巴尔干战争的反应来看，由于处在"垄断集团以及军界日益增强的压力"之下，他在1912年的夏秋之际转向了"他知道可能会引发世界大战的外交政策路线"。古切引用了两处原始文献来支持他的观点。第一处是威廉二世提到"东方问题"时写的边注："问题最终一定是通过血与铁来解决的！但是，一定要等到时机成熟。那就是现在！"第二处是一句批语，威廉二世在里面写道，如果俄国迫使弗朗茨·约瑟夫开战，"那么出于联盟的责任，我会把这当作采取行动的理由，无论结果可能会怎样"。[8]

然而，尽管威廉二世确实多次在各种场合表示，他认为解决巴尔干问题只能靠"血与铁"（他在欠缺判断的情况下多次直接搬用俾斯麦的说法，"血与铁"就是其中之一），却没有任何迹象显示，他认为这需要用到德国的血，德国的铁。1912年10月2日，威廉二世的一名随从在写给宰相贝特曼·霍尔韦格的报告中称，威廉二世认为巴尔干地区的冲突是无法避免的，但是他同样认为，"我们应当克制，避免对巴尔干地区国家施加任何影响,让事态顺其自然地发展"。[9]两天以后,威廉二世在备忘录中给自己的观点找了四个理由。他指出(第一点),为了"维持和平"而干涉只会起到相反的效果,因为这会让巴尔干各国人民仇视列强,从而破坏既有权力结构的稳定性;他还补充(第二点)道,在俄国和法国还没在军事上准备好以此为借口和德国发生冲突的时候,静观其变对德国是有利的;而且(第三点)巴尔干各国有资格尝试对抗奥斯曼帝国在欧洲的衰微统治,这也是合情合理的;他同样建议(第四点)列强放弃对冲突进行干涉,而是要形成一个"圈","把任何争斗都限制在这个圈子里,也必须如此"。威廉二世在结束语中写道:"让这些人自己去打吧。不管打赢还是打输,到时候都必须坐下来好好谈谈。东方问题最终一定是通过血与铁来解决的!但是,一定要等到时机成熟。那就是现在!"[10]

很少有文字能够比这更好地证明,了解整个语境对于理解威廉二世的政治言论具有十分重要的意义。尽管他认为巴尔干地区的冲突是合情合理的这个观点在一定程度上带有粗浅的社会达尔文主义倾向,可能会让我们有些反感,但是和古切所认为的不同,并没有迹象显示他提倡让德意志帝国干涉巴尔干问题。恰恰相反:在11月4日,威廉二世明确禁止外交部参与任何可能会"阻碍保加利亚人、塞尔维亚人以及希腊人对胜利的正当追求"的行为。[11]他认为,巴尔干地区的战争是"世界历史演变"的一部分,它可以让伊斯兰世界自中世纪至今在欧洲的势力范围缩小。此外,他认为让这些巴尔干同盟的国家团结起来是有好处的，尽管牺牲了奥斯曼帝国的利益，但是从长远来看，这可能会促使它们形成一个相对稳定的巴尔干国家联盟，也就是他在另一处批注中所称的"巴尔干合众国"。形成这样一个政治实体不仅可以缓和奥地利与俄国在该地区的矛盾冲突，还可以为德意志帝国的出口贸易提供一个很好的地区性市场。[12]

这也解释了为什么在奥地利强烈抗议塞尔维亚通过获得阿尔巴尼亚的部分或者全部领土来得到亚得里亚海的港口时，威廉二世一开始表现得漠不关心。"让塞尔维亚得到亚得里亚海的港口，我看不出这对奥地利的特权或者威望有什么损害，"他在11月7日写给基德伦的信中称，"我觉得，这时候反对塞尔维亚的愿望是不明智的。"他也不认为德意志帝国对盟友的承诺要求他对塞尔维亚采取什么行动：

> 三国同盟并没有要求我们在影响如此深远的一件事情上承担义务，同盟［……］的宗旨是保证现有领土的完整性。［……］的确，战争让巴尔干地区发生的局势变化可能会给维也纳带来一定的麻烦，但是没有什么严重到我们一定要诉诸武力，动武会让我既对不起自己的良心，也对不起我的人民。这和1908年的情况是不一样的，当时冲突爆发在一直附属于奥地利的领土上。[13]

两天之后（11月9日），威廉二世重申他"绝对不会因为阿尔巴尼亚和都拉斯的问题而向巴黎和莫斯科进军"。他还命令德国外交部向奥地利建议,把阿尔巴尼亚建成一个准独立的邦,并且让塞尔维亚的一位王公来统治它。[14]随后,在11月11日,他还在备忘录里写道,仅仅因为"奥地利不想让塞尔维亚人进入阿尔巴尼亚或者都拉斯",就冒险卷入"与三个大国之间关乎生死存亡的斗争,让德国面临灭亡的可能性",实在太荒谬了。他还补充道,三国同盟不应该"在涉及本国以外领土的纷争里"给予奥地利"无条件的帮助"。如果随后俄国对奥地利起兵的话,那么德意志帝国有义务帮助奥地利,但前提是奥地利没有主动向俄国挑衅。在处理塞尔维亚的问题时很容易发生这种挑衅,威廉二世提到,"无论如何维也纳都必须避免这种情况发生"。如果奥地利在塞尔维亚的问题上显示出一定程度的让步,而俄国还是继续挑衅的话,那整个欧洲都会怀疑俄国只是把塞尔维亚问题当作一个借口,来推行针对哈布斯堡王朝的侵略性政策。只有在这种情况下,德意志帝国动员力量去支持奥地利才是明智的。[15]

因此,以为10月初的事件让"皇帝的思想被战神占据"以及"他现在已经掌握了把自己直接带向军事行动的主动权",是有误导性的。[16]但是,威廉二世当然还是认为,一旦俄国主动攻击奥匈帝国,德国是有义务支持维也纳的。在11月末的时候,这种情况看上去已经越来越有可能发生了。11月21日,德意志帝国驻维也纳大使奇尔施基在一封电报中强调了目前形势的严峻性:奥地利的陆军大臣奥芬贝格将军告诉他,哈布斯堡王朝的君主制很快就会"解体",除非维也纳现在"在塞尔维亚问题上放手一搏"。威廉二世在批注中表示:"这可能会带来一场欧洲范围内的大战，而对于我们来说，这会是一场与三大强国对抗的生死攸关的斗争；此事的走向取决于我们能否尽快搞清楚伦敦方面以及巴黎方面的立场。"[17]

这里涉及的一个主题预示了 1914 年 7 月的用语和争论。到 1912 年 11 月底，威廉二世已经越来越确信，奥地利有正当理由跟塞尔维亚算个总账。但是，只有满足两个条件他才愿意让德国出面干涉：首先，奥地利是被挑衅的一方；其次，没有其他非当事国家介入的风险。因此，这完全取决于西方大国对此事的态度，尤其是英国。在 11 月 21 日写给基德伦-韦希特尔的便笺中，威廉二世满意地指出"整个欧洲（尤其是英国）的新闻界都认为奥地利是被挑衅的一方"，他还补充道，如果俄国的"部署"让"弗朗茨·约瑟夫皇帝不得不发动战争"，那么他愿意对奥地利提供帮助。但是，这个承诺依然是有条件的；威廉提到自己之前在 11 月 9 日的指示，表明他仍然不打算"因为阿尔巴尼亚和都拉斯的问题而向巴黎和莫斯科进军"。因此，德意志帝国的大使们需要搞清楚法国是否在此次冲突中"站在俄国那边"，以及"英国会站在哪一边"。[18] 在 11 月 22 日与弗朗茨·斐迪南大公以及其他奥地利高级官员的秘密会晤中，威廉二世重申，如果有必要的话，他愿意与俄国开战，但他还是坚持认为，俄国的军备现状应该不太可能让孤立的圣彼得堡冒险去卷入这样一场冲突。[19]

因此，威廉二世的立场与德军总参谋长小毛奇的立场存在冲突。这个时候小毛奇正执着于妄谈他的"双线进攻行动"战略，

第七章 从危机到战争（1909—1914） 233

这一战略的首要目标就是击败法国。[20] 小毛奇看上去想要掀起一场欧洲大战（尽管他只是时不时地表现出这种意愿），但威廉二世相反，他预见到一场局部战争即将爆发，而且必须阻止它进一步升级。如果根据威廉二世在 11 月末对奥地利的保证就说他"乐于"冒开战的风险，这种说法恐怕是有问题的。因为如果只是为了维护塞尔维亚那些普遍被认为离谱、过火以及站不住脚的要求，英法两国就在 1912 年冬天对奥地利发动战争，这显然是令人难以置信的。[21] 在这种情况下，俄国几乎不可能为了支持塞尔维亚而冒险独自进攻奥匈帝国，何况它对塞尔维亚的支持实际上是非常不确定的。换句话说，威廉二世给出的保证不需要他冒多大风险，实际上，从安全的角度考虑，如果奥地利人要求他做出保证而他拒绝的话，冒的风险反而更大。

结果是，威廉二世对于此次危机的回应无论如何还是起到了误导作用。试探巴黎方面以及伦敦方面立场的命令被无视，而贝特曼和基德伦发出的官方信号（1912 年 11 月 25 日的"泼冷水"声明）则表示，德国政府希望联合列强共同解决巴尔干地区的危机，威廉支持弗朗茨·斐迪南的承诺也就作废了。[22] 威廉二世接受了这项政策调整。12 月初，塞尔维亚同意遵守在伦敦召开的大使会议上的裁决，而俄国也不再坚持让塞尔维亚获得通往亚得里亚海的走廊。1913 年 5 月，这场由第一次巴尔干战争所引发的危机通过《伦敦和约》（暂时）得到了缓解。

蓄谋已久的战争？

1912年12月2日，在关于阿尔巴尼亚的危机刚刚平息之时，宰相贝特曼在帝国议会上的演讲无意中再次掀起了波澜。他警告说如果俄国对奥地利发动了突袭，那么德国将站在奥地利这边，而且这将得到全体德意志人民的支持。我们不知道为什么贝特曼会使用如此有对抗性的语气。无论他的动机如何，这场演讲都使得英德之间的关系变得紧张起来。在贝特曼发表演讲的第二天，英国政府也出乎意料地发出了一项警告。英国陆军大臣理查德·霍尔丹告知德驻英大使利赫诺夫斯基伯爵，如果德国在俄法两国对奥匈帝国的战争中支持奥地利的话，那么英国将出兵支持法国。威廉二世直到几天后收到利赫诺夫斯基发来的信息，才从中得知了这项警告，这让他既恐慌又愤怒。威廉立刻下令让一群高级陆海军军官在上午11点到皇宫里开会，包括总参谋长小毛奇以及三位海军将领（提尔皮茨、黑林根以及米勒）。关于这场会议到底产生了多大的影响，到目前还一直存在着激烈的争论；它仍是威廉统治时期里最莫衷一是的片段之一。

关于12月8日的这场会议并没有留下什么实质性的记录，只有一些简单的记述留存下来，其中就包括参会者海军内阁首脑格奥尔格·亚历山大·冯·米勒（Georg Alexander von Müller）的记录。根据他的这份记录，威廉二世在对利赫诺夫斯基传来的信息进行提炼以后，集中强调了以下四个重点：一、如果战争在欧洲大陆上打响了，英国不可能保持中立；二、因此，在因塞尔维亚而起的战争中，俄国将不再是孤军作战；三、既然英国也会成为德意志帝国的敌人，那么必须让海军做好准备，以对抗英国海军（提尔皮茨必须加紧建造 U 型潜艇）；四、威廉赞同了小毛奇"战争是无法避免的，而且来得越早越好"的观点，"我们应当努力通过新闻舆论为对抗俄国的战争造势"。[23]

我们要如何解释威廉二世这种强硬的态度呢？威廉二世一直假设英国会在德意志帝国被卷入与法俄的战争时保持中立。这非常重要，因为这会使德国在面对有关塞尔维亚的外交问题时有更多回旋的空间。如果英国不支持法国，那么法国就不太可能因为塞尔维亚对阿尔巴尼亚或其他地方的野心而冒险陪同俄国开战。反过来，俄国在塞尔维亚问题上和奥地利的分歧最终引发冲突的可能性也就大大降低了。这种认为存在多种军事选项的观点反映在德军的备战方案里：除了用来应对东西两个敌国同时进攻的"施利芬计划"，德军参谋部在 1912 年还设想了在俄国攻打奥地利而法国没有参与的情况下，只在东线与俄国交战的可能性。德方还认为，就算法国介入了，也有可能把英国隔绝在冲突以外。考虑到这种前景，威廉二世在 1912 年 12 月 3 日批准了一项海军计划，其目的在于，在欧洲大陆上发生战争的时候，限制德国舰队对抗法国的活动，以避免激怒英国。[24] 如果说威廉二世长期以来都对来自英国的不友好信号有些过度敏感的话，那么这在某种程度上是因为在他看来（不只是他这么觉得！）英国是整个欧洲大陆权力体系的支点，其外交情势对平衡各国的权力有着独特且具有决定性的作用。

考虑到这些问题，威廉二世如此震惊于理查德·霍尔丹对利赫诺夫斯基的警告也就不足为奇了。之前预计的只和俄国交战，或者展开两线作战但把英国排除在外的可能性已经基本没有了。这种新前景让人更加担忧的地方在于，它和威廉从他的高级顾问那里得到的建议是矛盾的。德国备选方案的骤然减少让威廉二世非常惊恐，他觉得英国的这个警告就相当于"委婉宣战"。[25] "与三个大国之间关乎生死存亡的斗争"，这个一直以来都困扰着威廉二世的噩梦，如今似乎近在咫尺了。就如约翰·洛尔提到的那样，12月8日的会议之后的几天里威廉的言论表明，他完全想不通英国为何采取这种在他看来背信弃义的政策，而且这让他陷入了不可自拔的痛苦之中。他告诉奥地利的皇储弗朗茨·斐迪南大公，霍尔丹的警告体现了英国所谓的"均势外交政策"背后"赤裸裸的无耻"，这个政策实际上是为了"挑拨离间，使欧陆列强互相敌对，以便英国坐收渔翁之利"。[26]

关于这场"军事会议"（讽刺的是，"军事会议"之名是没有被邀请参加会议的贝特曼起的）究竟意义如何，历史学家们的看法不尽相同。约翰·洛尔、弗里茨·菲舍尔、伊曼纽尔·盖斯等史学家认为，1912年12月的军事会议不仅揭示了威廉二世在国家制定决策的过程中仍然处于核心位置，也为打造一个综合作战方案做了铺垫，这个方案会让陆军、海军、德国经济以及德国舆论进入备战状态，以便应对他们认定即将发生的冲突。[27] 但是其他人，包括沃尔夫冈·J.莫姆森、迪特尔·格罗以及克劳斯·希尔德布兰德，觉得这场会议仅仅是对一次国际危机的应激反应，

第七章 从危机到战争（1909—1914）

他们并不认为此后德国的军事政治领导层便进入了为预料中的欧洲大战倒计时的状态。[28] 然而，洛尔倾向于认为，贝特曼以及基德伦－韦希特尔的缺席在某种程度上可以证明，在德国政治制度顶层的决策者中，军方的地位要高于文官；而反对他的观点的人认为宰相的缺席恰恰证明此次会议的级别不够高，从而强调在本次会议中达成的"决策"并没有产生什么重要的实际后果。埃尔温·赫尔茨勒甚至认为12月8日这场戏的主角不是威廉二世，而是贝特曼，因为他随后就"让威廉二世回到了他应在的位置上"，并且使在这场会议中制定的决策"作废"了。[29]

究竟谁是对的？现有证据似乎对这两个观点都能提供某些方面的支持。洛尔强调威廉二世在德意志帝国宪政体制中的中心位置，这一观点是正确的——除了他没有人能够召集12月8日的那场会议。他还正确地点明，与会的陆海军高官所提出的观点多少都带有一些极端主义色彩。这场会议还表明（尽管这已经不是什么新鲜事了），预防性战争的概念在德国武装部队高层的心里根深蒂固。它也显示了德国军事领袖与文官领导阶层之间的政策鸿沟有多深。当贝特曼继续执行他安抚英国、孤立俄国的外交方针时，军方的备战计划已经在关注这场与西方之间"不可避免"的战争了——"东线动员计划"在1913年被抛弃了。[30]

虽然如此，海军将领米勒在对此次讨论进行总结时认为，这次会议的结果"相当于零"，事实也证明确实如此。1913年军费的增加和这次会议没有什么关系；1912年11月，增加军费的提议就已经被官方通过了，而且不管是什么情况，拟议的扩军都早就应该实施了。[31] 全国并未进行备战宣传，也没有什么可靠的证据表明政府已经开始努力为德意志帝国的战时经济做准备。[32] 至于贝特曼和基德伦的缺席，与其说是由于军官的地位高于文官，倒不如说是因为威廉二世觉得他们认定的看法是极其错误的，这两个人相信英国会在欧陆的冲突里保持中立。[33]

12月8日的军事会议依然只是一个小插曲：等到第二年1月初，柏林的危机感已逐渐消失，威廉二世重新冷静了下来。贝特曼说服他放弃了原定的海军扩充计划。在1913年4月至5月，另一场巴尔干危机爆发了，起因是塞尔维亚占领了阿尔巴尼亚城市斯库台。很显然，威廉二世此时仍然反对任何可能会招致战争的干涉行动。[34] 文官的权力地位其实一直稳稳地高于军官；小毛奇一再呼吁打一场预防性战争，但无人理睬。鹰派将领法金汉并未忽视这种事态。在1913年1月的一封信里，法金汉写道，据他观察，政治领导层（包括威廉二世自己在内）仍然对持久的和平抱有自欺欺人的幻想，这使得小毛奇不得不在"拼命"说服威廉二世采用更加有侵略性的外交政策时"孤军作战"。[35] 在12月，最初的震惊过后，威廉二世变得矛盾而且愈加悲观起来，但是依然对与英国的长期和解抱有希望。1913年他评论说，他依然认为英德之间的战争是"不可想象的"。同样，他还相信德意志帝国的军事力量能够阻止俄国武装干涉奥地利和塞尔维亚之间的冲突。[36]

好战的威廉二世？

到了 1913 年的秋天，塞尔维亚问题前所未有地严峻起来。1913 年 6 月，战争又一次在巴尔干地区爆发了；此次冲突的结果是各方在 1913 年 8 月 10 日签订的《布加勒斯特和约》，其中塞尔维亚获得了一部分新领土，但是同时也确认了阿尔巴尼亚的独立。然而，局势仍然非常紧张，这在很大程度上是因为塞尔维亚人并不满足于他们已经得到的好处，决心要争取更多。阿尔巴尼亚发生动乱的时候，塞尔维亚人出兵进行镇压，他们显然准备再次尝试得到阿尔巴尼亚以及亚得里亚海沿岸的土地。10 月 18 日，奥地利发出最后通牒，要求塞尔维亚撤出阿尔巴尼亚。

威廉二世对这场新的巴尔干危机有何反应呢？他对这份最后通牒非常欢迎，还在边注中写道，现在正是"在那里"建立"秩序与和平"的好时机，还希望塞尔维亚最终没有满足奥地利提出的条件，从而让奥地利有理由去打击阿尔巴尼亚地区的塞尔维亚军队。[37]1913 年 10 月 26 日，在与奥地利外交大臣贝希托尔德交谈时，威廉许下了一个有些夸张的承诺，声称"维也纳外交部的任何行动都是对他的指示"。[38]这种说法未免有些过头，而且太过鲁莽了；考虑到随后的事态发展，克劳斯·希尔德布兰德认为，这个承诺"目光短浅到致命的程度"。[39]然而，如果非要把 1914 年 7 月到 8 月发生的大战与这一承诺相联系的话，那就会产生误导作用，因为威廉二世做出这个承诺是基于这样一个背景，即德国支持奥地利计划的行动（迫使塞尔维亚退出阿尔巴尼亚）不会给德国与欧洲的和平带来任何风险：1913年秋，各大国一致认为塞尔维亚对阿尔巴尼亚领土的要求是不合理的，而且十分支持奥匈帝国拒绝这些要求。就连俄国外交大臣萨宗诺夫都承认，"在致使奥地利发出最后通牒的一系列事件中，塞尔维亚要比普遍认为的担负更多的责任"，而且圣彼得堡方面也立刻敦促塞尔维亚放弃这些要求。[40]

虽然如此，显而易见的是，威廉二世那浮夸、激进以及鲁莽的言辞，很容易把他的形象塑造成一个固执的好战分子。从威廉二世的言语中很容易找到一些证据来支持维利巴尔德·古切的观点，即"在1913年和1914年之交，威廉二世仅仅是在等待一个开战的好机会"。[41]古切大量地引用了开战前最后12个月里威廉二世的言辞或是评注，而它们看上去似乎都证实了他的观点。

1. 1913年12月，德国军官利曼·冯·桑德斯被任命为奥斯曼帝国第1军军长（驻伊斯坦布尔），这使得俄德关系再度紧张起来。在阅读了关于这个问题的报告以后，威廉二世在评论中宣称："能否对抗来自各方的扰动，这件事关系到我们的名誉！所以快站起来，把手放到你的剑柄上！"[42]

2. 读过驻俄大使普塔莱斯发来的一篇报告以后，威廉二世在旁注里写道："在读过所有的报告后，我肯定俄国正在为我们之间的交战做准备。我也将采取相应的政策。"[43]（古切用这段评论作为证据，证明威廉二世此时已经完全接受了德军总参谋长小毛奇所提出的预防性战争的计划。）

3. 1914年6月11日，在威廉来到弗朗茨·斐迪南位于布拉格附近的科诺皮什切城堡短暂停留期间，据说他曾声称"如果奥地利不采取什么［针对塞尔维亚的］行动的话，那么情况会变得更加糟糕"。[44]

4. 1914年6月21日，在威廉与汉堡的银行家马克斯·瓦尔堡交谈时，据说威廉二世曾问道："与其坐着在这等待，主动出击岂不是更好？"[45]

把这样一些片段拼接起来，我们很容易就会顺势得出一个结论，就是这位皇帝毫无疑问是非常渴望战争的。但是，其中是存在方法论问题的。在临时表达自己观点时说的话，和最终会直接影响到国家政策的纲领性的文件或者话语之间，是必须加以区别的。那些体现出易怒倾向和措辞严厉的旁注真的会对政策制定造成什么直接影响吗？根据我们对威廉二世的外交政策运作过程的观察，在绝大多数的情况下，它们似乎都没有起到什么作用；在餐桌上侃侃而谈的话语也是如此。那些只是威廉二世随随便便抛出的评论，竟被历史学家们十分认真地捡来作为证据了。

此外还有一个更加基本的问题，那就是必须考虑语境。因为各种语句的具体含义都是由语境赋予的，是语境让我们得以理解人们言行的动机是什么。我们如果重新检验上面这些引述的评论，就会发现语境非常重要。在古切的第一条引言中，文件背景表明，这句话仅仅是一个关于战争的隐喻，并不是真的倡导要积极备战。它指的是在面对俄国的抗议时必须保持坚定，但是并没有（明里或者暗里）提到要通过武力来解决问题，武力也不适合解决文件中讨论的问题。[46] 况且，五天以后，在驻伊斯坦布尔的大使发来的另一份报告中，威廉用比较柔和的语气写下了如下批注："俄国人需要更耐心一些，我们将确保消除俄国人的顾虑，而俄国人所有的愿望都将得到重视，只要实现这些愿望不损害土耳其人的声望。"[47]

至于第二条引言，它并不能证明威廉二世已经决心发动一场预防性战争，尽管它确实反映了威廉二世因报告中提到的俄国新一轮军备重整的规模之大及其对抗德国之目标非常警觉，并且他已经做好最坏的打算。[48] 而至于第四条中提到的他对马克斯·瓦尔堡所说的话，这位银行家在总结他和威廉二世在餐桌上的谈话时认为："我不觉得［皇帝］真的在考虑发动一场预防性战争……"[49]

如果威廉二世真正下决心策划一场针对俄国或者同时针对俄法两国的预防性战争，我们就应该能够在文件中找到一些痕迹，表示他支持一系列公然挑衅的行为。这正是维利巴尔德·古切在第三条引言里强加给威廉二世的意图。这里，我们又遇到了同样的问题：没有任何关于威廉二世和弗朗茨·斐迪南在1914年6月于科诺皮什切城堡会面的文字记录留存下来。古切在这里引用的其实是一个已然经过了几轮转述的说法，据说是大公把威廉二世说的话告诉了梅茨格上校，梅茨格上校又转告了奥地利总参谋长康拉德·冯·赫岑多夫（Conrad von Hötzendorf），随后赫岑多夫把它记在了日记中。[50] 但是梅茨格原本的说法，和大公传达给奥地利皇帝的版本完全不同。根据后面这种说法（这同样被记叙在赫岑多夫的回忆录中，但是古切并没有引用），皇帝曾经要大公去"确认一下，关于我们在未来是否能够继续无条件依靠德意志帝国，德国皇帝能否给个明确答复"，然而，大公报告称结果让人很失望："德国皇帝回避了这个问题，没有给我们一个确切的答案。"[51]

我们有充分的理由来接受这个版本的说法，因为它和威廉二世在战前一年里与奥地利交流塞尔维亚问题时的总体态度是一致的。威廉二世没有催促奥地利对塞尔维亚采取什么激进或者挑衅的行动，恰恰相反，他一直坚持采取一些低风险的外交解决方案。比如在1913年10月，威廉二世在柏林接见奥地利大使的时候，他承认塞尔维亚必须接受奥匈帝国在该地区的主导地位，但是他为奥地利提供的具体解决方案毫无疑问是和平的。这位大使上报说："陛下设想的解决方法是采取以下措施，我们要用塞尔维亚所需求的东西来拉拢他们，包括：（1）金钱（从国王往下，都可以收买）；（2）军事训练；（3）改善贸易条件。"只有这些措施都失败了，奥地利才有理由使用武力来让它服从。[52]

1913年12月16日，驻慕尼黑的奥地利使者提供的报告描述了一场类似的对话，威廉二世在其中提出，通过外交手段解决与塞尔维亚之间的问题的关键，在于奥地利是否愿意让步："我认为如果贝希托尔德伯爵愿意牺牲几百万资金，同时让特蕾西亚学校〔奥匈帝国最好的军事学院〕以及各种学院和教育机构〔向塞尔维亚人〕敞开大门，并且提供其他的一些有助于为未来做足准备的好处，那么他一定能够［在贝尔格莱德］站稳脚跟。"[53] 在1914年3月12日威廉与瑟杰尼关于巴尔干问题的进一步讨论中，他也突然提出了类似的观点（奥匈帝国应该提供一些优惠的贷款来帮助塞尔维亚缓解金融危机，从而试着取代法国的位置）。

威廉二世如此坚持与塞尔维亚和平共处，这让他的奥地利伙伴十分沮丧，因为他们认为德国皇帝显然没有意识到贝尔格莱德对奥匈帝国的威胁有多么严峻。从1913年秋天到1914年春天，奥地利人在德国的外交活动的核心主题之一就是努力让德国人意识到与塞尔维亚和平解决争端的难度有多大。尽管做出了很多努力，弗朗茨·约瑟夫皇帝在1914年5月16日发给贝希托尔德的命令中仍抱怨说，"柏林的那些人依然没有摆脱让奥匈帝国和塞尔维亚友好相处的想法"。约瑟夫皇帝注意到，在这一点上，威廉二世已经变成一个特别的问题了，因为从他最近对这个话题的评论中，可以发现奥地利人纠正他对塞尔维亚问题的误解的努力并没有起到什么效果。最后，奥匈帝国皇帝下达了一个命令，大意是把塞尔维亚国内沙文主义的新闻报道转发到柏林，让威廉二世过目，好让他意识到塞尔维亚政界顽固的反奥情绪。[54] 但是奥地利的这些努力基本白费了：迟至1914年7月1日，萨拉热窝的暗杀事件发生的三天后，匈牙利首相蒂萨·伊什特万还在建议弗朗茨·约瑟夫利用威廉二世计划中对维也纳进行的访问（但是后来取消了），"通过最近发生的令人震惊的事件，减少那位高贵君主的亲塞尔维亚偏见"。[55]

因此，如果认为威廉二世公开表示和平意图的言行（特别是他在1913年6月16日登基25周年纪念仪式上对帝国议会代表们发表的演说）本质上是对求战外交政策的"虚伪"掩饰的话，这显然是误解了其意愿。威廉二世在不那么公开的各种场合也表示了同样的态度。他曾对海军将领米勒说，他希望自己的统治起到的作用是巩固而非扩张。[56]1914年3月11日，在与巴登使节贝尔克海姆的会面中，威廉提到"我们的政策必须以谨慎小心和留有余地作为普遍原则"，而且他承诺，"无论情况如何，他作为皇帝，永远不会去发动一场预防性战争"。在当天晚上，军事内阁首脑林克非常遗憾地确认威廉二世仍然对军方所提出的抓住"现在的有利时机"来解决这场"无法避免的冲突"的建议无动于衷。[57]同月，荷兰驻柏林使者热韦尔指出，这位皇帝"和金融界以及工业界人士联系太过频繁"，轻视了"涉及整个欧洲的冲突的灾难性后果"，还在和意大利大使的讨论中明确表示他"完全持和平的立场"。[58]难怪在1914年3月16日，当赫岑多夫向德国驻维也纳大使提到能不能提早发动一场打击俄国的战争时，大使拒绝道："两位大人物都反对这个提议，一位是你们的弗朗茨·斐迪南大公，另一位是我们的皇帝。"[59]

1914年7月

当1914年6月28日发生的萨拉热窝暗杀事件传到威廉二世的耳朵里时，他正在他的皇家游艇"霍亨索伦号"上。在和顾问们商讨过后，他同意乘游艇立刻返回柏林，好让他能够"把握事情动态以及维持欧洲和平"。[60]7月2日,来自德国驻维也纳大使的标注时间为6月30日的报告中写道,奥地利方面认为这次暗杀是早有预谋的,他还观察到在维也纳,"甚至那些重要人物"都认为奥地利应当立刻"和塞尔维亚来一场最终的、彻底的清算"。首先,要跟塞尔维亚"提一系列要求,万一他们不接受这些要求,奥地利将采取一些有力的措施"。奇尔施基还补充道,他自己利用了一切机会来"悄悄地同时又坚决严肃地反对采取操之过急的行动"。在这个文件的批注中,威廉二世支持了必须与塞尔维亚清算的观点,还补充说"机不可失"。但是,他不认同奇尔施基劝阻维也纳方面采取积极行动的努力:"让奇尔施基别再说这些废话了!必须消灭塞尔维亚人,立刻动手!"[61]

很多描述七月危机的经典著作都把威廉二世对这份文件的评注当作在萨拉热窝事件之后德国外交激进化的重要里程碑:根据伊曼纽尔·盖斯的说法,"威廉二世以严厉措辞表达的'立刻'消灭塞尔维亚的愿望以及他所说的'机不可失'成为后来的德国政策中最关键的口号[……]这些边注的效力等同于皇帝的命令"。在威廉二世"站在总参谋部这一边"之后,"政治领袖们都会遵从皇帝的指令,这是德意志帝国由来已久的传统"。[62]然而,值得怀疑的是,这些批注究竟是不是真的能等同于有意义的"命令"。暂且不论威廉二世的批注是不是拥有和"命令"一样的分量,能让相关部门的大臣们改变原有的一致看法,没有任何证据能够支持威廉二世的批注使得奇尔施基在维也纳采取了更加强硬的路线这一观点;7月2日,也就是威廉二世阅读并且给报

第七章 从危机到战争(1909—1914) 247

告加了批注的那天,这位大使确定了他需要采取一些"坚决而无情的行动",但是,这可能是因为他受到了奥地利虚假情报的影响:有报告说一支12人的塞尔维亚杀手小队在前往柏林暗杀威廉二世的途中被拦截了。[63] 至于威廉二世本人对塞尔维亚事件的看法,他坚持认为必须由奥地利自己来决定如何应对这次暗杀事件:"在这次事件中,奥地利打算怎么做,只是它自己的事。"[64]

威廉对危机的下一步干预发生在7月5日,这天一封由弗朗茨·约瑟夫皇帝亲自撰写的信件送达柏林,信中谈到了他和奥地利政府对这场暗杀的看法以及它可能对两国未来产生的影响。奥地利大使瑟杰尼携带这封信以及一份备忘录来到波茨坦的新宫,递交给了威廉二世。根据瑟杰尼的报告,威廉二世快速地浏览了这两份文件,然后评论道,他已经在"期待我方对塞尔维亚采取严肃的行动"了,但是他也必须考虑到,这种举动很有可能会带来"一场严重的欧洲危机"。因此,他不能"在咨询德意志帝国宰相的意见之前,就给出最终的答复"。然后,他就离开去吃午饭了。瑟杰尼写道:

> 午餐过后,当我再一次强调局势的严重性时,皇帝陛下允许我向我们的至高君主[弗朗茨·约瑟夫]转达,在这次事件中,我们仍然拥有德意志帝国的全力支持。就像他之前说的,他必须先听一听宰相的意见,但是他认为冯·贝特曼·霍尔韦格先生一定会完全赞同他的观点,他对此深信不疑。对于我们此次针对塞尔维亚的行动,尤其如此。然而,

根据他［威廉二世］的观点，事不宜迟。在任何事件上，俄国对我们的态度都是敌对的，但是他已经为此准备很久了，而且如果奥匈帝国和俄国之间发生战争的话，我们应该有信心的一点是，德意志帝国将会一如既往地忠于我们的联盟关系，站在我们这一方。此外，在目前的状况下，俄国无论如何都不可能做好开战的准备，而且必定要花很多时间来思考是否要动用军队。［……］但是，如果我们已经真正认识到对塞尔维亚采取军事行动的必要性，却未能利用现在的有利时机的话，他会感到很遗憾。[65]

在瑟杰尼离开以后，威廉二世召集几乎所有能立刻赶来的最高层政治顾问与军事顾问，宣读了从奥地利传来的报告的内容。然后，他询问法金汉（现在他是陆军大臣了），军队是否已"准备好应对一切可能发生的情况"。法金汉给出了肯定的回答。

这份文件所传达的信息自此被研究1914年的历史作品视为德意志帝国向维也纳开出的"空白支票"；这个用来形容威廉二世对其盟友的承诺的比喻虽然可能稍有误导之嫌，但它也算是公正地描述了威廉二世的意向。威廉二世认为奥地利有理由对塞尔维亚采取行动，而且他们也应当这样做，并且不必担心俄国的威胁。然而，棘手之处在于，威廉二世过度诠释了奥地利所传递的信息，他许下的承诺已经远远地超出了奥地利原有的打算，从而使局势向开战迈出了决定性的一步。[66]虽然弗朗茨·约瑟夫的信中确实没有明确提到要对塞尔维亚发动"战争"，但是它会让读到的人理所当然地认为维也纳方面正在考虑采取最极端的行动。比如说，奥地利皇帝坚称，"调和这场冲突"已经不可能了，只有塞尔维亚"这个政治力量因素从巴尔干地区消失[ausgeschaltet]"，这场冲突才能得到解决。[67] 况且，受托将奥匈帝国皇帝的书信带到柏林的高级官员亚历山大·霍约斯伯爵本身也非常支持采用军事手段，而他的任务之一就是让德意志人了解奥地利外交部的亲战观点。[68] 他与阿瑟·齐默尔曼在柏林外交部里的谈话（其中霍约斯谈到了最终对塞尔维亚的"瓜分"）毫无疑问地表明，奥地利人的态度是严肃的。[69]

在7月5日于波茨坦召开的会议上，与会者如何评估在俄国攻打奥地利时德国可能面临的两面受敌甚至三面受敌的风险呢？有些历史学家认为，威廉二世和他的军事顾问们把萨拉热窝事件引发的危机视为挑起与其他大国冲突的机会，可以使德意志帝国从中渔利。在过去的几年里，军方反复地提到预防性战争，而鉴于协约国备战状态正在持续升级，所以有理由假设军力的对比很快将不利于德意志帝国和奥匈帝国。如果真的发生了这种情况，那么也就有理由假定德意志帝国永远都不再有可能消除与协约国之间日益扩大的军备差距。[70]

在德意志帝国领导层的商议过程中，上述观点很可能起到了幕后作用，因为它们使得决策者在衡量与两个或者更多大国爆发冲突的风险时将立即开战与以后开战进行了对比。[71] 另一方面，非常明显的是，威廉二世既不相信俄国会介入此次冲突，也不希望引诱它介入。[72] 7月2日，萨尔扎·利希滕奥（萨克森驻柏林使者）汇报说，尽管某些高级军官提出，鉴于俄方现在还没有做好准备，"即刻开战"会对德意志帝国更有利一些，但是他感觉威廉二世不太可能接受这个建议。随后，萨克森军方代表在提交的报告中指出，和那些"看好"早开战而非晚开战的人不同，"据说皇帝仍然宣称要维持和平"。[73] 威廉二世的副官汉斯·冯·普勒森将军在出席了7月5日举行的会议后，在日记中写道："我们普遍认为［……］俄国（尽管是塞尔维亚的朋友）并不会参与进来。"[74] 因此，当法金汉向威廉二世询问是否需要为可能发生的大国之间的冲突"做好万全的准备"时，威廉二世的回答是否定的。德国人不愿从军事上备战，这在7月末以前一直是德国处理此次危机的一个特点，也许在某种程度上反映了军方对军备现状的信心，但就如戴维·史蒂文森所说，它也证实了德国领导人"倾向于把冲突限制在巴尔干地区之内，而尽管限制失败会让自己陷入危险境地，他们还是倾向于这样做"。[75]

7月初的几周内，威廉二世似乎依然对把冲突控制在局部范围内抱有信心。7月6日早上，他告诉代理海军大臣冯·卡佩勒，"他不相信会发生进一步的军事纷争"，因为"在这种情况下，沙皇不会选择与刺杀大公的一方站在一起。此外，俄国和法国也都没有做好战争的准备"。他还对其他的高级军官说过类似的话。[76] 这不仅仅是为了给自己壮胆：威廉二世长期以来都认为，尽管俄国确实是在扩充军备，但是距离它能够冒险发动袭击还需要一段时日。因此，在1913年10月末，阿尔巴尼亚危机的余波尚未平息的时候，他对瑟杰尼说，"目前，俄国还不会使他焦虑；

而在将来的六年里也都不用害怕它"。[77]

这种观点反映了德意志帝国总参谋部和其他报告的基本思路。虽然那些报告都非常清醒地预测了从眼下到1917年甚至更久之后俄军人员数量、火力装备以及组织动员的发展或增长，但是它们几乎一致认为俄国在短期之内不会构成威胁。1913年3月和1914年1月威廉二世和参谋部收到的不同来源的报告证实，沙皇尼古拉正式确认，在随后的五六年中不会让俄国卷入任何军事冲突。直到1914年7月最初几个星期，威廉二世和德国的军事精英们依然保持着这个看法。[78]当第一次有人提出是否要针对塞尔维亚采取军事行动的时候，德意志帝国驻维也纳大使奇尔施基更关心的是意大利和罗马尼亚是否会介入其中，而不是圣彼得堡方面的反应。[79]鉴于威廉二世并不担心会发生什么"严重的纷争"，而且兴致勃勃地准备继续他早已计划好的斯堪的纳维亚巡航之旅，所以贝特曼很容易就说服他尽早离开了柏林。威廉在7月6日离开德国，由北海舰队护送，舰队还计划在挪威海岸附近举行演习。威廉后来指责贝特曼在危机最关键的阶段让他离开了柏林。[80]

在一年一度的基尔帆船赛中，威廉二世和英国皇家海军的军官们建立起了兄弟般的友谊，相处甚欢。在度过了这几天愉快的日子之后，威廉二世搭乘游艇继续航行到挪威港口城市巴尔霍尔姆，他在那里停留到了7月25日。7月14日，就是在那里，他对7月2日弗朗茨·约瑟夫写的信寄出了第一封个人回信。这封信有可能参考了外交部草拟的照会，在信中，威廉再次强调了早先许下的会支持奥地利的承诺,还谴责了那些"发疯的狂热分子",称这些人的"泛斯拉夫主义煽动"威胁到了奥匈帝国的二元君主制"国家结构",但是他并没有提到要发动战争。威廉二世声明,尽管在维也纳与贝尔格莱德当前关系这一问题上他必须"克制自己,不要提出看法",但是他认为,通过"所有可用的权力工具 [mit allen Machtmitteln]"来"反制"这些君主制反对者的"行动宣传"是"文明国家的道德义务"。但是信中剩下的部分仅仅提到了要在巴尔干地区实施外交举措,以避免在该地区形成一个反对奥地利的"由俄国支持的巴尔干同盟"。这封信以祝愿皇帝早日从丧亲之痛中走出作为结尾。[81]

威廉在游艇上收到了一些国务文件,他在上面写的批注表明,像柏林政界以及军方的很多领导人物一样,他并没有什么耐心来等待维也纳方面的决定。[82] 看上去威廉最关心的是,如果就这样白白让时机溜走,这会浪费掉萨拉热窝的谋杀所引起的世界范围内的公愤,奥地利也可能会彻底丧失决心。奥地利确实是在慢吞吞地做出决定,一开始是因为领导层的意见不一致,后来是因为在7月20日至23日法国总统与总理按计划前往圣彼得堡进行访问之前,并不适合发出最后通牒。在此期间,根据萨克森驻柏林使者的说法,德国政府依然决定不去"阻止"奥地利人,但是也避免公开煽动他们采取特定的行动。[83] 在7月15日前后,威廉二世很高兴地听说维也纳方面将要制定"有力的决策"了。他唯一感到遗憾的就是还要再等上一阵才能把奥地利的要求传达到贝尔格莱德。[84]

然而，到了7月19日，威廉二世在"霍亨索伦号"上收到了外交大臣戈特利布·冯·雅戈发来的电报，这封电报让他进入了"极度焦虑"的状态。电报里基本上没有提到什么新鲜事，但是其中警告说奥匈帝国将于7月23日发出最后通牒，以及会采取措施确保"在发生某些没有预见的情况而需要做出重要决策（动员）时"，能够得到威廉二世的帮助，这让威廉清楚地意识到了这场危机可能影响的范围有多大。[85]他立即命令德国公海舰队取消前往斯堪的纳维亚的计划，并集结在一起，时刻准备出发。他的焦虑是可以理解的，因为英国海军此时正好在演习动员，因此也处在高度的战备状态。但是，贝特曼和雅戈正确地认为，这样做只会引起怀疑，而且若劝阻英军解除动员，只会使危机进一步恶化；7月22日，他们否决了威廉二世和他的海军参谋的命令，下令让舰队按原计划出访挪威。外交上的当务之急依然比战略考量更加重要。[86]

尽管局势越来越紧张，威廉二世仍然相信一场更大范围内的危机是可以避免的。在收到奥地利对贝尔格莱德的最后通牒的副本之后，威廉评论道，"好吧，这也就是听起来很坚决罢了"——威廉二世明显和他的随从们普遍认为的一样，相信奥地利在对抗塞尔维亚时最终会退缩。海军将领米勒提出，这份最后通牒意味着一场战争即将爆发，威廉二世大力反驳了他。威廉坚持认为，塞尔维亚绝不会冒险与奥地利开战。米勒把这理解为威廉二世完全没有做好面对军事纷争的准备，一旦他意识到战争真的有可能发生，他就会低头了。[87]

威廉二世在7月27日下午返回了波茨坦。第二天清晨，他第一次阅读了塞尔维亚对两天前发自维也纳的最后通牒的回复。在奥地利提出的十项要求中，塞尔维亚政府只愿意完全接受两项，部分接受三项，用模糊或者带有误导性的回复回避了四项，并完全拒绝了一项。被拒绝的那一项（第六条）是要求塞方允许维也纳方面"委托"的机构参与针对"6月28日阴谋"的调查。塞尔维亚拒绝的理由是，这样做"有违宪法以及刑事司法程序的相关法规"。[88]而威廉二世对此的反应，至少可以说是让人意想不到。他在这份塞尔维亚复信的副本上写道："在48小时[最后通牒规定的答复期限]之内做出这样的答复，相当不错了。这比我们期待的结果要好！奥地利赢得了道义上的胜利，而又避免了开战的需要[aber damit fällt jeder Kriegsgrund fort]。"听说奥地利已经下令局部动员时，他感到非常惊讶："在这种情况下，我是不会下令动员的。"[89]

在当天（7月28日）早晨10点钟，威廉二世匆忙地写完了一封给雅戈的信。他在信中表示，既然塞尔维亚已经愿意"以最屈辱的方式投降"，"那么，就没有什么开战的理由了"。威廉还进一步建议奥地利考虑暂时占领贝尔格莱德这座空城以确保塞尔维亚顺从。更重要的是，威廉二世命令雅戈通知奥地利人，他的愿望是"消除所有引发战争的可能"，威廉二世自己也准备"与奥地利一起为和平努力"。"我会用我自己的方式来办，同时尽可能地照顾到奥地利的民族情感及其军队的荣誉。"[90]他还用文字让小毛奇知道，他认为如果塞尔维亚遵守了它对奥匈帝国的承诺，那么开战的理由就不复存在了。在这一天，据陆军大臣埃里希·冯·法金汉所说，威廉二世发表了很多"混乱的言论，但非常明确的一点是他并不想开战，而且也下了决心［避免它］，即使这意味着对奥匈帝国坐视不救"。[91]

历史学家们通常把这突然表现出的慎重倾向作为威廉二世被吓坏了的证据。路易吉·阿尔贝蒂尼明确地指出："威廉二世在危险离得很远时还能够虚张声势，当发现战争的危险真的临近的时候，他就不吭声了。"[92]这个说法是有些道理的：我们已经看到，威廉二世承诺维护奥地利利益的意愿，是和他所估计的发生冲突的风险成反比的。7月28日，这个风险看上去已经非常大了。利赫诺夫斯基在他从伦敦发来的最新电报中汇报说，爱德华·格雷爵士认为塞尔维亚的做法已经"令人满意"到了"难以置信"的程度，同时，他还警告说如果奥地利不放低自己的姿态，那么一场大战也就近在眼前了。[93]考虑到威廉二世一向对英国方面的观点非常敏感，他一定会严肃地对待这些警告。然而，在某些方面，威廉二世7月28日这封信中的内容，与他之前的干预措施相比，并没有像认为他"被吓坏了"的想法所暗示的那样不一致：他在此次危机期间的评注表明，不像维也纳和柏林的有些高层人物仅仅把这份最后通牒当作一个采取军事行动的借口，他把它视作一份真实有效的外交文书，而且认为它会对解决此次危机起到关键作用，此外，这也表明他依然执着于通过政治手段来解决巴尔干问题。

威廉在7月28日写给雅戈的那封信最令人惊奇的地方也许

在于，它并没有发挥什么作用。如果威廉二世真如有些人认为的那样享有极大的权势，那他的这次介入很可能会改变整个危机的进程，进而可能改变世界的历史。但是，他没能及时了解维也纳方面的最新动向，当时奥地利的领导人已经等不及要进攻塞尔维亚了。而且更重要的是，在这三周的大部分时间里，威廉都漂在海上，他也没能了解柏林最新的事态进展。他对雅戈的指示并没有影响柏林与维也纳的交涉。贝特曼也没能把威廉二世的观点及时地告知奥地利人，以阻止他们在7月28日向塞尔维亚宣战。贝特曼发给奇尔施基的紧急电报，在威廉给雅戈写完信后仅仅15分钟便发出了，其中包含了威廉的一些建议，但是却略去了他坚持的最关键的事情，那就是此时没有理由必须开战了。相反，贝特曼仍然坚持着早已经被威廉二世放弃的政策路线，就是德国必须"谨慎避免让人产生我们想要阻止奥地利的印象"。[94]为什么贝特曼要这么做，现在仍然很难确定。有观点认为他已经开始利用外交来推行预防性战争的政策，但文献中没有给此说提供证据。更有可能的是，他只是决定采取另一个策略，致力于和维也纳方面共同劝说俄国不要对奥地利的行动反应过度。7月28日晚，贝特曼建议威廉二世发送电报给尼古拉二世，向他保证德国政府会不遗余力地帮助维也纳与圣彼得堡方面达成令双方满意的协议；仅仅24个小时以前，威廉二世还拒绝了这个建议，认为这样做为时过早。[95]换句话说，贝特曼的策略进一步地增加了开战的风险：他是想要把冲突限制在局部，而不是阻止它发生，而且他下定决心要坚持自己的政策，不受上面的干预。

第七章　从危机到战争（1909—1914）

当奥地利向塞尔维亚宣战的消息传到圣彼得堡，这场危机出现了关键的转折点。在三天以前，也就是7月25日的晚上，俄军总参谋部就已经进入"战争准备阶段"了——把军事资源初步集中于前线地区的一项临时措施，而7月28日奥地利宣战的消息则让俄国坚定了该路线。据俄国总参谋部动员大臣多布罗沃尔斯基将军所说，之前一直力图避免冲突的外交大臣萨宗诺夫，现在认为全面开战已经在所难免了，俄国必须尽快开展动员工作。7月29日军方下令开展局部动员，到了第二天规模就提升至全面动员了，因为那时他们收到了来自柏林的警告——如果俄国继续备战的话，德国也将不得不进行动员。[96]

这急剧恶化的事态向德国的外交注入了一丝恐慌和混乱：由于对伦敦发来的信息以及俄国已经开始备战这个令人惊恐的消息忧心忡忡，贝特曼改变了他的方针。7月28日贝特曼破坏了威廉二世约束奥地利的努力，现在他自己也打算这样做。于是，贝特曼在7月29日给奇尔施基发了一系列急迫的电报。但是，他的努力已经是无用的了，俄国的军事准备的速度之快已经迫使德国在调停生效之前就要采取反制措施了。在7月30日传来俄军已经开始全面动员的消息之后，德军自己采取相应的军事措施也只是时间上的问题了。两天之前，在与贝特曼进行激烈辩论之后，法金汉成功地下令把军队从训练区调回基地。此时，一些早期的准备措施（在西线进攻区购买小麦、部署铁路特别守卫以及让军队驻防要塞）暂且能够保密，因此在理论上也能同时采用外交手段控制危机。但是，这并不适用于"临战状态"（Zustand drohender Kriegsgefahr），这已经是动员之前的最后准备阶段了。德国是否要向战争迈出这一步以及何时这样做，是柏林领导层在战前最后的几天里争辩的一个中心议题。由于只有威廉二世有权裁定德国政界及军方领导人之间相互矛盾的观点，他再一次成了决策过程中的核心参与者。

7月29日，在俄国开展局部动员的当天所举行的会议上，德国军事首脑之间还是没能达成一致：陆军大臣（法金汉）认为应宣布进入临战状态，而总参谋长（小毛奇）以及宰相则仅仅同意增派警卫，加强对重要运输线路的戒备。威廉二世似乎在这两个意见之间摇摆不定。那天早上尼古拉发来的电报中暗含威胁地提到"[俄国要采取]可能会引发战争的极端措施"，可能因为这封电报让他深受震动，所以威廉首先是赞成陆军大臣的观点。但是，在贝特曼的压力之下，他改变了主意，决定不宣布进入临战状态。法金汉对这个决定表示非常遗憾，但是在日记中提到他可以理解这么做的动机："因为每一个认为或者至少是希望能够维持和平的人，都不会支持宣布我们已经面临'战争的威胁'了。"[97]

7月31日，当人们还在对采取哪种军事措施摇摆不定的时候，身处莫斯科的德国大使传来消息，从昨晚午夜起，俄国已经下令全面动员了。这时，威廉二世通过电话下令宣布进入临战状态，这个命令在7月31日下午1点由法金汉下达至武装部队。由于是俄国率先动员的，所以责任也就落在了俄国头上，这对威廉二世和柏林的领导层来说还是比较重要的。考虑到德国部分城市爆发了反战示威，德国必须以防卫者的形象进入这场战争。鉴于俄国方面的进展，威廉二世不能一直阻止宣布进入"临战状态"，但有趣的是，根据巴伐利亚军方代表冯·文宁格的说法，这个决定是法金汉"硬逼着他做出来"的。然而，在当天下午，威廉二世看上去重新冷静了下来；在法金汉出席的一次会议中，威廉二世斗志昂扬地描述了当前的状况，把这场即将发生的冲突的全部责任都推给了俄国。"他的举止和语言"，法金汉评论道，"一反常态，符合德国皇帝的身份，也符合普鲁士国王的身份。"[98]

来自伦敦的消息

从始至终，威廉二世最关注的都是英国的态度，他始终把这个国家视为欧洲大陆权力体系的支点，认为是否能够避免一场全面战争取决于英国的态度。7月28日，乔治五世保证"我们会尽可能不参与其中，而且将保持中立"，[99]这让威廉变得更有信心，同时英国外交大臣爱德华·格雷爵士并不愿意透露英国的意图，这也助长了威廉的乐观情绪。所以，7月30日早晨，他在得知格雷与德国大使之间的对话时感到震惊：格雷警告说，如果冲突被限制在奥地利、塞尔维亚与俄国之间，那么英国不会参与其中；但是如果德国和法国也参与进去的话，那么英国将站在协约国这边。大使发来的消息让威廉二世燃起一阵怒火，他在随即写下的文字中谴责英国人为"恶棍"和"卑鄙的店主"，他们想要迫使德国对奥地利"坐视不救",拒绝把自己的大陆盟友从战场上拉回来,竟还敢用可怕的后果来威胁德国。[100]当第二天俄国宣布全面动员的消息传来时,威廉再一次想到了英国。格雷发出的警告连同俄国的动员向威廉二世"证明"了英国现在正打算利用日益扩大的冲突所提供的"借口","让欧洲所有国家都来对抗我们德国,以便自己从中获得好处!"。[101]

这种长期以来对英国在欧洲外交格局中的分量过高估计的倾向,可以解释为什么威廉二世仍然认为,伦敦方面如果在最后改变路线,是可以阻止德法之间的战争的。当乔治五世在7月31日晚上提出,如果德国没有攻击法国的话,那么英法将保持中立时,威廉二世在第二天(8月1日)回复道,尽管他暂时不能撤回已经向德国武装部队下达的总动员的命令,但如果英法承诺保持中立,那么他非常愿意停止任何针对法国的行动。利赫诺夫斯基发回的信息指出,柏林需要等待伦敦发来正式决议。[102]基于这个前景,威廉二世在提尔皮茨以及雅戈的支持下,下令停止目前的部队调动,等待伦敦方面发来的电报。这个命令引发了皇帝和总参谋长之间的激烈争吵。

威廉二世和贝特曼认为英国的提议可以使德国避免在西线开战,小毛奇却认为,总动员一旦开始了,便不能停下来。"这引发了一次极其激烈且让人印象深刻的争吵,"一个在场人员回忆说,"小毛奇十分坚持自己的立场,他非常激动,嘴唇都在颤抖。皇帝、宰相还有其他人都在恳求他,但也是徒劳。"[103]小毛奇拒绝中止动员是因为若把德国的后背暴露给正在进行积极军事动员的

第七章 从危机到战争(1909—1914) 261

法国，无异于自寻死路，而且不管怎么说，第一支侦察队已经进入了卢森堡，来自特里尔的第16师将紧随其后。但是，威廉二世对此无动于衷。他已经把命令传达到特里尔，这样第16师在跨过卢森堡边境之前就会停止进军。当小毛奇乞求威廉二世不要阻止他占领卢森堡（因为这样他才能防止卢森堡的铁路被他国占领）时，威廉二世反驳道："那就用别的路线！"争辩陷入僵局。在整个过程中，小毛奇变得几乎歇斯底里。在和法金汉私下对话的时候，这位总参谋长几乎要哭出来了，"他现在整个人都要崩溃了，因为皇帝的这个决定向他证明皇帝依旧对和平抱有希望"。[104]

大约下午5点的时候，格雷发来的最新消息到达柏林，宣称英国在未来会保持中立，即使德法爆发冲突也是如此。皇宫里一片欢腾，但是有一些人，包括法金汉和小毛奇，对此持怀疑态度。小毛奇继续坚称，动员计划到如今的这个阶段已经不可能再将法国排除在外了，但是威廉二世拒绝听从他的建议："你那卓越的叔叔*是不会给我这样的回答的。只要我下令，这事就一定办得到。"[105] 威廉二世命人带来香槟庆祝，小毛奇便怒气冲冲地离开了。他对妻子说他已经准备好和敌人战斗了，但并不是和"这样一个皇帝"一起战斗。小毛奇的妻子认为，就是这次事件所带来的压力，导致这位总参谋长轻度中风的。[106] 不久以后，利赫诺夫斯基发来电报称，如果德国想让英国在德国与俄法之间的战争

---

* 此处指老毛奇。——译者注

中保持中立的话，格雷将马上提出一些条件。这让人普遍很迷惑，德国也就没有做出回复。

另一封来自利赫诺夫斯基的电报在晚上 11 点刚过的时候到达柏林，证明了法金汉对这个提议的怀疑是有道理的。在这封电报里，利赫诺夫斯基强调，格雷之前告诉他的英国将会保持中立的立场是无效的。小毛奇可能会感到些许宽慰，他此时正在总参谋部，因为皇帝阻止第 16 师进军的命令而流下"绝望的泪水"。刚过午夜的时候，他就被召回到宫中。等他一到，威廉二世就把刚刚收到的那封指出英国（真正）立场的电报拿给他看，并对他说："现在，你可以做你想做的事了（Nun können Sie machen, was Sie wollen）。"[107]

小结：威廉二世与战争的爆发

威廉二世在七月危机里的反应能让我们得出什么样的结论呢？我们可以首先得出一个俗套的看法，那就是尽管威廉二世并不想让德国卷入世界大战，但是他的一些决策确实在一定程度上导向了战争。然而必须指出，还有两位皇帝——奥匈帝国皇帝弗朗茨·约瑟夫和俄国沙皇尼古拉二世——也是如此。弗朗茨·约瑟夫的副官亚历山大·马尔古蒂说，奥地利皇帝原本是把对塞尔维亚的最后通牒当作外交恐吓的，当他发现塞尔维亚的回复无法令奥地利接受的时候，他也感到十分震惊。[108] 俄国的沙皇尼古拉二世一开始并没有急着采取军事措施，而且（和威廉二世最后一刻试图避免大战的努力一样），实际上在7月29日的晚上，沙皇收到了来自这位德国内兄的电报，他把它当作和解的口信，于是就撤回了总动员的命令。7月30日，经过与外交大臣萨宗诺夫的漫长讨论以后，沙皇表现出对战争"极端的厌恶"，人们很难让他相信他有必要立刻开展总动员。[109]另一方面，这两位皇帝在他们各自的政治体制中都是（至少从宪法层面上讲）"决策的最终源头"，在制定那些必将导致战争的决策过程中，他们都起到了关键作用，而且也都对那些决策知情。正是弗朗茨·约瑟夫的个人呼吁使得威廉二世承诺会支持奥地利针对塞尔维亚的军事行动，也是约瑟夫自己赞同了贝希托尔德提出的最后通牒，虽然他知道这个举动可能会导致冲突范围扩大——"是的，我知道，俄国不会忍受这些条款"，7月20日，约瑟夫对财政大臣莱奥·冯·比林斯基说道，那时比林斯基正警告他战争可能会爆发。[110]尼古拉二世从1914年年初就完全赞同对巴尔干地区斯拉夫人的问题采取强硬的方针路线；他同样十分清楚7月30日俄国的总动员（还是大国中第一个总动员的）会使得战争变得不可避免，"除了在最有机会取胜的时机发动战争之外，别无他法"。[111]这两位君主都下定决心拒绝让步，因为这会有损他们的名声，以及他们自己国家的"大国地位"。

  在这三个国家里，高级军官们都提供了充分的理由来证明，如果发生冲突，他们有信心获胜，而且他们都积极要求执行全面对抗的政策。德国总参谋长小毛奇和其俄奥同行苏霍姆利诺夫以及赫岑多夫一样，在七月危机中的关键时刻把君主推往了战争的方向。但是，在任何时候，德国的文官领导层和国家首脑都没有把决策的权力交给军方。[112] 小毛奇在7月30日未经授权就劝说奥地利为对抗俄国展开动员，而且承诺德国也将这么做；小毛奇确实能够独立采取这种措施，而这一未受宪法限制的干预行为有时会作为证据被人引用，来证明文官高层行政权力被剥夺以及决策权被军方领导层所夺取。但是，这一论调不应当太过夸大：小毛奇的建议并没有被奥地利方面采纳，他们仍然把缩小巴尔干危机波及的范围视为战略重点，唯恐与俄国展开没必要的对抗。此外，在对危机中各大国采取的外交政策进行比较之后，很容易让历史学家得出的结论是，比起德意志帝国，"高压的外交政策和军事预防措施"在俄国、奥匈帝国甚至英法两国的危机管理中是更加突出的特征。[113]

实际上，可以说，德意志帝国高层缺乏协调一致的决策结构，这为皇帝提供了其他君主没有的机会，使他得以在决策中帮助文官和军事领袖抗衡。威廉二世在7月28日以及31日都利用了这样的机会。和他不同的是，弗朗茨·约瑟夫和尼古拉二世（至少从7月中旬起）面对着来自政界、军方以及外交顾问几乎一致施加的压力，这些人都要求他们采取果断的军事行动。主导俄国以及奥地利政策的合议机制不像德国那样可以容纳各种不同的观点，这导致在俄奥两国，将军们更容易向文官领导人推销自己的政策观点，因此领导阶层的看法要比德国一致得多。这种现象在俄国尤为明显，其总参谋长苏霍姆利诺夫接连使出诡计，使得稳健派的总理大臣科科夫佐夫伯爵被罢免，确保了鹰派在内阁会议里的优势地位。[114]尼古拉二世和弗朗茨·约瑟夫从未和他们的军事首脑正面较量，而威廉二世在7月28日以及31日却准备那样做。

威廉二世能这么做，也许是因为他意识到他自己的政策观点和军方领导层的观点有着非常关键的区别。在这一点上，我们必须记住，尽管他的穿着打扮总是走神气的军旅风格，他本人也酷爱军服，但是他和现役的军队高层其实不是特别亲近。自从19世纪90年代初威廉二世和瓦德西因演习之事闹翻以后，他和军队的关系就变得非常疏离了，而且众所周知，军方也不信任优柔寡断的"爱好和平的皇帝"。威廉二世身边总会有军方人员跟从，这制造出一种表象，就是皇帝始终和军方非常亲近，而且也乐于听取他们的意见，但事实上这种"围绕"正好起了相反的作用，那些长期留在他身边的军官已经逐渐变成"朝堂上的士兵"，基本只承担礼仪上的职责，与现役指挥官之间的联系越发脆弱。威廉二世从来没有真正接受法金汉、小毛奇以及其他军方人员不断灌输给他的"预防性战争"的观点；他倾向于以防御性措施来应对1913—1914年俄国的军备扩充，比如在东部前线建造一连串坚不可摧的堡垒。在任何时候，他都没有用"预防性战争"的逻辑来解决1914年7月出现的问题。他知道施利芬计划，也大概知道东线作战计划已经于1913年搁置了，但他并不认为作战计划是板上钉钉的。小毛奇说动员计划是不能改变的，或者一旦开始就不可逆转，但威廉二世拒绝接受这种观点。换句话说，威廉二世既不是什么"预防性战争"的倡导者，也没有兜售

"战争不可避免"的观点,而一些历史学家却认为威廉持有上述看法是七月危机不断升级的关键因素。[115] 这也能解释为什么他抨击奥地利在巴尔干采取的外交政策为"悲观主义",以及为什么他公开表示希望他统治的时期被铭记为欧洲和平的时代。

但是,可能有反对者认为,即使威廉二世希望欧洲能够保持和平,他也希望在巴尔干地区发生战争,至少在1914年7月初是这样的。这当然是正确的,威廉二世相信巴尔干战争并不会破坏欧洲和平属于误判。至于奥地利提出的针对塞尔维亚的行动是不是如大多数历史学家所认为的那样缺乏正当性,要想裁定这个问题,必然会超出本书的研究范围。可以这样说,从当时的视角来看,维也纳方面提出的要求显然并不严苛(这些要求侵犯贝尔格莱德主权的程度要明显小于塞尔维亚代表团1999年在朗布依埃所面对的要求),而塞尔维亚的回复也不像通常认为的那么顺从。总之,很明显的是,威廉二世不仅相信奥地利的理由是正当的,而且(非常正确地)相信欧洲列强的政府普遍持有这种看法。出于这个原因,威廉二世和他的大多数政治顾问一样,假定俄国不会决定介入奥塞冲突,即使最后不得不动用武力。这种"战争会被限制在局部的错觉"也经常被认为是德国决定支持奥匈帝国的有力因素。[116]

如何评价威廉二世以及柏林方面对于形势的错误估计,这取决于我们是否把他们对俄国中立的假设当作荒谬的错觉——误读俄国的意图,这件事本身太让人费解了,除非是为了掩饰发动预防性战争的计划——或者取决于我们是否认真看待那些列举出的俄国不会干涉的理由。事实是，德国确实有足够的理由相信俄国并不会介入这场冲突。最重要的是，正如我们所见，俄国的军备计划还远远没有完成。一个更深层的因素在于俄国、法国以及英国发出的犹豫不决的信号。俄国人最终还是介入了，但这并不是必然的：从巴尔干地区近期发生冲突的经验中，很难判断俄国对这个具体挑战的回应有多严肃。此外，如果科科夫佐夫继续担任总理大臣，或者如果法国没有如此着急地于7月28日、29日发动总动员的话，那么俄国在七月危机中采取的政策可能会截然不同。

另一方面，甚至德国领导层中最乐观的成员都知道，俄国介入的风险是存在的；如果不是这样，那么7月5日做出的支持承诺就没有意义了。但是，有证据表明，德国在向奥地利发出"空白支票"的时候，认为这个风险已经降到最低了。然而，随着公众对萨拉热窝事件的震惊逐渐平息，而奥地利人却一直拖拖拉拉地没能做出回应，这个风险不断增加，因此让人有理由觉得柏林和维也纳方面正在联手策划一个方案，从而把俄国人赶出巴尔干地区。对于威廉二世而言，第一次现实的冲击发生于7月27日至28日，当时利赫诺夫斯基发电报警告说英国的立场变强硬了。威廉二世把英国当作欧洲大陆强国外交的关键，于是他把塞尔维亚的回复当作在贝尔格莱德和维也纳之间调解的基础，孤注一掷地试图在战火点燃之前阻止发生冲突。正如我们所见，为了达到这个目的，他愿意全面背弃7月5日许下的支持奥地利的诺言，或者更准确地说，对这个诺言做出新的解释：德国目前支持的是友好的调解，而不是针对第三方的军事行动。所有这些都非常符合威廉二世之前对同盟关系的态度——他个人对奥地利的老皇帝非常敬重，也很注意不去破坏奥地利对柏林的信任，但他不愿让德国在巴尔干地区卷入与一个或更多大国的纷争，因此他对奥地利的友好态度受到了限制。但是，威廉二世的这些举措都是无用的，因为它们没有得到宰相的认可，这进一步提醒我们，威廉二世能够影响，但是并不能控制德意志帝国的政策。

第八章

战争、流亡、逝世（1914—1941）

最高统帅

普鲁士－德意志的君主（至少在理论上）是一个军事指挥官。从统治之初，威廉二世就把这方面的责任视为君主职权中非常重要的一个方面。在登基的几个星期之后，他就发布内阁令，宣布成立一个新的军事机构，也就是后来所称的"皇帝与国王陛下的指挥部"（Headquarters of His Majesty the Kaiser and King）。从传统上来讲，普鲁士国王的军事随从都是作为军队各部门的代表陪伴在皇帝左右的，然而与此不同的是，威廉二世的指挥部里的将军和副官都是他在军事内阁首脑的帮助下亲自挑选出来的。[1] 在整个战前时期，威廉二世都对军备问题以及陆海军法案的起草有着非常狂热的兴趣，甚至十分渴望能够在年度军队演习中发挥主导作用。从大约1900年起，皇帝本人被越发普遍地称为"最高统帅"（Oberster Kriegsherr），这突出了德意志帝国君主对军队的结构和部署所承担的责任。[2]

这位君主决心保留不受议会限制的"直接指挥权"并拓宽其行使范围，这对德意志帝国的政治史与宪法史有着重大的影响（见第四章）。它同样影响了德国陆海军高层指挥结构的演变。最重要的是，它使得一个能够协调各部门的活动以及调整其优先权的中心军事机构难以形成。在威廉一世统治的时候，人事、训练、军备以及部署的责任逐渐分散给了一系列相互竞争的机构：总参谋部、陆军部以及军事内阁等。威廉二世并没有试图颠覆这种状况，事实上他还进一步分散了指挥机构，方式是增加直接向皇帝汇报的陆海军指挥部的数量。[3]这是一种有意识的策略的一部分，目的是创造出一个君主在行使指挥职能时不受限制的环境。"在决定对海军以及陆军亲自行使最高指挥权以后，"威廉二世在1899年3月14日发布的内阁令中宣称，"我认为，在我和军队各首脑之间设立一个中央指挥机构是不可行的，这种机构存在的意义仅在于传达我的命令。"[4]

然而，实际上威廉二世行使指挥权的能力是十分受限的。他对军队演习的参与其实是极具破坏性的，一部分原因是威廉二世并不擅长战术谋略，还有一部分原因是总参谋长阿尔弗雷德·冯·施利芬认为，如果威廉参与进来，就只能让这位皇帝在演习中获胜："因为皇帝不能被他的任何一位将领击败。"[5]1906年，施利芬的继任者小毛奇把威廉二世不再进一步介入指挥权作为自己上任的条件。

威廉二世对战略规划也没有一个整体的看法。在战前的最后几年，总参谋部制定的应对潜在战争的策略，只让皇帝知道个大概——比如，他知道施利芬计划的大致情况——但是，总参谋部不会告诉他作战计划的具体细节，这可能是因为异常注重保密的总参谋部认为他可能会泄密。[6] 此外，无论是陆海军内阁，还是帝国指挥部，都没有资源来支持皇帝真正行使指挥权。德国并没有像法国的战争委员会（Conseil Supérieure de la Guerre）或英国的帝国防务委员会那样的统一军事指挥机构，而威廉二世也没有能力在军事指挥中扮演协调者的角色，因此他无法弥补德国的这一缺陷。即便在战争爆发前的最后几年里，德国领导层都没有为海陆两军的联合行动做出过什么具体的准备，也没有试图使作战计划部门所设想的战略和德国外交所追求的目标相吻合。从这层意义上说，德意志帝国依然"在战略方面无人领导"。[7]

在军事指挥方面，就像其他很多方面一样，皇帝所扮演的角色在理论上与现实中，可谓有着天壤之别。德意志宪法规定（第63条），在战争爆发时，皇帝拥有所有地面部队的最高指挥权，据说威廉二世曾宣布他会是"自己的战时总参谋长"。[8] 如果他确实说过这样的话，那么在1914年8月爆发的战争算是打消了他的错觉；他立即把以他的名义下达作战指令的权力正式让渡给了总参谋长。因此，德军总参谋长成了"真正拥有军队最高指挥权的人"。[9] 8月初，威廉二世承诺，他不会干涉军事行动的过程，而令军方领导层惊讶的是，他在整场战争中都恪守了这个承诺。这些将军至少在战争初期的时候都会留心不让威廉知道来自前线的坏消息，可能是因为他们都知道他的斗志是多么易受影响。战

第八章 战争、流亡、逝世（1914—1941） 273

争的爆发似乎让他陷入了神经衰弱的状态,这种状态一直延续到战争结束,中间只会偶尔好转。胜利的传言可以让威廉二世沉浸于带有残忍的狂喜中,但是他也非常容易沮丧,时常相信德国没办法取胜。他的情绪随着前线传来的瞬息万变的消息而起伏不定。比如,1916年9月6日,据说威廉二世"看上去很糟",因为他刚刚收到一份令人担忧的报告,得知了第一近卫步兵团在索姆河战役中的处境。但是,第二天他就"非常兴奋"了,因为他知道罗马尼亚在图特拉坎的要塞失守了。[10]

奥匈帝国的一名大臣后来回忆说,威廉二世因此成了越发边缘的人物,成了"他的将军们的俘虏"。[11] 在整个战争期间,威廉都待在最高统帅部,但是他会抱怨决策者不向他汇报战况或是不咨询他的意见。[12] 来到帝国指挥部的人往往会因为那里不切实际的氛围而感到震惊。皇帝拿着弗里德里希大王时代留下来的银质餐具,端坐着进食,同时向宾客绘声绘色地描述德军在战场上的英勇表现,而那些故事是经过两次转述才到他耳朵里的——"尸体堆了足足6英尺*那么高〔……〕一名军士用45发子弹杀死了27个法国人",诸如此类。[13] "如果德国民众认为是我在指挥军队,"他在1914年11月评论道,"那么他们可就错了。我在喝茶、伐木,还有散步,只能时不时地听说已经发生的事情,就像那些绅士所希望的那样……"[14] "我试着不去惹恼他们,"1915年夏天,威廉对普鲁士陆军大臣阿道夫·维尔德·冯·霍恩博恩

---

*　1英尺≈0.3米。——编者注

（Adolf Wild von Hohenborn）说，"但是，法金汉不得不维持是我在下达命令的假象。"[15] 内阁首脑在战争时期的任务是陪伴威廉二世，他们（私底下）抱怨连天，说自己不得不整晚聆听皇帝的独白，迁就他最新的爱好（在1916年夏天，威廉非常热衷于从语文学层面重构赫梯语），参与那些为聊而聊、不勉强接话就谈不下去的对话，或是玩牌来打发时间——这些沉闷无聊的任务让他们都不敢和皇帝共处一室了。[16]

历史学家们正确地强调，这场战争让皇帝远离了国家事务的中心。正如拉马尔·塞西尔所指出的那样："这代表着无限荣耀的帝王宝座，曾经象征着强大的君权和统治者，如今在战争期间却变成了一个次要位置，坐在上面的是一个被忽视的、消息不通的，同时也变得愈加不重要的傀儡领袖。"[17] 但是，过度延伸这个观点，也是有问题的。防止威廉二世指挥地面部队作战是有必要的——在这个方面，渴望扩大自己权力的皇帝不得不屈服于那些拥有专业知识的将领。但是，他对德国海军的战时行动确实施加了更为直接（尽管相当有限）的影响。[18] 而且由于他在德国政治体制内的中枢位置，皇帝依然是这个国家至关重要的人物。最重要的是，他仍然有权任免"他的"军官以及行政人员。

大多数的军队人事决策都没有什么实际意义，但是任命总参谋长——战时行动的最高指挥者——就完全不一样了。威廉二世曾把这个职位的任命完全看作他个人的决策，而且认为不必考虑候选人是否资深，或者有没有军事内阁的推荐。他密切参与了1906年对小毛奇的任命，这个决定让很多知情人士都非常惊讶，因为尽管小毛奇的军阶很高，但他从未担任过军级的参谋长。[19]而在七月危机中，政策上的冲突（见第七章）让他们两人之间的关系变得紧张起来。等到1914年9月中旬，当第一批报告抵达帝国指挥部，带来德国军队在前线遭遇重大挫折的消息时，威廉二世对小毛奇的信心已经彻底丧失了。这位总参谋长本来就容易情绪不稳，在接连收到前线的坏消息以及遭到君主的不信任之后，已经趋于精神崩溃了。[20]威廉二世任命了接替毛奇的总参谋长，这使君主仅剩的重要权力凸显了出来。威廉二世并没有理会很多军方重要人物的意见，他选择了埃里希·冯·法金汉将军作为新的总参谋长。对法金汉的任命本身就存在着很多争议，而在1914年冬天，德国军队在西线没能成功突破协约国的防线，之后他便更加不得人心了。

  这种情况说明，威廉二世在德国权力结构中仍然处于中心位置。首先，法金汉之所以能够留任，完全是仰仗威廉二世个人的支持，这一事实表明他们的关系中存在依赖的成分。从这层意义上讲，正如法金汉的传记作者霍尔格·阿夫勒巴赫指出的那样，这位总参谋长依然是"朝堂上的宠儿"。他也是一个罕见的极具沟通天赋的人（在威廉二世眼里，这是非常重要的一个特质），他以言辞优美而清晰的口头报告脱颖而出。威廉二世之所以要坚决挽留这位非议缠身的将军，让他继续担任总参谋长，与其说是为了重新获得对军队行动的控制权，不如说是因为他不愿意失去这位熟悉、可信的下属；事实上，威廉二世从未想过要改变对法金汉的安排。[21]

在 1914 年年末，军队内部为撤换法金汉施加的压力已经越来越大。法金汉遭到厌恶的根源，（除了同行的嫉妒和竞争以外）是针对这场战争要如何进行下去的两极分化的观点。法金汉认为取得最终胜利的关键在于西线，在这里德国将面对英法联军，因此必须把大部分资源用在这里。在 1915 年 12 月的一份长长的备忘录里，他解释说，如果德军选择一个法国不得不防守到最后的目标，并集中力量发动进攻，那么就有可能凭借纯粹的消耗战让法军"流尽鲜血"。这个策略的结果是 1916 年 2 月德军针对凡尔登要塞周围的防御工事所发起的猛烈攻击。与之相反，兴登堡和鲁登道夫认为德国胜利的关键在于完全摧毁位于东线的俄国军事力量。他们认为，德军在俄国前线相对成功的作战记录可以证明自己的观点是对的。他们还抱怨，为了维持偏向西线的政策，东线缺乏足够的资源，以至于到目前还没有取得什么决定性的突破。1915 年夏天，东线的指挥官们和总参谋长就这些问题爆发了公开的争论。[22]

随着要求罢免法金汉将军的呼声越来越高，威廉二世逐渐意识到自己的权力就和法金汉的一样，已经越发不稳。反对法金汉的主要人物、陆军元帅保罗·冯·兴登堡威胁说，如果法金汉不免职的话，他自己就会辞职，此时威廉二世的政治独立性遇到的威胁已经非常明显了。兴登堡以及他亲密的伙伴埃里希·鲁登道夫是东线的主要指挥官和战略规划者。鲁登道夫是兴登堡名义上的下属，但是要比兴登堡更擅长谋略和组织。1914 年 8 月，德军在东普鲁士的坦能堡与俄军作战时取得了大胜，人们普遍认为这要归功于他们俩。兴登堡的最后通牒是普鲁士军队历史上的首例——在此之前，从来没有哪个军官用继续服役来交换某项具体政策。威廉二世对这种操纵自己的举动非常愤怒，他考虑把兴登堡送到军事法庭进行审判。威廉拒绝顺从，但是也并没有惩戒他那越轨的陆军元帅，这大概是因为他不敢疏远这样一位极具声望又深受欢迎的指挥官。[23]

除了皇帝亲自进行裁决之外，已经没有什么方法能解开这个僵局了。事实上，德军东线战场最高指挥部的这些将领以及他们在指挥部内形成的联盟还受到另一个举足轻重的人物的支持，那便是宰相特奥巴尔德·冯·贝特曼·霍尔韦格，这使得情势对威廉二世来说更加艰难了。事实上，正是贝特曼掀起了早期反对法金汉的浪潮。他并不认同法金汉的观点，后者认为胜利的关键在于一方面把攻击的重点放在西线，一方面通过外交手段来对付俄国（这是由宰相负责的）。贝特曼支持兴登堡和鲁登道夫的看法，相信只有把战略上的重点由西线转移到东线，才是对德国最有利的。就连皇室中也有反法金汉的人，其中包括威廉二世最小的儿子约阿希姆（他在兴登堡的指挥部服役），以及皇后（在兴登堡的提示下，她曾写信给丈夫表示自己支持罢免法金汉）。[24]在发给奥古斯塔-维多利亚的电报中，威廉二世十分愤怒地表示："这些阴谋家甚至都不放过我的家庭，他们完全不顾及我家中的安宁，竟敢把你送到我的对立面上。"[25] 在1915年7月到8月的争论中，威廉二世扮演了调停者的角色。他命令法金汉从西线上转调部队前往东线，但是在兴登堡和鲁登道夫的抗议声中，他

图10 威廉二世会见陆军元帅保罗·冯·兴登堡的场景。皇帝从未信任过这位得力的部下,而兴登堡在与皇帝之间的政治关系中一直处于优势地位,这张战时明信片便反映了这一点。在这张图片中,陆军元帅高于和他对话者,这并不是巧合。兴登堡在战争期间巧妙地构筑了自己高大的形象,那些没有突出他重要性的图片很少公之于众。

第八章 战争、流亡、逝世(1914—1941)

依然保留了法金汉的职位,并且要求兴登堡按照法金汉的战略观念行动。在东线德军已经控制的俄属波兰,成立了一个新的文官机构,使得兴登堡的权力被削弱了。不过,这对于四面楚歌的总参谋长来说,只能暂时缓解危机。第二年2月,德军继续对凡尔登要塞展开猛烈攻击,但一直拖到夏天也没有取得什么关键性突破,而在这一过程中,德军的人员损失非常惨重。1916年7月30日,兴登堡和鲁登道夫成功迫使威廉二世同意将控制权集中到东线,实质上也就是削弱了法金汉对于军队的最高指挥权。[26]在1916年8月28日罗马尼亚出乎意料地以协约国的身份参战后,法金汉职业生涯的丧钟也就敲响了。东边出现了看上去很可怕的新敌人,使得战争资源要更多地投入东部前线,同时也使得人们严重质疑法金汉的西线战略的合理性。1916年8月30日,在罗马尼亚参战两天以后,威廉二世终于妥协,任命兴登堡为总参谋长,鲁登道夫为军需总监。[27]

  法金汉曾经警告过威廉二世,如果让兴登堡和鲁登道夫获得最高指挥权,那么他作为皇帝的权力可能会被架空。[28]当负责人事决策的军事内阁首脑林克提议把指挥结构合并,集中交给兴登堡管理时,威廉二世抗议说,这意味着"他的退位〔……〕兴登堡会作为人民的保护者而取代他"。[29]两位将军当然很快就蚕食了威廉二世作为总指挥所残存的那一点点作用。新一任陆军大臣赫尔曼·冯·施泰因是因为对总参谋长兴登堡的顺从和政治上的忠诚而任职的。而此前直接向皇帝汇报情况且握有国内行政大权的副总指挥,如今也归陆军大臣管理。虽然如此,如果就此认为威廉二世不再是行政机构里的关键人物，那显然也是错误的。威廉让东线将领晋升的举措合并了上层的控制权，进而缩小了军事指挥结构间的差距，但是在文职领导层与军方之间仍然存在着巨大的分歧，这需要皇帝来决断。而在战争中期，最重要的分歧在于如何部署潜艇来打击敌国船只。

无限制潜艇战

对于德国的政界以及军方领导层来说，如何利用潜艇是所有关于战争的问题中分歧最大的那个。海军指挥官们认为，潜艇应该在德国战略中起到决定性的作用，因为可以利用它来打破英军的海上封锁，从而迫使其退出战争。为了达到这个目的，必须部署潜艇来打击敌国的商船，同时还要警告那些中立国的商船远离"交战区"。但是，照这样部署潜艇，风险是极高的。国际法没有规定可以用潜艇打击商船，而是为水面舰艇制定的，其中要求战舰遵守"登船搜查"的原则。但是，如果中立的船只（包括属于中立国的船只）继续穿过交战区，能否对它们发动攻击？即使宣布它们可免遭攻击，事故也是不可避免的，因为潜艇艇长经常难以分辨哪些是中立国的船只，哪些是敌方的船只。同时，也很难规定和区分哪些是可以合法攻击的目标。运载走私武器的客船是否可以得到豁免？可不可以把打击英国航运视为对英国"非法"封锁德国北部港口的正当报复？怎么处理挂着敌国旗帜却载有中立国乘客的船只？

1915年年初，关于如何部署U型潜艇这一问题，决策层已存在极深的分歧。一方面，贝特曼、内阁首脑米勒以及瓦伦蒂尼、帝国指挥部的外交联络官特罗伊特勒等人认为，全面发动U型潜艇作战的风险要高于预期收益。他们看法的关键在于，如果U型潜艇的无差别攻击最终致使美国作为德国的敌人参与战争，那德国取胜甚至取得较为有利的和解的可能性就完全没有了。反对他们的海军及陆军的鹰派领导人，包括海军大臣提尔皮茨以及海军参谋长巴赫曼，认为只有最大限度地利用潜艇，才能报复英国采取的"饥饿封锁"政策。[30]

威廉二世在潜艇部署问题上犹豫不决。他起初支持稳健派的观点，这在很大程度上是因为他担心得罪美国的后果，而另一个原因是，正如他自己后来所言，"他很怕那些无辜的乘客淹死在海里"。[31] 然而，1915年2月，威廉得知美国为协约国提供了潜艇以及军事装备，在提尔皮茨的压力下，他同意潜艇在不发出警告的情况下用鱼雷攻击在战区航行的商船。这项新政策在2月4日实行，在5月初引来灾难性的后果：装载着走私货物的大型客轮"卢西塔尼亚号"被鱼雷击沉。在被淹死的1 198名乘客中，有超过100名美国公民。在随后的国际骚动带来的焦虑之下，贝特曼和米勒极力要求重新限定攻击的条件，他们无论如何都不希望美国也参与战争。在1915年5月31日的御前会议结束后，贝特曼胜过了潜艇的狂热支持者。第二天，威廉二世对所有潜艇艇长发布命令，自此不可再攻击中立船只，而在无法辨识船只身份的情况下，"宁可让敌方商船通过，也比炸沉一艘中立船只要好"。

1915年6月6日，威廉进一步发布命令，禁止攻击一切国家的客轮。[32]

提尔皮茨和巴赫曼极度愤怒，他们发了一封联合电报，表示他们拒绝执行新政策，但是威廉二世坚持了他的立场，还补充说他希望这个命令能够完全对外界保密，目的是预防海军大臣公然煽动对抗政府的限制政策。提尔皮茨和巴赫曼效仿兴登堡的反抗手段，也提出了辞职。威廉二世拒绝批准，并大声地对一名顾问说："不！这两个绅士必须忠诚顺从。这不过是又一场军队的阴谋！提尔皮茨带来的阴谋。"[33]1915年8月19日，U-24潜艇的施奈德上尉把客轮"阿拉伯号"错看成货船，并将其击沉，之后贝特曼劝说威廉二世进一步加强限制，因此使得潜艇变得"几乎无用"。[34]不出所料，提尔皮茨勃然大怒，再一次提交了辞呈。威廉二世并不愿意（如同早先兴登堡的情况一样）将这样一位广受公众支持的军官解职，但是他解除了提尔皮茨那恼人的老朋友巴赫曼的职务。在写给海军大臣的一封信中，威廉使用了宰相周围的政治顾问的观点，解释说阻止美国作为"有力的敌人"进入战场至关重要，因为"美国能给我们的对手提供无限的金钱"：

> 作为最高统帅，我绝对要阻止它发生［……］首先，我们必须打赢这场战争，如果想要这样，就必须阻止新的敌人产生；至于如何做到［……］是我自己的事。我如何指挥我的海军也只是我自己的事。[35]

第八章 战争、流亡、逝世（1914—1941）

整个1916年，尽管议会和新闻舆论鼓吹无限制潜艇战的言论越来越普遍，但是威廉二世和贝特曼的团队没有让这些潜艇战的说客遂意。3月15日，贝特曼劝说威廉二世剥夺海军大臣的部分职责。提尔皮茨再次提出辞呈（在战争爆发以后已经是第三次了），这次被威廉二世批准了。在尝试着放松限制的一小段时间里，又发生了另一个有争议的沉船事件（3月24日，穿越英吉利海峡的汽船"萨塞克斯号"，被U艇错当作一艘布雷舰击沉），此后威廉二世下达了一项新命令：在发出警告之前不得击沉任何船只（除了敌国的战舰）。这使得海军指挥官们不得不完全搁置潜艇在大西洋及英吉利海峡的作战行动。因此，威廉二世（至少在那时）发挥了在决策中应有的作用，没有继续发动无限制潜艇战。威廉这么决定一方面是出于地缘战略的考虑（特别是考虑到如果美国参战，那么后果是不可估量的），另一方面是出于道德上的重重顾虑。他认为："用鱼雷击沉那些载满女人和小孩的客轮，是史无前例的残酷暴行，这会为我们招来全世界的仇恨和狂怒。"[36]

因此，威廉在支持决策层的政治稳健派压制鹰派的要求方面起到了至关重要的作用。然后，是什么使他在1917年1月又开始支持无限制潜艇战了呢？公众意见显然是一个关键因素。在1916年下半年，支持潜艇战的声音越来越响亮和普遍，尤其是在5月底发生了日德兰海战（德军舰队并没能冲破英国皇家海军的封锁）之后。此时支持无限制潜艇战的不仅有在1915年就鼓吹潜艇作用的扩张主义团体，也有议会各个党派的成员。德国人普遍认为英国是敌方联盟中的核心角色,公众的敌意也正在逐渐聚焦于英国,潜艇战对他们而言很有吸引力。[37]正如罗杰·奇克林所说,潜艇已经变成"一种灵丹妙药,一种可以终结此次战争和能够让英国屈服的神奇武器"。[38]当然,尽管盛行这种观点的舆论氛围无疑对威廉二世产生了影响,但其本身并不足以改变他针对无限制潜艇战的政策。然而,它同时也削弱了宰相的地位,因此使得行政机构内部的天平倒向了潜艇战支持者一边。在1916年的夏季和秋季,支持无限制潜艇战的观点就像强效溶剂一样渗入了宰相在议会中的根基。保守党和民族自由党中分裂出了"U艇集团";而到了1916年10月,原本忠诚于宰相的中央党也开始公开反对其潜艇部署政策,并且要求把决策的权力交给兴登堡和鲁登道夫(他们对无限制潜艇战的支持态度众所周知)。这一系列事情破坏了宰相在这场艰难的行政机关内部论争中的信心,动摇了他的个人立场,而一切都取决于这场论争的结果。

另一个促使威廉二世接受无限制潜艇战的重要原因是,宰相贝特曼在1916年12月对交战国和平意向的试探并没有得到回应。宰相和最高统帅就相关措辞展开了激烈的争论,12月12日的和平照会便是这次冲突的产物。结果,它成了一篇典型的自相矛盾的公报:它在开头宣告德国愿意展开和谈,结尾却警告说如果不能谈判的话,德国将战斗下去,直至胜利。威廉二世全力支持贝特曼的倡议,这不仅仅是如拉马尔·塞西尔所说的,想将其作为一种"权宜之计",[39]同样也因为他已经打心底里厌倦了战争(据说在与议会代表会面时,他听到"和平"一词就突然哭了出来）。[40] 缔造和平也符合被威廉神化的君主职责——他对贝特曼说，调解冲突"是一种高尚的行为，适合心存良知、对上帝负责的君主，因为上帝会关爱他的人民和其敌人的子民"。[41] 结果，12月12日的和平倡议失败了。五天之后，海军将领米勒发现，威廉二世因得知德国面对罗马尼亚时取得一连串胜利而感到的喜悦已经被忧愁取代，"主要是因为外国的政治家都对我们的和平试探嗤之以鼻"。[42] 当协约国对这个和平倡议的否定答复发表出来的时候，威廉二世被激怒了，他宣布德国必须战斗到底，吞并比利时，征服法国，等等。

1916年12月末的时候，带着一股宿命般的自以为是的情绪，一直对贝特曼的观点半信半疑、有所保留的威廉二世，开始倾向于接受无限制潜艇战可能带来的结果与风险。潜艇战的拥护者从1915年就在为此做准备了；潜艇部队的规模逐渐扩大，装备业已升级，现在他们开始以狂轰滥炸之势列出一大堆表格和统计数据，来证明在英吉利海峡和大西洋（北海的潜艇战一直在持续）利用无情的潜艇战打击英国贸易，不出五个月就能让英国不得不退出战争。他们声称，到那时美国是否参战已无关紧要，因为德军在美国部队大规模启程之前就已经摧毁了协约国的跨洋航线，就算美国向欧洲输送兵力，德军也不难将其拦截。威廉二世很快就采纳了这些说法，将其作为自己的观点。1917年1月9日，最高统帅部在普莱斯组织了一场会议，目的是讨论关于东部前线指挥部的一些问题。在会议上，威廉二世显然已经决心支持将军们的观点了。贝特曼依然对重新展开潜艇战持反对态度，但是他发现自己已经完全是在孤军作战了,最终只得默许了大多数人的观点。在贝特曼列举他的反对意见时,威廉二世已经有些不耐烦了,随后威廉签署了一项命令,让无限制潜艇战从2月1日起正式实施。在这项决议被德国政府正式发布以后,德美之间的外交关系几乎马上就被切断了。4月,美国正式对德意志帝国宣战。

威廉二世在普莱斯的会议上主导的这项决议,有着决定世界历史走向的意义。正如历史学家们指出的那样,它是在对风险与收益严重误判的基础上达成的。尽管德国的潜艇确实达到甚至超额完成了每个月击沉60万吨船只的预定目标,但是德国的优势是短暂的。英国的食物补给和分配制度要比德国人想象中的更灵活,美国造船厂填补损毁舰艇数量的能力远超德国战略家的预期,协约国开创的反潜措施也比德国预测的更加有效。德国潜艇的损失率飙升,远超协约国运兵船护航编队的耗损。[43]

当然,也有人认为,德国这样做是因为别无选择,毕竟从长远来看,陆地上的消耗战对德军是越发不利的。但是真的如此吗?这至少是值得怀疑的。在1917年1月,德国刚刚在与罗马尼亚的对战中取得压倒性的胜利,而在不久之后,它还将战胜俄国,尽管当时德国人不可能知道这一点。法军的斗志几乎已瓦解,英国也很快就要把钱都花光了,事实上,它比德国人想象的更接近财政崩溃。到1916年秋天,美国对英国封锁德国的政策越来越恼火,美英之间的关系已经跌到谷底。如果美国没有参战且没有随之而来的对英国的全面援助,英国很有可能在1917年的夏天或是秋天求和,大约在那时,意大利的防线也会在奥德两国的压力下开始崩溃。

换句话说，如果德国没有发动针对商船运输的无限制潜艇攻击，美国也并没有参与战争，那么德国败于协约国的可能性似乎微乎其微。回过头来看，德国的上策就是"等待［协约国的］船舶运输与金融系统瘫痪以及军队在各条战线上溃败"。[44] 威廉二世曾经短暂地瞥见这个可能性。在1916年11月底威廉二世造访维也纳时，他预言"在莫斯科和圣彼得堡会发生革命"，"俄国的军需将彻底得不到供给"，"英国会出现饥荒"，法国军队将消耗到"最后一人"。[45] 与威廉二世对话的人以不耐烦的怀疑态度对待这些预言，但是作为一种"可能实现的未来"，这并不像他们想的那样难以置信。

贝特曼的倒台

1916—1917年的秋冬之季，两个新的事态共同进一步弱化了威廉在行政机构中的地位。首先，军方权力急剧膨胀，侵入了文官政府掌握的地盘。在与将军们的一系列冲突中，贝特曼被迫在与俄属波兰未来地位有关的重要问题上让步，在一系列大臣和高级副官（雅戈、黑尔费里希和哈曼）被强制解职时忍气吞声。到了1917年年初，尽管贝特曼帮忙扳倒了法金汉，提拔兴登堡为总参谋长，并最终在潜艇战问题上让步，但兴登堡和鲁登道夫还是决定逼迫宰相下台。

在这些事态发展的过程中，越来越不稳定的国内政治形势也

图11 威廉二世密切关注德国的战争进程，但无法在军队日常事务的管理中扮演任何角色。然而，他也做出过具有战略意义的决定，如解除高级指挥官的职务或转向无限制潜艇战，若没有他，这些决策是无法做出的。这张图片展现了他于1917年在康布雷附近为军官们颁发勋章的情景。站在他右边（戴着护目镜）的是莫里茨·冯·林克，其日记和信件使我们得以一窥威廉二世统治时期的战时情况。

正自下而上地威胁着政府。战争爆发后曾有过一段短暂的"民族团结"时期,帝国议会各党派承诺在造成国民分裂的问题上自我克制。但到了1915年夏天,这种"休战"(Burgfrieden)状态遭受到政治光谱两端同时施加的压力。左派方面,社会民主党内的激进派打破了党纪,谴责战争,并在帝国议会投票反对进一步发放战争贷款。1915年,社会民主党人越发频繁地呼吁为前线战壕中勉力作战的工人阶级提供社会补偿和政治补偿。左派政治风潮中的关键主题是拒绝"侵略战争",号召对选举权进行改革。右派方面,一个有影响力的极端民族主义网络逐渐成形,并且获得了陆军、海军和政府的大力支持,它要求德国以兼并大量土地作为和平的必要条件,反对国内政治改革。

我们可以看到,1916年右派势力曾短暂地在议会中成功凝聚人心,为潜艇的发展博取支持。但到了1917年早春,政治主动权已到了左派手里。严重的粮食短缺和俄国二月革命的消息在德国的工业城市引发了民众的骚动情绪,中左翼人士开始联合起来,共同呼吁进行国内政治改革,特别要求废除普鲁士的过时且具有歧视性的三级选举制度。为了稳定局面,贝特曼敦促威廉发布"复活节圣旨",并承诺在局势稳定之后立刻着手改革选举制度。自1915年年初开始,威廉已经(尽管不情愿地)承认民主化进程的必要性,并愿意顺势而为,[46]但他那措辞含糊的承诺只能让政治氛围升温。在接下来的几周里,出现了自开战以来的首次罢工风潮,帝国议会重新尝试对德国的战备工作进行政治控制。许多代表这时坚持认为选举权改革刻不容缓,以中央党重要代表马蒂亚斯·埃茨贝格尔为首的议员们在初夏的大部分时间里都在讨论"和平解决方案",呼吁通过和平谈判而不是强制吞并来实现和平。

威廉及贝特曼与军方代表在这两个问题上发生了公开的冲突,最终是选举权的问题导致了宰相下台。1917 年 7 月初,当兴登堡和鲁登道夫得知贝特曼敦促威廉立即进行选举权改革时,两位指挥官立即前往柏林,要求皇帝将宰相解职。但是,威廉不为所动,贝特曼守住了宰相之位。现在,贝特曼不仅面临来自军方的压力,还要承受来自帝国议会代表的责难,他们中的大多数人已经对宰相推进选举权改革的步调之缓慢失去了耐心,要求将他解职。狡猾的鲁登道夫甚至向帝国议会中一些大党派的领袖暗示,他本人无意反对选举权改革,但宰相总是从中作梗,以此来抹黑贝特曼。[47]7 月 10 日,贝特曼最终成功地说服皇帝站在他那一边,于两天后宣布下届普鲁士议会将会在新的选举制度下通过民主选举选出。第二天,德国军方再次像往常一样叛逆犯上,兴登堡和鲁登道夫致电柏林,提出辞职,声称他们无法再与宰相共事。威廉对这种要挟的行为很是气愤,对海军内阁首脑说:"普鲁士将军们干出的这种事真是闻所未闻,简直是普鲁士历史上前所未有的。"他向贝特曼保证他不会让步,但他感觉自己处在一个"进退两难的境地"——这两位指挥官拿着辞职信"把他逼到了墙角"。[48]宰相的处境也是岌岌可危——他面临着军方的坚决反对,在帝国议会也没有任何坚实的后盾,只能依靠皇帝的支持,而皇帝在压力之下已经表现出妥协的态度。贝特曼在与敌对势力斗智斗勇的过程中心力交瘁,又不忍威廉进一步经受折磨,于是提出了辞职。

贝特曼于 7 月 13 日辞职,标志着威廉统治期间的一次极其重要的停摆。威廉对此有清醒的认识。"现在我最好退位。"他如此告诉贝特曼。[49] 没有什么能比新宰相的身份更好地说明威廉仅剩的权威所遭受的严重削弱。与威廉共事的前五任宰相在就职之前都与威廉熟识:霍恩洛厄是他的"叔叔",比洛是奥伊伦堡圈子里的一员,威廉在贝特曼父亲的陪同下射杀了他狩猎生涯的第一头鹿。* 相比之下,新任宰相格奥尔格·米夏埃利斯(Georg Michaelis)对威廉来说几乎完全是陌生人,虽然威廉的妻子因教会的关系与他相熟,并乐意因此而替他说话。米夏埃利斯以管理效率高而著称(他此前一直负责统筹民用和军用食品供应),但他几乎算不上著名的公众人物,也不是威廉中意的宰相人选。1917 年 10 月米夏埃利斯在帝国议会失宠之后,接替他的赫特林伯爵也是如此。宰相之位(德意志帝国宪法制度下的中枢职位)不再由皇帝把控。威廉偶尔能奋起与"恶魔双煞"对抗,比如在 1918 年 1 月,他反对鲁登道夫吞并波兰的计划,并且阻止了其随后的辞职威胁。[50] 但兴登堡和鲁登道夫立刻展开报复,迫使威廉心腹智囊团中深受威廉信任的官员辞职,其中包括忠实的内阁首脑瓦伦蒂尼和林克。威廉为瓦伦蒂尼的离开而痛哭流涕;瓦伦蒂尼的继任者弗里德里希·威廉·冯·贝格(Friedrich Wilhelm

---

* 此处提到的只是威廉二世统治时期的第三任至第五任宰相,前两任宰相是俾斯麦和卡普里维。——编者注

von Berg）倒是很快便获得了皇帝的宠信，但他被知情人士视为军方安插在皇帝身边的眼线。

舆论

如果说在1917年年末普鲁士国王-德意志皇帝的权力在行政机构中已被动摇的话，舆论领域也发生着类似的变化。1914年，在战争即将到来的消息传开之际，柏林和其他很多德国城市的部分人群对皇帝本人产生了强烈的认同感。据一位观察者回忆，1914年7月31日下午，当皇帝夫妇乘坐敞篷车经过勃兰登堡门时，"群众激动地向威廉二世欢呼，潮水般的人群涌入巷道，仿佛只有紧紧围绕在皇帝身边才能表现出他们忠诚的热情"。[51]记者们称，皇帝和人民有着前所未有的统一目标。次日，在柏林的宫殿的阳台上，威廉对德国民众发表讲话时就采用了这一主题。他宣称："当战争来临时，所有党派都停止争斗，大家都是手足同胞。如果说哪个党派在和平时期攻击过我，现在我毫无保留地原谅他们。"三天后，对聚集在皇宫正殿的帝国议会代表们发表讲话时，他以招牌的华丽辞藻再度表达了这些感想："我不再看到党派之分，只见全体德意志同胞。"[52]这句话连同威廉的头像一起出现在明信片和官方的宣传资料上，成了战时德意志帝国的"流行语"之一。

历史学家有理由质疑是否每一个德国人都热情迎接战争，这种保留意见无疑也适用于德国媒体在冲突初期记录的人民对皇帝一致拥戴的情绪。[53] 由于战时严苛的审查制度使得几乎任何公开的批评都不可能发表,想要评估战时德国民众对皇帝的普遍看法并不容易。[54] 官方的宣传材料及影像宣扬了皇帝励精图治、与民众同甘共苦的形象。[55] 威廉明智地没有去破坏这种形象;他不再频繁地在公开场合发声,并在诸如国内改革和战后兼并等容易产生分歧的问题上保留了自己的立场。这样一来,就可以避免因为他个人的不慎而损害政府权威的情况。据宰相府的副国务秘书阿诺尔德·万沙费1915年所记载的情况,舆论中最为皇帝博取好感的一种说法就是他从来没有试图引发战争。"多位社会民主党人告诉我,"万沙费在致内阁首脑瓦伦蒂尼的一封信中如此写道,"没有什么比公众普遍相信皇帝真诚渴求和平,更能有效地消解极端[左翼]势力丧心病狂的煽动所带来的负面影响了。到处都能听到这种言论:'如果皇帝有能力阻止战争的话,他一定会这么做的……'"[56]

1918年9月12日,威廉在埃森对克虏伯工厂的工人发表了讲话,这是其政治生涯中最后的几次公开演讲之一。媒体评论说,即使是在德意志帝国即将覆灭之际,威廉仍然有能力以积极的方式与德国的部分民众产生连接感。威廉在讲话中采用了极其个人化、略带悲情的口吻,向听众保证他对德国人民所遭受的"苦难与折磨"感同身受,强调自己为了实现和平所做的努力,博取他们对自己卧病在床的配偶的同情,祈求上天的庇佑,并号召大家共同抵抗敌人。这场演讲引发了强烈的积极反响,远远胜过审查规定之下产生的中规中矩的报道。《斯图加特日报》宣称其读者"感谢我们的统治者如此了解民生疾苦,并以其君王的同情心重视并分享民众的担忧……";[57]《科隆报》指出,皇帝"总是能在关键时刻证明他将人民的感受和诉求铭记在心";还有一位记者在报道中称"[皇帝的]嗓音中潜藏着悲戚之情",而另一位记者则报道说"他对我们的感受了然于心"。[58] 类似的评论可以在许多地区的报纸上读到。[59]

然而,我们不应该被这些帝国末日来临之前的煽情言论所误导,从而低估皇帝远离德国公共生活中心的程度。自战争伊始,威廉的形象就在保罗·冯·兴登堡的映衬下逐渐黯然失色。一个以兴登堡为中心的小团体开始成形,正是这帮人带领德军在坦能堡战胜了俄国人。兴登堡的肖像(标志性的国字脸)被大量复制,并在公共场所展示。兴登堡的等身像和巨型木像遍布德意志帝国的各个城镇广场,雕像上点缀着人们敲上去的钉子,每颗钉子代表一笔赠给红十字会的捐款。人们对陆军元帅的赞歌中常常隐含着对威廉和文官政府的批评之声,从这一点来看,人们对兴登堡的崇拜与19世纪90年代对俾斯麦的崇拜有相仿之处。[60] 这两种崇拜现象都是由国家"缺失真正的政治代表"所造成的。[61] 然而,某些人渴望能有一位元首,他对朋友和敌人都享有绝对而不容置疑的权威和权力,这种渴望给人们对兴登堡的崇拜增添了一种浓郁的情感,这在对俾斯麦的崇拜中是没有的。围绕兴登堡产生的崇拜将他塑造成了在象征意义和民众心理的层面上与威廉对立的存在。正如沃尔弗拉姆·佩塔所指出的,在战争时期,冷静和沉着凌驾于所有其他领袖品质之上——"德意志式的镇定自若突然成了引领战争走向胜利的最重要美德"。[62] 充满大将之风的陆军元帅与神经脆弱、易受惊吓的皇帝之间的对比简直不能再突出了。威廉二世的多变和敏感曾经被认为捕捉到和反映了德意志帝国那流动不居的现代性；然而在1914年以后，这些与威廉本人紧密联系在一起的特质从他的优势转变成了劣势。用一位支持吞并的杰出实业家的话来说，国难当头之时，德意志帝国需要的是"一位能将我们拉出深渊的强者"。[63] 毋庸置疑，威廉并没有达到这一要求。正如马丁·科尔劳施所指出的，威廉二世在位期间所发生的一系列丑闻使皇室声誉饱受重创，加速了君主本人与皇权制度在概念上的分离；因此，人们可以抛弃某位君主，而将皇权制度中所包含的至高无上的要素投注在一位理想化的"元首"身上。[64]

兴登堡作为"代理皇帝"强势崛起，使皇帝及其亲信越发忧虑不安。然而，威廉并没有采取任何措施来阻止自己的江河日下。从柏林迁至帝国指挥部可能是一个严重的错误，因为这使首都和国家失去了政治象征。由于人们普遍知道威廉几乎不参与作战管理工作（在大众心目中，这份功劳应该归于国家英雄——军事首脑兴登堡），所以威廉在指挥部坐镇，偶尔在前线督军，就很容易使公众怀疑他是一个金贵的、毫无意义的花架子，远离政治和军事决策的真正中心。兴登堡努力塑造自己作为德国军人领袖的国父形象，定期与记者会面，以有利于美化形象的姿态出现在照片和画作上，并对聚集在一起的众多支持者发表演说，而威廉及其亲信却完全没有在媒体上维持一种稳定的形象。兴登堡常常设宴招朋唤友，记者便是其中的常客，因此很容易接近他。相比之下，威廉的随从极力抗拒让记者接近皇帝，部分原因在于他们希望借此防止威廉祸从口出。[65]

匪夷所思的是，正是威廉助长了民众对兴登堡的崇拜。他公开参与其中，甚至在一定程度上破坏了自己和贝特曼的公众形象。1917年2月，宰相贝特曼震惊地得知威廉把种族主义文化理论家休斯敦·斯图尔特·张伯伦所写的一篇文章发给了总参谋部，并要求总参谋部将该文在全军传阅。张伯伦的文章强调了意志力对胜利所起的作用，并在结尾发出这样的哀叹：虽然上天赐予了人们兴登堡这样的伟人，但是德意志帝国的领导层总体来说还是由庸人主宰的，国家缺少一位称职的领袖。[66]威廉一向都有被舆论左右的倾向，他最终将自己视为兴登堡的支持者。"是的，我将追随我们的陆军元帅。"1918年9月威廉在对埃森工人的演讲中如此说道，在那之前他呼吁听众继续战斗，赢得了雷鸣般的喝彩声。[67]然而，当兴登堡的人气水涨船高之时，威廉的声誉却日渐降低。在战争的最后18个月里，反对君主政体的小册子流传范围在不断扩大，人们对霍亨索伦王朝的信心正在急剧减退。这一趋势在巴伐利亚尤其明显，长期的排他主义传统助长了那里的反皇情绪。1917年夏，鲁普雷希特皇储报告说，"负面的情绪随处可见，以至于有识之士纷纷开始怀疑霍亨索伦王朝能否撑到战争结束"。[68]

威廉曾经对他的声望和公众形象有着近乎痴迷的兴趣，而现在，他似乎对在公众前露面的需要完全无动于衷。他的心腹

第八章　战争、流亡、逝世（1914—1941）

（林克、米勒和瓦伦蒂尼）都曾反复劝说他去柏林会见帝国议会领袖，米勒还指出他应该迁回柏林并常驻首都。但是，威廉对此极不情愿——"我们再怎么劝他回柏林都无济于事，"莫里茨·冯·林克在给妻子的信中如此写道，"还有，他不想这么做；他害怕和政党发生不愉快的冲突。这从各个方面讲都是一个巨大的遗憾。假如报纸能报道他正在同宰相议事，或是和某位人士会谈，就再好不过了。"[69]林克曾随侍威廉千百个小时，比大多数人都要更了解皇帝，他将皇帝的沉默归结于恐惧自然是正确的。皇帝表面上喜欢夸大其词，经常异想天开，这总是容易让人忽略他骨子里对公开对峙和真正冲突的深刻排斥。到了1918年，在威廉于帝国指挥部这个远离现实和相对与世隔绝的地方度过多年之后，这些特质成了威廉人格中的主导力量。

当德国败于协约国已成定局之时，无论是兴登堡的威信，还是德国民众中残存的对君主的好感，都无法保住威廉的皇位。1918年德国发动的反击战全面失败，这一糟糕透顶的消息被威廉的心腹们拦截下来，因此威廉对此一无所知。9月29日，当威廉从鲁登道夫本人那里得知德国败局已定且失败近在眼前之时，他就更加震惊了。这一消息促成了德国政治体系在最后关头的戏剧性转变。如今，军方领袖认清了国内改革的需要，主要是因为他们认为这将使德国在同美国总统伍德罗·威尔逊和谈时占据更有利的地位。在穷途末路、无计可施之际，威廉接受了军方的建议。赫特林伯爵由于不愿意承担起德意志帝国政体民主化的责任，遭到了解职。巴登大公继承人马克斯接替了他的职位，并迅速建立了主要由帝国议会代表（不是皇帝钦点人选）组成的新政府。

新政府与最高统帅之间的关系仍然紧张。由于协约国提出的议和条件显然要比德国领导层预期的更为强硬，兴登堡违背了他早前授权文官政府进行和平谈判的决定，转而给他的将军们下了指示，宣称威尔逊的条款是无法接受的。马克斯自然将其视为对自己权威的挑战，他表示除非威廉下令终结德意志帝国的文官－军官"双轨制政府"，不然他将会提出辞职。因此，威廉不得不动用宪法赋予他的权力，在两大权力中心之间做出了最终裁断。10月26日，他训斥了鲁登道夫，并接受了他的辞呈。"手术结束了，"他后来评论道，"我已经将这对连体婴儿分离开来。"[70]

威廉作为君主究竟要如何处置，已经被提上日程。他若继续待在皇位上，是否能与德国政治中发生的变化兼容？在战争的最后几周中，这个问题得到了越来越广泛的讨论，特别是在审查法规于10月中旬放宽之后。10月14日，德国政府收到了来自威尔逊总统的照会，其中提到要"摧毁任何地方能［……］破坏世界和平的每一种毫无约束的权力"，并意有所指地提到"迄今为止，操纵德国的正是这里所描述的那种权力。是否要做出改变，要由德意志人民来决定"。[71]这种措辞使解决这一问题显得越发迫切。许多德意志人通过这次以及之后的照会里出现的类似评论推断，唯有威廉退位才能使美国人满意。[72]越来越多的人要求皇帝退位，随之而来的问题是皇帝现身柏林是否安全。然而，如果威廉没有在10月29日离开首都前往位于斯帕的最高统帅部的话，他还是有可能保住皇位的。他为什么要那样做呢？威廉的心腹认为这是避免退位的唯一途径，甚至声称皇帝现身最高统帅部有助于重振德国前线军人的士气，从而扭转德国在战场上的颓势。[73]然而，在现实中，同沦为阶下囚的法国国王路易十六出逃瓦雷纳的事件一样，威廉前往斯帕对他本人及政府的声誉造成了巨大的影响。

关于威廉在1918年11月9日至10日宣布退位及开始逃亡的戏剧性境况，其他作品已细致地论述过，在这里仅做简要说明。[74]在他在位的最后一周里，一种不现实的气氛弥漫在皇帝的随从人员组成的小集团中。他们像煞有介事地筹谋着荒诞不经的计划，包括建议威廉御驾亲征，以自杀式袭击的方式牺牲自己，以挽回皇帝的尊严。威廉也说要率领"他的军队"回到柏林。然而，军方通知他，军队已不再由他指挥。之后，他开始考虑各种可能的退位方案——也许他能只让出德意志帝国皇帝之位，但继续做普鲁士国王？但随着革命风潮席卷德国各个城市，这种想要将从帝国建立之初就密不可分的两个君位分离的尝试无疑是不切实际的，而且没有任何好处。威廉也从未认真考虑过，如果他自己宣布退位，让霍亨索伦王朝中更能为各方接受的皇室成员接替他的话，君主制度有可能得以保存。无论如何，政局的发展很快就超出了威廉的预期，使斯帕方面的所有努力前功尽弃。11月9日下午两点，正当威廉要签署一份声明，宣布放弃德意志帝国皇位但继续担任普鲁士国王之时，最高统帅部接到消息，宰相马克斯·冯·巴登已经宣布威廉同时放弃德意志帝

图12 保罗·冯·兴登堡（左）和威廉二世（右）在位于比利时斯帕市的最高统帅部交谈。图中另一人是奥地利军事全权代表克莱普施－罗登。威廉在第一次世界大战中移驾最高统帅部的决定反映了他对陆军的依恋之情（基本没有得到回应），但这却是一大公关灾难，因为此举使他远离了帝国的政治中心柏林，从而使得他的皇位不可避免地随着德国在前线的溃败而岌岌可危。

国皇位和普鲁士王国王位,政府由社会民主党人菲利普·谢德曼（Philipp Scheidemann）控制。威廉花了好几个小时消化这一重大消息产生的影响,随后在没有签署退位声明的情况下登上皇家列车,准备返回德国（他最终于11月28日签署了放弃两个君位的声明）。皇帝一行人很快意识到,他们无法再返回德国了,于是皇家列车改变了方向,开往荷兰。在得知边境的部分铁路已经落入"革命党"之手后,皇帝一行人在少数人的护卫下改乘汽车前进。1918年11月10日凌晨,威廉越过荷兰边境,永远地离开了自己的国家。

*

从威廉参与战时决策的过程中,我们可以得出什么样的结论呢?从我们的记述中来看,有一点是确凿无疑的,即皇帝于战争期间在大多数重大政策的决策过程中都始终居于中心位置。皇帝或许不能及时掌握日常信息,被排挤出军事和民事机构的运作机制;他可能如同时代一些人所说的被副官和顾问组成的"屏障"蒙蔽,但他仍然是政治-宪法体制的支柱。他仅仅是位于天平中心的被动"喉舌",其支持的政策体现了行政系统内部意见的平衡状况,还是说他扮演了一个更加积极、具有决定性作用的角色?

答案一定是两者皆有。认为威廉在政策形成过程中起到了创造性的作用未免有些可笑——他太依赖周围人的意见,而且缺乏为政治走向定调的人所应具备的先见之明。然而,认为威廉可有可无的说法也是不对的。正如霍尔格·阿夫勒巴赫所指出的,如果没有威廉的支持，法金汉是不可能直到1916年夏天还担任总参谋长的。在这个例子中，威廉准备对抗（或者抵制）压倒性的反对意见，坚决支持总参谋长。无限制潜艇战也是如此。如果不是皇帝支持宰相的观点，贝特曼和威廉所主张的限制规定不可能于1916年得到施行。值得注意的是，完全民主化的、代议制的德国是不会坚持贯彻限制政策的，至少在1916年初秋之后是这样。在以上两个例子中，威廉都起到了放慢和延迟政策更改的作用。

或许可以说，比起积极干预，威廉的不作为之处反而更重要。例如，我们看到，他没能统一德军的指挥系统。但对比德军和协约国军队的表现，我们并不能断言这个过失对德军陆上作战的效率产生了很大的负面影响。也许威廉更重要的失误在于他未能协调好文官政府和军方当局之间的关系，来使后者服从前者的权威。然而，尽管陆军和海军领袖的任意妄为造成了严重后果，但这不是战时政策的错误所造成的。帝国宪法从来没能圆满地协调好军事领袖和政治权威之间的关系。此外，在1871年开始施行的半代议制体系中，德国武装部队已经能熟练运用现代政治动员的所有手段，鼓动大众及议会代表支持所费不赀的整备及扩军计划。到了1914年，当兴登堡这位手握强大宣传资源的英雄元帅作为威廉的克星横空出世之时，越过负责的政府领导人而直接鼓动公众的做法已经根深蒂固。威廉逐渐认识到自己的权威正在受到陆军元帅和鲁登道夫的巨大威胁，但他没能在1915年惩罚他们的僭越行为，当时他还有能力阻止军事独裁制度形成。到了

1918年10月皇帝终于出手终结"恶魔双煞"的统治时，一切都已经太晚了。

流亡

可以说，威廉在荷兰度过的23年流亡岁月超出了以权力为主题的分析范围，因为威廉在1918年之后就不再拥有任何行政权力了。但是，我们有必要对其流亡生涯进行简短探讨，这不仅仅是为了保证叙事的完整，也是由于威廉在1918年之后所关注的事情会引出几个颇为重要的问题，有助于我们准确评价他在德国历史上的地位。其中，最重要的两个问题是他对犹太人的态度，以及他与纳粹党和希特勒政权的关系。我们先来对这位德意志皇帝退位后的流亡状况进行总体评价，随后再来依次讨论这两个问题。

在流亡荷兰的前两年中，威廉一直在担心协约国会强迫荷兰将他引渡回国，作为战犯进行审判。协约国的战时宣传已经将威廉从头至尾妖魔化，各方对他的敌对情绪都十分强烈。早在1918年12月2日，在伦敦举行的英法意三国会议上，与会代表就讨论了是否应当要求荷兰将威廉转交给协约国，将其作为"头号战犯"进行审判，但威尔逊总统对此热情不高，于是该议题被搁置，留待在和平会议上讨论。经过四巨头在巴黎的一番争论之后，《凡尔赛和约》第227条做出规定，威廉将以"严重违反国际道德和条约精神"为由被拘禁，由荷兰引渡回国，之后来自协约国的五位法官组成的特别法庭将对其进行审判。

威廉最终未被引渡回国接受审判，这是由四大因素决定的。首先，协约国的要求缺乏一致的法律依据。他们也意识到了这一点，于是便越来越多地使用"国际道德"这样语义模糊的概念来表达诉求。其次，虽然荷兰政府对威廉的到来感到措手不及，对可能造成的后果也颇为忧虑，但他们仍然以这样做会危及荷兰主权为由而拒绝了协约国的要求。再次，荷兰的威廉明娜女王和比利时国王阿尔贝一世都反对将威廉指控为战犯。特别是在阿尔贝一世那里，君主的偏好对比利时政府产生了重要的制约作用，否则比利时政府可能已经要求引渡威廉（乔治五世也表示反对，但决定不干涉）。[75] 欧洲各统治家族之间的关系网曾经对威廉临朝执政无甚助益，现在却开始运作起来，保护其个人的利益。最后，最重要的一点是，协约国内部在这个问题上也存在着分歧。积极推动落实该决议的主要是英国人，他们要求对威廉这个"人类公敌"进行审判，或者把他像拿破仑那样驱逐到某个偏远角落里。但美国人对此表示反对，法国人则不感兴趣。这些分歧连同英国决策层内部的矛盾，使得将威廉引渡的计划流产，此事在1920年3月之后就逐渐不了了之了。[76]

与此同时，退位的皇帝和他为数不多的扈从已经从阿默龙恩（在那里他们是非常乐于助人的荷兰贵族本廷克伯爵的座上宾）搬离，来到了更加宽敞和宏伟的多伦庄园，威廉将在那里终老。引渡事件带来的压力，连同一次拙劣的绑架未遂事件和住处即将遭到潜入者袭击的谣言已经对皇后的健康造成了损害。她比威廉

第八章 战争、流亡、逝世（1914—1941） 305

更加务实和专注,无法像他一样用自欺欺人的幻想聊以自慰,因此她在他们的不确定处境中感到的痛苦更加强烈。她于1921年4月11日去世,遗体遵其遗嘱运回德国,经共和政府同意埋葬于波茨坦新宫的皇家陵墓。送葬队伍穿过德国北部之时(德国政府坚持要求其在夜间行进),大量哀悼者涌上街头目送其经过,据说形成了贯穿全国的"绵延不断的人流"。在柏林,观察者报告称至少有20万民众聚集起来,他们之中有许多人整夜露营,只为抢占好的观看位置。这不仅证明在魏玛共和国早期,民众中间还保留着相当多的拥戴皇室的情绪,也表明了"多娜"在德国民众之中获得的爱戴之深。[77]

威廉因皇后之死悲痛不已,然而仅仅过了18个月,他便再度步入婚姻,在多伦庄园过上了有些平淡但舒适的家庭生活。这里保留了皇帝的头衔和一部分宫廷仪式——在庄园之中,威廉依然是"德意志皇帝"和"普鲁士国王"。他整日忙于伐木锯木,广泛阅读科普和考古方面的著作,撰写自我辩解的回忆录。他同有意正面宣传其统治的政论家合作,接受支持他的记者的采访,或是对态度友好的传记作品的书稿进行加工润色。他组织创办了一个"研究协会",该协会从当时流行的"文化形态学"领域汲取灵感,致力于进行宏观层面上的文化-历史研究。他还与人频繁通信,现在这些信件散见于欧洲和美国的各大档案馆里。

在这些书信中,威廉的关注点之一在于将帝国的溃败和屈辱以及他本人的退位归咎于特定的人和团体。正如约翰·洛尔、拉马尔·塞西尔和维利巴尔德·古切所指出的,犹太人在威廉的自我辩解中占据了相当重要的位置。他在1925年的一封信中说魏玛共和国是"由犹太人一手筹划、打造的,并且由犹太人的资金来维持";他告诉过两位同他通信的人,使共和国建立的革命是"被一帮犹太人蒙蔽和欺骗的德意志人民的背叛"行为。[78] 书信中还有其他更令人不安的话语,甚至与纳粹的种族主义思想不谋而合:"犹太人和蚊子"都"令人生厌,人类必须用这样或那样的方式使其灭绝"——威廉在给他的美国朋友波尔特尼·比奇洛写的信中如是说。他还补充道:"我相信最好是用毒气!"[79] 这些言论自然使得人们格外关注。约翰·洛尔特别指出,越来越激进的反犹主义如同一条红线,贯穿于皇帝成年生活的始终,他认为威廉是"阿道夫·希特勒的前身,可以说是'铁血宰相'和'元首'之间的那个缺失环节"。[80]

我们见识过1938—1945年纳粹政权给全欧洲的犹太人带来了多么惨痛的灾难,看到这种言论,我们的厌恶之情简直无以复加。然而在我看来,洛尔的结论在某些方面似乎有问题。首先,考虑到希特勒是在奥地利哈布斯堡王朝与德国截然不同的政治和思想环境中成长起来的,俾斯麦和希特勒之间的"缺失环节"意味着什么还有待商榷。我们也不能断言威廉在任何意义上为希特勒的崛起开辟了道路——正如我们将看到的,他对纳粹所持的基本态度是怀疑和敌对的。另外,威廉在历史上的地位是否可以用洛尔建议的方式从种族主义和反犹主义的角度来考量,也有待进一步考虑。毋庸置疑,正如洛尔和其他人所指出的,威廉在成年之后一直持有德国国内(以及其他欧洲国家)精英中广泛存在的反犹主义偏见。另一方面，正如拉马尔·塞西尔和维尔纳·莫斯所指出的，威廉同许多有钱有势的犹太人私交甚笃——他们就是所谓"皇帝的犹太人"（Kaiserjuden），其中包括船舶制造商阿尔贝特·巴林，银行家马克斯·瓦尔堡、卡尔·菲尔斯滕贝格和路德维希·马克斯·戈尔德贝格尔，"棉花之王"詹姆斯·西蒙，煤炭巨头爱德华·阿恩霍尔德等人。可以肯定的是，这些私交在一定程度上是有实际用处的，因为威廉时不时要动用这些关系，为他看重的计划筹措资金。但这些关系也反映了威廉对通过自己的努力获得财富的人是乐于结交和充满尊重的。这些朋友还能在经济问题方面为他提供客观的信息，他不相信自己的大臣们能做到这一点。最后，这些犹太大亨精明世故、活力四射，能够使威廉从其随从人员圈子里那种乏味的氛围中抽身而出，呼吸新鲜的空气。威廉毫无顾忌地当众同他们散步、交谈，在晚宴上同他们坐在一起，在各种演讲中对他们不吝赞美和感谢之词，并在犹太教会堂同他们谈天说地。[81]

在这里，有必要简要介绍威廉和这些人的关系好到什么程度。当政府官员抱怨见皇帝一面非常困难之时，威廉却花费了大量的时间与瓦尔特·拉特瑙（自1912年起任德国通用电气公司的监事会主席）会面；在战前的几年时间里，威廉至少会见了拉特瑙20次，其中许多次都持续了好几个小时。威廉是"钦点海洋巨子"阿尔贝特·巴林位于汉堡的宅邸的常客，一年之中造访多达6次。[82]威廉会前往柏林的格鲁讷瓦尔德请教弗朗茨·冯·门德尔松如何为新购置的房产配备合适的室内设施。1871—1888

年，前两任德意志帝国皇帝只给两位犹太人赐予了爵位，而威廉二世一个人就给七位犹太人封了爵位。除此之外，工商界人士中有越来越多的犹太人皈依了基督教，他们也在威廉统治期间所授爵的犹太人中占据了越来越大的比重。这种精英阶层构建方式在社会阶级层面是开放的，又相对现代化，被支持泛德意志运动的民族主义者、反犹主义者海因里希·克拉斯等同时代人所关注。在克拉斯1912年被广泛传阅的小册子《如果我是皇帝》中，以笔名写作的他问读者威廉何以成了"比他资质平庸的爱德华舅父还要糟糕的犹太人赞助者，他将暴富的犹太企业家、银行家和商人纳入麾下，甚至咨询他们的意见"。[83] 的确，皇帝对这些在现代经济和工业领域涌现的杰出人才的偏爱引发了一些人（尤其是普鲁士小贵族）对宫廷的疏离，在他们眼中，"自由派"的皇帝打破了旧贵族构成的社会阶层，由他所掌控的王朝已经成了犹太金融巨头们的避难所。[84]

威廉的反犹主义是应激性的——这种情绪常常在他感觉自己受到攻击时达到顶峰，尤其是面对来自媒体的抨击之时，比如在牧师施特克尔的事件期间，或是在发生《每日电讯报》事件和奥伊伦堡危机之后，那时他将所有的怨气都发泄在了言辞犀利的犹太记者马克西米利安·哈登身上。但威廉从未试图通过立法来限制德国的犹太人通过1869年的解放法令获得的自由。更重要的是，没有证据表明他曾计划或真诚地希望这样做。19世纪90年代早期，威廉公开拒绝了保守党采取的反犹主义立场，并且让反犹主义与他本人脱离了关系。1896年，他不顾大臣们的反对，支持拥有犹太人背景的公务员卡尔·尤利乌斯·冯·比特担任普鲁士贸易大臣。相比之下，霍恩洛厄视比特为"野心勃勃的犹太人"，对其嗤之以鼻，并威胁说如果比特"从一扇门"进入政府部门，他（霍恩洛厄）会"从另一扇门离开"。[85] 在1904—1907年的殖民危机结束之后，威廉成了伯恩哈德·德恩堡（负责殖民事务的犹太裔大臣）的热心支持者。

亡命他乡标志着威廉态度的显著转变。正如维利巴尔德·古切所指出的，威廉越发关注"犹太问题"并非"特例"。[86] 在战争的最后几年中，反犹种族主义在右翼圈子里迅速发展，并在魏玛共和国成立之后的最初几年中甚嚣尘上。革命更是加剧了德国人的反犹倾向，人们认为犹太人在革命中扮演了重要角色。就威廉本人来说，他同许多德国人一样，对降临于自己国家的不幸深感痛苦，同时也因自己与这些历史事件的独特联系而心怀怨恨。无论是在思想上还是在情感上，威廉都无法进行自我批评。他具有"外罚型人格"，总是将个人的不幸归咎于别人。他知道人们普遍认为是他一手策划了战争，并将治下的帝国带入了耻辱的末路，他便更迫切地需要将罪过和责任转嫁到他人身上。戴上反犹主义的有色眼镜之后，他统治期间的不幸动荡都有了令人信服的解释，比如哈登对奥伊伦堡的攻讦就是"犹太人"反对君主制的第一轮攻势，此后在1918年革命中达到高潮，接下来还发生了西线溃败、其妻子早逝等一系列事件。[87] 他沉浸在多伦庄园所营造的虚幻氛围里，终日咀嚼着失败的苦果，最终在反犹种族主义的邪恶谬论中找到了现成的答案，帮助他摆脱缠绕着自己的梦魇。

但值得注意的是，威廉的反犹主义从来没有为任何实际的行动提供依据，他也没有对活跃在魏玛共和国境内的各种反犹团体表示支持。也许其中的一部分原因是威廉从未将他的不幸遭遇仅仅归咎于犹太人；事实上，还有其他各种群体也是"罪魁祸首"的有力竞争者："美国佬"、"背信弃义的英国人"、法国人、共济会（三个"古普鲁士"分会除外）、容克地主、社会民主党等。除此之外，有许多人在他急需帮助的时刻使他大失所望。比如，当鲁登道夫于1927年8月写信给威廉，保证其领导的种族主义行动致力于与"耶稣会、犹太人和共济会"做斗争之时，威廉在批注中辛辣地指出，正是因为鲁登道夫在斯帕"失去了勇气"，"革命的巨石才滚动起来"。[88] 像威廉的其他言论一样，这一番指责中充斥着机会主义、自私自利、自相矛盾的腔调。他那些令人作呕的关于犹太人的言论单单为自我开脱的目的服务，既不能凝聚成稳定的世界观，又不能为任何行动提供指导。"我头一次为自己身为德国人而羞愧不已。"当1938年11月威廉在多伦庄园得知犹太人遭遇有组织的大屠杀，财产也被抢掠没收之时，他如此说道。他对扈从们宣称，"任何体面的德国人"都应该奋起反对纳粹的迫害。[89]

威廉强烈的利己主义倾向有助于解释他为何一直对纳粹的行动缺乏热情。至少到1934年为止，威廉还幻想着能够重返皇位，享受他实际上从未拥有过的绝对权威。因此1923年慕尼黑的啤酒馆暴动使他心灰意冷——他认为巴伐利亚的维特尔斯巴赫王朝试图通过这一行动将自己家族的成员推上皇位，以取代霍亨索伦王朝。20世纪20年代，多伦庄园的扈从同魏玛共和国的一帮保守派和君主主义者组成的松散网络保持着密切的联系。20世纪20年代末，威廉同纳粹的非正式联系越发紧密起来：威廉的幼子奥古斯特·威廉在询问父亲并获得许可后，于1928年加入了纳粹冲锋队。威廉的新妻子，赫尔敏·冯·舍奈希－卡洛拉斯公主与纳粹党高层有来往，并参与了1929年的纽伦堡党代会。保守阵营的崩溃和纳粹党在1930年德国大选中的惊人成功使得复辟主义者决定正式接触希特勒的组织，其结果是威廉和赫尔曼·戈林于1931年1月在多伦举行的会谈。此次会面的纪要已经散佚（如果有纪要的话），但戈林似乎对威廉在未来某个时间重返德国的前景抱持积极态度。[90]

尽管接收到了这些友好的信号（希特勒本人带给威廉希望的话语和1932年夏威廉与戈林的第二次会面[91]），威廉对"元首"是否真的支持君主复辟仍心存疑虑，其理由也相当充分。[92]这一合作的前景不容乐观。和希特勒平时建立的合作关系一样，双方都在尔虞我诈。希特勒希望通过与原来的统治家族联合，加强他作为普鲁士－德意志君主制传统合法继承人的可信度；而威廉则想夺回宝座。然而，在自传《我的奋斗》（威廉从来没有读过这本书）中，希特勒曾宣称他的目标不在于"建立君主制"，而在于"建立一个日耳曼国家"。随着希特勒大权独揽的欲望越发明显，威廉通过纳粹政府复辟君主制的希望日渐渺茫，而希特勒也不再迫切需要霍亨索伦家族的支持。关键时刻在1934年1月27

日到来，这一天希特勒下令取消所有为皇帝 75 岁生日所举办的庆祝活动。几天之后，新的法律出台，宣布所有君主主义组织皆为非法，复辟运动正式宣告失败。

在威廉看来，希特勒此举是在"向霍亨索伦家族宣战"。[93] 在随后的几年中，退位的皇帝越发敌视希特勒和他的组织，尤其在 1937 年 4 月其妻子与纳粹党断绝关系，成为与纳粹政权势不两立的反对者之后。纳粹政府对他们的蔑视展开了猛烈的报复，持续不断地清除德国皇帝的痕迹，禁止展示与皇帝相关的图片和纪念品。直到 1939 年秋天德国战胜波兰的消息传来之后，威廉才开始对纳粹政权产生更加积极的兴趣。当德国国防军于 1940 年 5 月 13 日入侵多伦之时，他感到欢欣鼓舞，并为德国战胜法国大为感慨。他仍然对自己退位和帝国崩溃的悲惨时刻念念不忘，认为攻陷法国是"为 1918 年所发生之事报仇雪恨"。此前，威廉的随从提醒他，希特勒因为威廉没有祝贺其成就感到不满，现在威廉便发了一封电报，称赞"元首"这场"天赐的胜利"。[94] 不消多说，这种示好并没有改善威廉在希特勒心目中的地位，希特勒在随后的几年里将威廉称作"趾高气扬、毫无个性的傀儡"。此举也没有获得国民教育与宣传部长戈培尔的好感，戈培尔在 1940 年将威廉描述为一个"不可救药的傻瓜"，并说他或许有部分犹太血统。[95]

威廉那时已年过八旬，身体状况每况愈下。1941 年 6 月 4 日，他在多次心脏病发作后不治身亡。希特勒曾打算将其遗体运往波茨坦举行葬礼，而他作为自封的普鲁士传统军阀出身的君主

第八章 战争、流亡、逝世（1914—1941）

的继承者,将毕恭毕敬地走在这位末代皇帝的棺材后面。但威廉留有遗嘱,希望在德国恢复君主制之前一直留在多伦,于是纳粹政府派了少数代表前往多伦参加了葬礼。尽管英军的空袭造成了延误,但在1941年6月9日,葬礼还是悄无声息地举行了。

结　语

"我支持对威廉处以绞刑。"英国工党议员乔治·巴恩斯在1918年11月于内瑟顿发表的一次竞选演说中如是说。[1]第一次世界大战结束之时，威廉二世成了大众仇恨的对象。在协约国战时用于宣传的艺术海报上，他被描绘成一只残忍血腥的动物，俯视着被踩躏过的比利时女性的尸体，或是一只趾高气扬的猿猴，站在熊熊燃烧的图书馆前面，欣喜于文明的毁灭。布满注释的学术论著纷纷出版，向受过良好教育的公众表明威廉要为1914年以来将整个欧洲裹挟其中的祸事负主要责任。"说到底，"1917年的一项此类研究宣称，"德意志帝国皇帝［……］应该为全世界所遭受的不幸负责。"另一项研究则认为，他应该为1914—1918年的战乱承担"完全和直接的责任"。[2]难怪很多人联合呼吁对这个"人类公敌"处以绞刑。[3]

即使在威廉二世统治了30年之久的德国国内，谴责的浪潮亦在他退位之后席卷而来。这位末代皇帝被称为带领臣民走向毁灭的"疯子"。曾在他手下任职的显要人物所著的自我包装的回忆录,几乎没有使他的形象有丝毫改善。"每出一本新书,他作为软弱无能的胆小鬼、独断专行的野蛮人和吹牛大王的形象都越发让人憎恶,正是这个装腔作势的蠢材使德国陷入了不幸的深渊,"哈里·凯斯勒伯爵于1928年这样写道,"他身上没有一点是能引起同情或怜悯的,他令人鄙视至极。"[4]

80多年后的新世纪伊始,当时的人们由这类评断而产生的对威廉二世的情绪和反应已经消失殆尽了,但我们对威廉二世的印象依然是负面多过正面。近年来的研究将他描述为"[精神病]治疗的典型案例";"想法无常、极度自恋"的"可恶皇帝";"四肢不协调"、"攻击性强"和带有"虐待狂"倾向的恶霸,以目睹他人受辱为乐,对人类同胞"冷漠而疏远";"令人厌烦的""疯狂的""自吹自擂和自视甚高的傻瓜";"阿道夫·希特勒的前身",德意志帝国假装斯文的沙文主义和奥斯威辛种族灭绝式的仇恨之间的"缺失环节";"目睹了世界上最极致的丑恶,却宣称这是上帝的杰作"——简而言之,他是"世界历史的浩劫"。[5]

众多谈及威廉的史学评论都采用了嘲笑、谴责,甚至妖魔化的论调,这是该研究领域最为鲜明和突出的特点。即使我们不带着为威廉正名的想法去探究这个领域,也能发现这种措辞的言过其实和错怪之处。这些研究给威廉塑造的形象似乎超越了他自己——第一次世界大战带来的浩劫、第二次世界大战的恐惧、一个民族的灾难和耻辱。本书并没有试图为这位末代皇帝"辩解"。在我看来，他聪明有余，但判断力不足，言行经常不合时宜，而且三分钟热度，生性怯懦，容易恐慌，常常因感到弱势和威胁而冲动行事。本书试图通过在具体情境中解读他的言行，在众声谴责和同情理解之间重新找回平衡。

通过这种做法，我们得出了什么结论呢？威廉对权力的理解和对权力应该如何运用的看法并不是一个精神错乱的头脑的古怪产物，而是一部分来自饱受权力政治冲突困扰的家庭背景，一部分拜俾斯麦所赐，这位政治伟人对威廉的政治教育可谓影响深远。

德意志帝国宪法特有的不确定性使君主得以在特定的情况下独揽大权，但也能导致权力从君主手中流失；从更普遍的意义上，本书突出了俾斯麦时代之后权力在德意志帝国宪法体系内不断流转的特性，以及权力在各方之间易手的可能性，特别是在以威廉和"他的"宰相、将军们的重要关系为背景的情况下。

在与俾斯麦决裂的过程中，威廉学会了调用帝国宪法赋予他的众多工具，并初步描绘了政治蓝图，将君主调解社会文化冲突的使命同有利于国家团结的宏伟计划结合在一起。在政治领域之外，威廉始终关注技术、科学和工业方面的最新发展，将这些领域的专家召集到他身边，从而创造出一个新的精英空间，使得原本互不相关的社会群体能够彼此交流。在这个意义上，正如尼古劳斯·桑巴特在对威廉统治时期独辟蹊径且发人深思的研究中所指出的那样，威廉向往成为一名"中心之主"。（桑巴特还指出，人们是否需要通过"爱"这个皇帝来理解他，是值得商榷的。）[6]

结 语

但是，皇帝尽管进行了许多积极的干预，却无法以任何有意义的方式实现这一蓝图，甚至连持续地让执行机构按自己的意愿行事也做不到。安排"心腹"就任关键职位也并不一定能壮大他的权力。这部分是由于帝国的"官吏"一旦被任命，往往会自行其是，但更根本的问题是皇帝完全无法制定或遵循一个属于自己的连贯政治纲领。所以"王权机制"——洛尔用来替换"人治"的意思更微妙的词语（借用了诺贝特·埃利亚斯对路易十四时期专制政体的分析）——仍然是有问题的，因为只有当君主的目标是众所周知的，并且可以被朝臣预料到，它才能在政治意义上生效。威廉二世的情况绝非如此，他的政治目标总是瞬息万变。他采纳意见，充满热情，而后又感到厌倦或泄气，最后又将其束之高阁。他一时与沙皇势不两立，一时又与其过从甚密。他在以为自己受到轻视和挑衅之时，会勃然大怒，但一旦意识到自己即将真枪实弹地和他人对立或是产生冲突，他又会畏缩不前。这并不意味着皇帝无足轻重。然而这确实表明，他的重要问题不在于强加专制意志，而在于长期缺乏领导力。甚至他对科学技术领域的干预（虽然这是重要的领域）也只是临时的和短期的，因而算不上是稳定而长远的蓝图。

无论是同比洛，还是同贝特曼·霍尔韦格共事，威廉都没有实现其在19世纪90年代孜孜以求的对政治事务的掌控。伯恩哈德·冯·比洛或许没有计划在德国政治生活中永久采用代议制，但他并不像他口中"积极意义上的人治"理念所暗示的那样任皇帝驱使。至于威廉在外交政策领域的干预，这自然使德国外交部的官员如临大敌,但这些干预并不像他们宣称的那样充满恶意,而且几乎在任何情况下都没有对德国的外交政策产生什么影响。王朝之间的联系和交流在这一方面并没有什么用处。威廉在德国海军的迅速扩张方面起到了更为重要的作用,但海军计划和英德关系恶化之间的联系也不应被过度强调。无论是"世界政策"中没有明确目标的帝国主义,还是舰艇的大规模建造,都不是1914年战争爆发的原因。本书以冲突爆发之前的一系列危机为背景,强调了威廉处理巴尔干问题时的和平意图。威廉在1912年之后并没有把巴尔干问题当作求之不得的借口来挑起和一个或多个大国之间的冲突。自1895年之后,他并没有无条件支持奥地利盟友,因为这种支持可能会对德国的独立和欧洲的和平构成致命的威胁。他在1914年7月5日采取的行动("空白支票"事件)并非将奥地利推向更强硬的立场,也不是为了促使德国发动防御性战争来弥补备战相对不足带来的劣势。事实上,我们应当认真思考威廉在1888年6月25日帝国议会开幕时做出的承诺:"在外交政策上,我决心尽可能与每一个人都保持和平。既然我们已经通过奋斗赢得了作为一个统一的独立国家而存在的权利,德意志帝国既没有必要进一步追求军事上的荣耀,也没有必要进行任何形式的征服。"[7]

威廉的公开言论没有如他所预想的那样树立和巩固他的权威,反而比他的其他任何举动都更严重地损害了他的名誉。威廉的演讲有时是冒失和不明智的,但我们不能错误地将演讲引发的骚动完全归咎于皇帝个人的缺点。作为普鲁士国王-德意志皇帝，威廉代表了不同头衔及职能的融合，因此对形形色色的选区来说他扮演着不同的角色。威廉未能缓和由此产生的紧张局面，及其在帝国的公共生活中产生的恶劣反响，这不仅同他本人反复无常的个性有关，也同德国政治文化分裂的特质有关。"也许，"正如托马斯·科胡特所指出的，"德国就是如此四分五裂，以至于无法形成重要的利益共同体，为有效的政治领导提供基础。"[8]

威廉是名义上的军事统帅，却不能在德意志帝国军队的战略制定和管理运作上发挥任何积极的作用。但根据宪法规定，他是将军事当局和民事机构联系起来的关键人物（这在战争即将爆发的那几年中已经很明显），因此他得以在1914年7月之后于德意志帝国领导层做出的一些重要决策中发挥重要作用。他苦苦支撑了好几个月，为法金汉顶住舆论压力，确保其不会被赶下台。威廉比一贯高瞻远瞩的贝特曼·霍尔韦格更清楚地看出兴登堡是个威胁，他也是为数不多的在最后顶住压力反对采取无限制潜艇战的人之一，而无限制潜艇战也许是德国的战时指挥层所做出的最致命的决策。然而，这一切都不能使我们忽视皇帝无法真正掌控大权这一根本性失败。威廉占据了德意志帝国宪法的核心地位——他处于该宪法体系的焦点上。他原本可以利用这一优势协调各方，引导策略方针。威廉在这两方面的失败，有助于解释德国为何在解决东部和西部战线之间的关系问题上花费了这么长时间，为何对海军和陆军的调动如此不协调，为何没能在外交手段和战后和平计划的支持者与主张实施军事战略者之间实现有意义的对话。

威廉二世急剧加速了德国君主制政体被废除的过程，从而间接地使民众对"平民元首"的出现更加渴望，此人必须有所成就，且深受大众拥戴。对于保守派旧贵族而言，君主逃亡国外留下的耻辱处境使他们无法再对这位末代皇帝产生认同感。君主主义因此无法成为一种意识形态机制，为战后保守主义派别提供持续且稳定的政治支持。贵族群体，尤其是年青一代，逐渐远离了他们的祖辈所信奉的个人化、具体化的君主制，转而顺应时兴的理念，呼吁选出一位平民领袖，填补威廉执政失败而出逃国外之后留下的真空。我们在安德烈亚斯·冯·伯恩斯托夫伯爵（来自对普鲁士王室世代效忠的贵族家庭的一支）字迹潦草的日记中可以发现对这种渴望的独特表达："如今只有一位独裁者能够帮助我们，用他的铁扫帚把世界上的这群寄生虫全部扫荡干净。我们要是和意大利一样，有一位墨索里尼，那该多好！"[9]

威廉二世的权威是由不同形式的各种权力交织而成的。威廉有权提出政治举措（但无权将其强制通过和实施），他掌握着许多关键职位的任命权（但他提名的候选人就职之后，他就控制不住了），他还在公众生活中享有突出的特别地位（但无法控制公众对他的观感）。这些性质不同的权力之间的关系并不稳定，甚至会在某些方面互相破坏，这一直是威廉二世没能解决的问题。德国政治体系中最严重的问题（未经改革的普鲁士选举制度，和未明确规定的、在一定程度上还不受宪法管束的军队地位）依然悬而未决。在威廉二世统治时期，皇帝之位原本或许能推动建立更强大的立法机构，促使充满活力的欧洲现代政治文化进一步发展成熟,最终却反而成了一面高悬在上的"哈哈镜",使德国的困境之中最令人忧虑的特征(改革长期受阻,政治分裂,教派林立,社会经济两极化,权力和文化脱节,军方地位非正常化,国家难以确定自己在国际社会中的位置)显得更加骇人。

致　谢

在此谨向以下朋友和同事表示感谢，本书的完善有赖于他们提供的宝贵建议。约翰·A.汤普森是一位慧眼如炬的批评家，他慷慨地帮助我通读了整部手稿，挑出了许多错漏之处。布伦丹·西姆斯、乔纳森·施泰因贝格、马库斯·克劳修斯和埃玛·温特也给予了我巨大的帮助。沃尔夫冈·莫姆森（已故）来访剑桥时曾给予我很多有益的建议。克里斯托弗·A.贝利也提出了意见，激发了我的灵感。在这里我要特别感谢约翰·洛尔教授，整个相关的学术领域都肇始于他对德意志帝国的最后一位统治者所做的开创性研究。虽然本书对洛尔教授的巨著（三卷本威廉二世传记）中的某些解读持有异议，但是如果没有他的这部作品，本书也无法问世。西蒙·温德为本书解决了图片的问题。贝拉·库尼亚以她一贯的热情对本书进行了编校。尼娜·卢伯恩耐心地倾听我的想法，并指出其中的矛盾之处。约瑟夫和亚历山大给我带来了无尽的欢愉和快乐。本书中仍存在的错误及不当之处与以上诸位均无任何关系。

注　释

前　言

1　J. C. G. Röhl, *Germany Without Bismarck. The Crisis of Government in the Second Reich, 1890-1900* (London, 1967); idem, 'The "Kingship Mechanism" in the Kaiserreich', in idem, *The Kaiser and His Court. Wilhelm II and the Government of Germany*, trans. T. F. Cole (Cambridge, 1994), pp. 107-30; H.-U. Wehler, *Das deutsche Kaiserreich, 1871-1918* (Göttingen, 1973), pp. 60-69.

2　例如见 Röhl, *The Kaiser and His Court*, pp. 1-8; idem, 'Introduction', in J. C. G. Röhl and N. Sombart (eds.), *Kaiser Wilhelm II. New Interpretations* (Cambridge, 1982), pp. 1-22; I. V. Hull, ' "Persönliches Regiment" ', in J. C. G. Röhl (ed.), *Der Ort Kaiser Wilhelms II. in der deutschen Geschichte* (Munich, 1991), pp. 2-23; G. Eley, 'The View from the Throne: the Personal Rule of Kaiser Wilhelm II', *Historical Journal*, 28 (1985), pp. 469-85; R. J. Evans, 'Wilhelm II's Germany and the Historians', in idem, *Rethinking German History* (London, 1987), pp. 24-32; W. J. Mommsen, 'Kaiser Wilhelm II and German Politics', *Journal of Contemporary History*, 25 (1990), pp. 289-316, esp. pp. 294-6; G. Schöllgen, 'Wer machte im Kaiserreich Politik? Zwischen "persönlichem Regiment" und "polykratischem Chaos" ', *Neue Politische Literatur*, 25 (1980), pp. 79-97; J. N. Retallack, *Germany in the Age of Kaiser Wilhelm II* (Basingstoke, 1996), pp. 39-40, 92-4。

3　Cf. Mommsen, 'Kaiser Wilhelm II and German Politics'; L. Cecil, *Wilhelm II*, 2 vols. (Chapel Hill, NC, and London, 1989), vol. 1, *Prince and Emperor, 1859-1900*, pp. 260-61; Röhl, *Germany Without Bismarck*; idem, 'The "Kingship Mechanism" ', p. 116.

4　例如见洛尔的威廉二世传记第二卷，Röhl, *Wilhelm II. Der Aufbau der persönlichen Monarchie* (Munich, 2001)。但我们不应该因为其用语的转变而忽视其论点的延续性。在这部传记中，洛尔将威廉二世描述为一个"几乎无敌"的君主，他的"有害影响"和"爆发的力量"改变了德国政治；他还认为，到19世纪90年代后期，德意志帝国和普鲁士政府都只是执行德皇"帝国命令"的"行政机关"。

5　例如见 M. Kohlrausch, *Der Monarch im Skandal. Die Logik der Massenmedien und die Transformation der wilhelminischen Monarchie* (Berlin, 2005); J. Rebentisch, *Die vielen Gesichter des Kaisers. Wilhelm II. in der deutschen und britischen Karikatur* (Berlin, 2000)。关于威廉二世在英吉利海峡对面的形象,见 L. Reinermann, *Der Kaiser in England. Wilhelm II. und sein Bild in der britischen Öffentlichkeit* (Paderborn, 2001)。

第一章　童年和青年时期

1　弗里德里希·威廉三世在1786年其伯祖弗里德里希大王去世时16岁。关于他的类似论述,见下面这部精彩的传记 T. Stamm-Kuhlmann, *König in Preussens grosse Zeit. Friedrich Wilhelm III. der Melancholiker auf dem Thron* (Berlin, 1992), pp. 14–15。

2　Crown princess to Queen Victoria, Berlin, 5 April 1865, in R. Fulford (ed.), *Your Dear Letter. Private Correspondence of Queen Victoria and the Crown Princess of Prussia 1865–1871* (London, 1971), p. 22.

3　Cited in L. Cecil, *Wilhelm II*, 2 vols. (Chapel Hill, NC and London, 1989), vol. 1, *Prince and Emperor, 1859–1900*, p. 15.

4　Crown princess to Queen Victoria, Isle of Föhr, 14 August 1865, in Fulford (ed.), *Your Dear Letter*, p. 31.

5　Crown princess to Queen Victoria, Berlin, 24 March 1861, in R. Fulford (ed.), *Dearest Child. Private Correspondence of Queen Victoria and the Crown Princess of Prussia 1858–1861* (London, 1964), p. 313.

6　1863年的《阿尔文斯莱本条约》以牺牲受压迫的波兰人为代价,恢复了普鲁士与俄国的友好关系,而王储夫妇总的来说同情波兰人的事业。

7　Crown princess to Queen Victoria, Neues Palais, 8 July 1862, in R. Fulford (ed.), *Dearest Mama. Private Correspondence of Queen Victoria and the Crown Princess of Prussia 1861–64* (London, 1968), p. 90.

8　Crown princess to Queen Victoria, Berlin, 31 January 1863, in ibid., pp. 169–71.

9　L. Gall, Bismarck. *The White Revolutionary*, trans. J. A. Underwood, 2 vols. (London, 1986), vol. 1, p. 228.

10　Crown princess to Queen Victoria, Putbus, 3 July 1863, in Fulford (ed.), *Dearest Mama*, pp. 241–2.

11　J. C. G. Röhl, *Die Jugend des Kaisers 1859–1888* (Munich, 1993), p. 134.

12　Crown princess to Queen Victoria, Neues Palais, 11 September 1867, in Fulford (ed.), *Your Dear Letter*, p. 150. 关于第一次为威廉安排老师的细节,见 Röhl, *Jugend*, pp. 136–57。关于储妃在宫廷中的艰难处境,最佳记述见 H. Pakula, *An Uncommon Woman. The Empress Friedrich, Daughter of Queen Victoria, Wife of the Crown Prince of Prussia, Mother of Kaiser Wilhelm* (London, 1996), pp. 106, 109, 138, 139, 141, 151, 154, 190。

13　Crown princess to Queen Victoria, Berchtesgaden, 27 August 1872, in R. Fulford (ed.), *Darling Child. Private Correspondence of Queen Victoria and the Crown Princess of Prussia 1871–1878* (London, 1976), p. 57.

14　D. C. B. Lieven, *Nicholas II. Emperor of All the Russias* (London, 1993), p. 41.
15　Röhl, *Jugend*, pp. 216, 218.
16　Crown princess to Queen Victoria, Neues Palais, 5 September 1874, in Fulford (ed.), *Darling Child*, p. 150.
17　Cited in Röhl, *Jugend*, p. 193.
18　Cecil, *Wilhelm II*, vol. 1, p. 60.
19　Cited in Röhl, Jugend, p. 433. 关于皇帝对这次西班牙之行的态度，见 Friedrich von Holstein to Herbert von Bismarck, Berlin, 29 October 1883, in W. Bussmann, *Staatssekretär Graf Herbert von Bismarck. Aus seiner politischen Korrespondenz* (Göttingen, 1964), p. 178。
20　Cecil, *Wilhelm II*, vol. 1, p. 61.
21　J. C. G. Röhl, *Young Wilhelm. The Kaiser's Early Life, 1859—1888*, trans. J. Gaines and R. Wallach (Cambridge, 1998), p. 366.
22　Friedrich von Holstein, diary entry of 6 June 1884, in N. Rich and M. H. Fisher (eds.), *The Holstein Papers*, 4 vols. (Cambridge, 1957), vol. 2, *Diaries*, p. 154.
23　Alfred von Waldersee, diary entry of 10 June 1884, in H. O. Meisner (ed.), *Denkwürdigkeiten des General-Feldmarschall Alfred Graf von Waldersee*, 3 vols. (Stuttgart and Berlin, 1922), vol. 1, p. 242.
24　Waldersee, diary entries of 19 and 28 May 1884, ibid., pp. 237—9.
25　Wilhelm to Tsar Alexander III, 25 May and 19 June 1884, cited in Röhl, *Jugend*, p. 440. P. Kollander, 'Politics for the Defence? Bismarck, Battenberg and the Origins of the Cartel of 1887', *German History*, 13 (1995), pp. 28-46 同样讨论了这封信，但搞错了时间，以为是威廉在后来的1886年俄国行期间写的。关于威廉提供的牵涉英国的情报，见 Röhl, *Jugend*, p. 450。
26　关于巴滕贝格危机和威廉在其中扮演的角色，更全面的讨论见 Röhl, *Jugend*, pp. 517-46。关于巴滕贝格亲王，见 E. C. Conti, *Leben und Liebe Alexanders von Battenberg* (Graz, 1949); 关于政治背景的有用分析可见 Kollander, 'Politics'。
27　Crown princess to Queen Victoria, 28 June 1883, cited in Röhl, *Jugend*, p. 525. 储妃对巴滕贝格问题的看法远非三言两语就能说清楚的，更好的讨论见 Pakula, *An Uncommon Woman*, pp. 407-31。
28　威廉一世和其他很多人还认为巴滕贝格家族的血统不够格，不配与普鲁士公主联姻。
29　Röhl, *Jugend*, p. 529; Herbert von Bismarck to Otto von Bismarck, Berlin, 23 September 1886, in Bussmann, *Staatssekretär Graf Herbert von Bismarck*, pp. 377-8.
30　Crown prince to Otto von Bismarck, 12 August 1886, cited in Röhl, *Jugend*, p. 570.
31　外交部的F. 冯·荷尔斯泰因和储君的高级内侍起草了一份大意如此的电报（即此处引用的内容），然后由弗里德里希·威廉批准并发给俾斯麦。Text in Holstein, diary entry of 16 August 1886, in Rich and Fisher (eds.), *Holstein Papers*, vol. 2, p. 295.
32　Telegram, Bismarck to Kaiser Wilhelm I, 17 August 1886, transcribed in Holstein, diary entry of 17 August 1886, ibid., pp. 296-7.
33　Cited in Röhl, *Jugend*, p. 576.
34　Quoted in B. P. Simms, *The Impact of Napoleon: Prussian High Politics, Foreign*

Policy and the Crisis of the Executive, 1797‒1806 (Cambridge, 1997), p. 2.

35 自从1884年首次出使俄国以来，威廉便积极寻求在外交决策领域扮演更为积极的角色，而他的这种志向得到了俾斯麦家族的支持；见Röhl, Jugend, pp. 584‒97。

36 Crown prince to Bismarck, Portofino, 28 September 1886, cited in Otto von Bismarck, *Erinnerung und Gedanke*, ed. G. Ritter and R. Stadelmann (Berlin, 1932), pp. 455‒6.

37 Reported in Herbert von Bismarck to Kuno von Rantzau, Berlin, 20 December 1886, in Bussmann, *Staatssekretär Graf Herbert von Bismarck*, p. 415.

38 Crown princess to Queen Victoria, Berlin, 22 April 1887, in F. E. G. Ponsonby (ed.), *Letters of the Empress Friedrich* (London, 1928), p. 214.

39 Waldersee, diary entry of 16 January 1885, in Meisner (ed.), *Denkwürdigkeiten*, vol. 1, pp. 249‒50.

40 瓦德西在威廉的情爱纠葛中收拾残局的角色在Röhl, *Jugend*, pp. 494‒508中被挖掘出来。关于柏林联盟俱乐部的事件始末，见ibid., pp. 508‒16; Cecil, *Wilhelm II*, vol. 1, pp. 63, 124。

41 Waldersee, diary entries of 23 January and 22 August 1886, in Meisner (ed.), *Denkwürdigkeiten*, vol. 1, pp. 281, 296.

42 Röhl, *Jugend*, pp. 599‒616; Waldersee, diary entries of 29 October and 16 November 1886 in Meisner (ed.), *Denkwürdigkeiten*, vol. 1, pp. 300, 303; W. Canis, *Bismarck und Waldersee. Die aussenpolitischen Krisenerscheinungen und das Verhalten des Generalstabes 1882 bis 1890* (Berlin, 1980), p. 245.

43 Waldersee, diary entry of 12 December 1887, in Meisner (ed.), *Denkwürdigkeiten*, vol. 1, p. 342.

44 引自荷尔斯泰因得知储君确诊癌症的当天所写的日记。Holstein, diary entry of 17 May 1887, in Rich and Fisher (eds.), *Holstein Papers*, vol. 2, p. 343.

45 Waldersee, diary entry of 21 May 1887, in Meisner (ed.), *Denkwürdigkeiten*, vol. 1, p. 327.

46 Herbert von Bismarck, memoir dated autumn 1890, cited in Röhl, *Jugend*, p. 711.

47 见 O. Pflanze, *Bismarck and the Development of Germany*, 3 vols. (Princeton, NJ, 1990), vol. 3, *The Period of Fortification 1880‒1898*, pp. 285‒6, 297‒8。

48 关于此事件，见 O. v. Bismarck, *Gedanken und Erinnerungen*, ed. H. Granier (Stuttgart and Berlin, 1928), p. 595。

49 J. Alden Nichols, *The Year of the Three Kaisers. Bismarck and the German Succession 1887‒1888* (Chicago, 1987), p. 111.

50 Holstein, diary entry of 4 February 1888, in Rich and Fisher (eds.), *Holstein Papers*, vol. 2, p. 363.

51 这些话是当着俾斯麦的面说的，但被认为是讲给威廉二世听的。Cecil, *Wilhelm II*, vol. 1, p. 108.

52 Empress Victoria to Queen Victoria, 10 March 1888, cited in Nichols, *Year of the Three Kaisers*, p. 174.

53 Holstein, diary entry of 13 May 1888, in Rich and Fisher (eds.), *Holstein Papers*, vol. 2, p. 374.

54 Cecil, *Wilhelm II*, vol. 1, p. 119.

55　Crown princess to Queen Victoria, Berlin, 7 March 1887, in A. Ramm (ed.), *Beloved and Darling Child. Last Letters between Queen Victoria and Her Eldest Daughter 1886–1901* (Wolfeboro Falls, NH, 1991), pp. 45–6. Crown princess to Queen Victoria, Berlin, 22 April 1887, in Ponsonby (ed.), *Letters of the Empress Friedrich*, p. 214.

56　Waldersee, diary entry of 23 January 1887, in Meisner (ed.), *Denkwürdigkeiten*, vol. 1, p. 311.

57　T. Kohut, *Wilhelm II and the Germans. A Study in Leadership* (New York and Oxford, 1991), pp. 225–8 讨论了早期从心理层面研究威廉二世的作品。

58　E. Ludwig, *Kaiser Wilhelm II*, trans. E. C. Mayne (London, 1926), pp. 27, 271.

59　Cited in Kohut, *Wilhelm II*, p. 227.

60　Ibid., pp. 7–15.

61　J. C. G. Röhl, *Kaiser Wilhelm II. 'Eine Studie über Cäsarenwahnsinn'* (Munich, 1989), pp. 31–6; Röhl, Jugend, pp. 35, 70–71, 149–57, 166–87.

62　J. M. Hartley, *Alexander I* (London and New York, 1994), p. 20.

63　见 Holstein to Eulenburg, Dresden, 10 January and 19 April 1891, Holstein to Fischer, Berlin, 17 March 1891, in J. C. G. Röhl (ed.), *Philipp Eulenburgs Politische Korrespondenz*, 3 vols. (Boppard, 1976–83), vol. 1, pp. 626, 656, 670–71。

64　L. Quidde, *Caligula. Eine Studie über römischen Cäsarenwahnsinn* (Munich, 1894); J. Radkau, *Das Zeitalter der Nervosität* (Munich and Vienna, 1998), pp. 275–6.

65　见 J. C. G. Röhl, 'The Emperor's New Clothes: a Character Sketch of Kaiser Wilhelm II', in J. C. G. Röhl and N. Sombart (eds.), *Wilhelm II. New Interpretations* (Cambridge, 1982), pp. 23–61; N. Sombart, 'The Kaiser in His Epoch', in ibid., pp. 287–311; Röhl, *Jugend*; idem, *Cäsarenwahnsinn*; I. V. Hull, *The Entourage of Kaiser Wilhelm II 1888–1918* (Cambridge, 1982), pp. 18–22, 63–5, 109–11; Kohut, *Wilhelm II*。关于威廉"臭名昭著的演讲和非理性的行动"可以"归因于乔治三世的基因"的猜测，见 J. C. G. Röhl, M. Warren and D. Hunt, *Purple Secret. Genes, 'Madness' and the Royal Houses of Europe* (London, 1998)。

66　Röhl, *Cäsarenwahnsinn*, pp. 14–15.

第二章　夺取权力

1　Wilhelm II, Oath to the Imperial Constitution, 25 June 1888, doc. 224 in E. R. Huber (ed.), *Dokumente zur deutschen Verfassungsgeschichte*, 3 vols. (Stuttgart, 1964), vol. 2, *Deutsche Verfassungsdokumente 1851–1918*, p. 310.

2　1871 年的宪法全文及相关有用评论见 E. M. Hucko (ed.), *The Democratic Tradition. Four German Constitutions* (Leamington Spa, Hamburg and New York, 1987), p. 121。所有引文均出自该译本。

3　Reich Constitution of 1871, Article 6, ibid., p. 123.

4　D. C. Umbach, *Parlamentsauflösung in Deutschland. Verfassungsgeschichte und Verfassungsprozess* (Berlin and New York, 1989), p. 226.

5　J. C. G. Röhl, *Germany Without Bismarck. The Crisis of Government in the Second*

Reich 1890–1900 (London, 1967), pp. 23–4; K. Lerman, *The Chancellor as Courtier. Bernhard von Bülow and the Governance of Germany (1900–1909)* (Cambridge, 1990), p. 43.

6　Cited in P. J. Pulzer, 'From Bismarck to the Present', in M. Pasley (ed.), *Germany. A Companion to German Studies*, 2nd edn, (London and New York, 1982), pp. 259–401, here p. 262.

7　关于"不完整的联邦体系"，见 K. Möckl, 'Der "unvollendete" Föderalismus des zweiten deutschen Kaiserreiches', in J. C. G. Röhl (ed.), *Der Ort Kaiser Wilhelms II. in der deutschen Geschichte* (Munich, 1991), pp. 71–6。

8　Bamberger cited in H.-U. Wehler, *Deutsche Gesellschaftsgeschichte*, 5 vols. (Munich, 1995), vol. 3, *Von der 'deutschen Doppel- revolution' bis zum Beginn des Ersten Weltkrieges 1849–1914*：引文见 pp. 373–4；关于"卡理斯玛"的讨论见 pp. 368–76。

9　关于俾斯麦的政治角色，清晰而简明的分析见 K. Lerman, 'Bismarckian Germany and the Structure of the German Empire', in M. Fulbrook and J. Breuilly (eds.), *German History Since 1800* (London, 1997), pp. 147–67；更长的分析也可见 K. Lerman 即将为这套丛书贡献的作品。

10　D. C. B. Lieven, *Nicholas II Emperor of All the Russias* (London, 1993), p. 117.

11　K.-H. Börner, *Wilhelm I. Deutscher Kaiser und König von Preussen. Eine Biographie* (Berlin, 1984), p. 221.

12　Ibid., p. 223.

13　Quotations from M. Stürmer, *Das ruhelose Reich* (Berlin, 1983), p. 238.

14　D. Blackbourn and G. Eley, *The Peculiarities of German History* (Oxford and New York, 1984), pp. 275–6.

15　关于"议会化"的经典评述是 M. Rauh, *Die Parlamentarisierung des deutschen Reiches* (Düsseldorf, 1977)。关于这些问题的综合讨论，尤见 V. R. Berghahn, *Imperial Germany 1871–1914. Economy, Society, Culture and Politics* (Providence, RI, and Oxford, 1994), pp. 190 –96, 201–10; W. J. Mommsen, 'The German Empire as a System of Skirted Decisions', in idem, *Imperial Germany, 1867–1918. Politics, Culture and Society in an Authoritarian State*, trans. R. Deveson (London, 1995), pp. 1–19 and idem, 'A Delaying Compromise: the Division of Authority in the German Imperial Constititution', ibid., pp. 20–40; T. Nipperdey, *Deutsche Geschichte 1866–1918*, 3 vols. (Munich, 1992), vol. 2, *Machtstaat vor der Demokratie*, pp. 491–4; Wehler, *Deutsche Gesellschaftsgeschichte*, vol. 3, pp. 864–6。

16　Reported by Holstein in a diary entry of 9 November 1887, in N. Rich and M. H. Fisher (eds.), *The Holstein Papers*, vol. 2, *Diaries* (Cambridge, 1957), p. 356.

17　J. C. G. Röhl, *Die Jugend des Kaisers 1859–1888* (Munich, 1993), pp. 734–8.

18　*Reichsanzeiger*, 2 October 1889, cited in J. C. G. Röhl (ed.), *Philipp Eulenburgs Politische Korrespondenz*, 3 vols. (Boppard, 1976–83), vol. 1, p. 352, n. 2.

19　L. Gall, *Bismarck. The White Revolutionary*, trans. J. A. Underwood, 2 vols. (London, 1986), vol. 2, pp. 199–200; O. Pflanze, *Bismarck and the Development of Germany*, 3 vols. (Princeton, NJ, 1990), vol. 3, *The Period of Fortification 1880–1898*, pp. 317–19.

20　见 O. von Bismarck, *Die Gesammelten Werke*, ed. G. Ritter and R. Stadelmann, 15 vols. (Berlin, 1932), vol. 2, *Erinnerung und Gedanke*, p. 489。

21　Gall, *Bismarck*, vol. 2, pp. 202–9.
22　Bismarck, *Erinnerung und Gedanke*, vol. 2, p. 495.
23　R. Lucius von Ballhausen, *Bismarck-Erinnerungen des Staats-ministers Freiherrn Lucius von Ballhausen* (Stuttgart and Berlin, 1921), p. 505.
24　V. Ullrich, *Die nervöse Grossmacht. Aufstieg und Untergang des deutschen Kaiserreichs* (Frankfurt, 1997), p. 114.
25　Ballhausen, *Bismarck-Erinnerungen*, p. 505.
26　L. Cecil, *Wilhelm II*, 2 vols. (Chapel Hill, NC, and London, 1988), vol. 1, *Prince and Emperor, 1859–1900*, p. 133.
27　Wilhelm II, Oath to the Imperial Constitution, 25 June 1888, doc. 224, in Huber (ed.), *Dokumente*, vol. 2, p. 311.
28　W. J. Mommsen, *Bürgerstolz und Weltmachtstreben. Deutschland unter Wilhelm II. 1890 bis 1918* (Berlin, 1995), p. 105.
29　Pflanze, *The Period of Fortification*, pp. 335–7.
30　Lieven, *Nicholas II*, pp. 77–80.
31　P. Eulenburg, memoir of January 1914, cited in Röhl (ed.), *Politische Korrespondenz*, vol. 1, pp. 406–7, n. 3.
32　Pflanze, *The Period of Fortification*, p. 332.
33　1852年9月8日关于首相职务的内阁令，见 Huber (ed.), *Dokumente*, vol. 2, p. 9。
34　Bismarck, *Erinnerung und Gedanke*, vol. 2, p. 500.
35　相关概述见 N. Elias, *Die höfische Gesellschaft. Untersuchungen zur Soziologie des Königtums und der höfischen Gesellschaft* (Neuwied, 1969)；关于弗里德里希·威廉三世和四世，见 C. M. Clark, 'The Friedrich Wilhelms of Nineteenth-century Prussia', *Bulletin of the German Historical Institute*, 15 (1993), pp. 3–13。
36　C. Schmitt, 'Der Zugang zum Machthaber. Ein zentrales verfassungsrechtliches Problem', in idem, *Verfassungsrechtliche Aufsätze aus den Jahren 1924–1954* (Berlin, 1958). B. P. Simms, *The Impact of Napoleon: Prussian High Politics, Foreign Policy and the Crisis of the Executive, 1797–1806* (Cambridge, 1997), pp. 16–17, 46–55 对这个与19世纪初普鲁士君主有关的问题进行了精彩的探讨。
37　Grand Duke Friedrich I of Baden to the federal princes, Potsdam, 20 June 1888, in W. P. Fuchs (ed.), *Grossherzog Friedrich I von Baden und die Reichspolitik 1871–1907*, 4 vols. (Stuttgart, 1968–80), vol. 2, doc. 881, p. 559.
38　Ibid. 关于大公政策的这一方面，另见 Gall, *Bismarck*, vol. 2, p. 214。
39　Fuchs, *Grossherzog Friedrich I.*, vol. 2, pp. 694–5, n. 4.
40　Adolf Marschall von Bieberstein to Turban, Berlin, 31 January 1890, ibid., doc. 1009, p. 700.
41　Ibid., doc. 1004, p. 697, n. 3.
42　Friedrich von Holstein to Eulenburg, Berlin, 28 September 1889, in Röhl (ed.), *Politische Korrespondenz*, vol. 1, doc. 235, p. 351.
43　例如见 Eulenburg to Wilhelm II, Oldenburg, 25 October 1859, in ibid., vol. 1, doc. 241, p. 360 and doc. 249, p. 369; Röhl, *Germany Without Bismarck*, pp. 46–8。
44　Cited in Pflanze, *The Period of Fortification*, p. 332. 关于俾斯麦辞职时的情形，

更完整的叙述见 J. C. G. Röhl, *Wilhelm II. Der Aufbau der persönlichen Monarchie* (Munich, 2001), pp. 314ff; E. Engelberg, *Bismarck*, 2 vols. (Berlin, 1988), vol. 2, *Das Reich in der Mitte Europas*, pp. 557ff; L. Gall, *Bismarck. Der weisse Revolutionär* (Frankfurt/Main, 1980), pp. 684ff。

45   G. A. Ritter, *Arbeiter im deutschen Kaiserreich 1871 bis 1914* (Bonn, 1992), especially p. 383; J. Frerich and M. Frey, *Handbuch der Geschichte der Sozialpolitik in Deutschland*, 3 vols. (Munich and Vienna, 1993), vol. 1, *Von der vorindustriellen Zeit bis zum Ende des Dritten Reiches*, especially pp. 130−32, 141−2.

46   Holstein to Eulenburg, [Berlin], 1 March 1890, in Röhl (ed.), *Politische Korrespondenz*, vol. 1, doc. 327, p. 459.

47   Eulenburg to Holstein, Wangeroog, 6 August 1889, ibid., doc. 230, p. 345.

48   Wehler, *Deutsche Gesellschaftsgeschichte*, vol. 3, p. 998.

49   M. Hank, *Kanzler ohne Amt. Fürst Bismarck nach seiner Entlassung 1890−98* (Munich, 1977), p. 86.

50   W. Pöls, 'Bismarckverehrung und Bismarcklegende als innenpolitisches Problem der wilhelminischen Zeit', *Jahrbuch für die Geschichte Mittel- und Ostdeutschlands*, 20 (1971), pp. 183−201.

51   R. Stöber, 'Bismarcks geheime Presseorganisation von 1882', *Historische Zeitschrift*, 262 (1996), pp. 423−51; Hank, *Kanzler ohne Amt*, pp. 122−62, 284−6; Pflanze, *The Period of Fortification*, pp. 382−7; W. Stribrny, *Bismarck und die deutsche Politik nach seiner Entlassung, 1890-1898* (Paderborn, 1977); 早期文献中的经典讨论见 H. Rothfels, 'Bismarcks Sturz als Forschungsproblem', in *Preussische Jahrbücher*, 191 (1923), pp. 1−29。

52   Cited in Gall, *White Revolutionary*, vol. 2, p. 225.

53   Eulenburg to Kuno von Moltke, on the Vienna−Berlin railway, 15 June 1895, in Röhl (ed.), *Politische Korrespondenz*, vol. 2, doc. 1112, p. 1508.

54   例如见 Eulenburg to Holstein, 12 April 1891, in Röhl (ed.), *Politische Korrespondenz*, vol. 1, p. 664; Kiderlen-Wächter to Eulenburg, Berlin, 20 November 1893, ibid., vol. 2, p. 1144。

55   Eulenburg to Holstein, Liebenberg, 8 May 1890, ibid., vol. 1, p. 536; Eulenburg to Caprivi, Munich, 13 November 1893, ibid., vol. 2, p. 1131.

56   Pflanze, *The Period of Fortification*, p. 394.

57   Hank, *Kanzler ohne Amt*, pp. 287−8.

58   H. Schlitter (ed.), 'Briefe Franz Josefs I. und Kaiser Wilhelms II. über Bismarcks Rücktritt', *Österreichische Rundschau*, 58 (1919), pp. 98−108; Hugo Graf Lerchenfeld, *Erinnerungen und Denkwürdigkeiten* (Berlin, 1935), p. 371.

59   Eulenburg to Holstein, Rominten, 7 October 1893, in Röhl (ed.), *Politische Korrespondenz*, vol. 2, p. 1131.

60   Hank, *Kanzler ohne Amt*, p. 603.

61   Notes by Eulenburg on a conversation with Wilhelm, Lärdalefjord, 12 July 1896, in Röhl (ed.), *Politische Korrespondenz*, vol. 3, p. 1704; 威廉之前说过几乎一模一样的话，见 Holstein, diary entry of 4 February 1888, in Rich and Fisher (eds.), *Holstein Papers*, vol. 2, p. 363。

62   H. Pogge von Strandmann, 'Der Kaiser und die Industriellen. Vom Primat der

Rüstung', in Röhl (ed.), *Der Ort*, pp. 111-29, here p. 119.
 63 见 Holstein to Eulenburg, Berlin, 26 December 1895, in Röhl, *Politische Korrespondenz*, vol. 2, p. 1624。
 64 Ullrich, *Nervöse Grossmacht*, p. 145.
 65 Pflanze, *The Period of Fortification*, p. 156; E. Zechlin, *Staatsstreichpläne Bismarcks und Wilhelms II. 1890-1894* (Stuttgart and Berlin, 1929), p. 112.
 66 Zechlin, *Staatsstreichpläne*, pp. 32-3, 69.
 67 M. Weber, 'Parliament and Government in Germany under a New Political Order. Towards a Political Critique and the Party System' (April-June 1917), in P. Lassman and R. Speirs (eds.), *Weber. Political Writings* (Cambridge, 1994), pp. 130-271, here p. 135.
 68 Waldersee, diary entry of 19 December 1890, in H. O. Meisner (ed.), *Denkwürdigkeiten des General-Feldmarschall Alfred Graf von Waldersee*, 3 vols. (Stuttgart and Berlin, 1922), vol. 2, p. 168.
 69 Notes by Eulenburg, on board the royal yacht Hohenzollern, 3 July 1892, in Röhl (ed.), *Politische Korrespondenz*, vol. 2, p. 906.
 70 Remark reported in Eulenburg to Bülow, on board the royal yacht Hohenzollern, 26 July 1899, ibid., vol. 3, p. 1961.

第三章　独断专行

 1 J. N. Retallack, *Germany in the Age of Kaiser Wilhelm II* (Basingstoke, 1996), p. 39; J. Radkau, *Das Zeitalter der Nervosität* (Munich and Vienna, 1988), *passim*; W. J. Mommsen, *Bürgerstolz und Weltmachtstreben. Deutschland unter Wilhelm II. 1890 bis 1918* (Berlin, 1995), p. 187.
 2 Waldersee diary, 20 March 1890, H. O. Meisner (ed.), *Denkwürdigkeiten des General-Feldmarschall Alfred Graf von Waldersee*, 3 vols. (Stuttgart and Berlin, 1922), vol. 2, p. 119.
 3 Speech to the Brandenburg Provincial Assembly, text given in J. C. G. Röhl (ed.), *Philipp Eulenburgs Politische Korrespondenz*, 3 vols. (Boppard, 1976-83), vol. 2, p. 780, n. 3.
 4 H.-U. Wehler, *Deutsche Gesellschaftsgeschichte*, 5 vols. (Munich, 1995), vol. 3, *Von der 'deutschen Doppelrevolution' bis zum Beginn des Ersten Weltkrieges 1849-1914*, p. 905.
 5 J. Sperber, *The Kaiser's Voters. Electors and Elections in Imperial Germany* (Cambridge, 1997), ch. 1.
 6 关于保守党组织和政策的变动，见 J. N. Retallack, *Notables of the Right. The Conservative Party and Political Mobilization in Germany* (Winchester, MA, 1988); idem, 'Conservatives contra Chancellor: Official Responses to the Spectre of Conservative Demagoguery from Bismarck to Bülow', *Canadian Journal of History*, 20 (1985), pp. 203-36。关于1890—1892年反犹主义煽动的影响，见 G. Eley, 'Anti-Semitism, Agrarian Mobilization, and the Conservative Party. Radicalism and Containment in the Founding

of the Agrarian League, 1890−93', in J. N. Retallack and L. E. Jones, *Between Revolution, Reaction and Reform* (Providence, RI and Oxford, 1993), pp. 187−227。

7   G. Eley, *The Reshaping of the German Right. Radical Nationalism and Political Change after Bismarck* (New Haven, CT, 1980).

8   T. Nipperdey, *Die Organisation der deutschen Parteien vor 1918* (Düsseldorf, 1961).

9   Quotations are from G. Eley, 'Notable Politics, the Crisis of German Liberalism and the Electoral Transition of the 1890s', in K. Jarausch and L. E. Jones (eds.), *In Search of a Liberal Germany. Studies in the History of German Liberalism from 1789 to the Present* (New York, Oxford and Munich, 1990), pp. 187−216, here pp. 192, 193; see also D. Blackbourn, Class, *Religion and Politics in Wilhelmine Germany: the Centre Party in Württemberg before 1914* (New Haven, CT, and London, 1980), p. 18. 关于政治转型的论争，概述见 R. G. Moeller, 'The Kaiserreich Recast?', *Journal of Social History*, 17 (1984), pp. 655−83; D. G. Schilling, 'Politics in a New Key: The Late Nineteenth-Century Transformation of Politics in Northern Bavaria', *German Studies Review*, 17 (1994), pp. 33−57; G. Eley, 'Is There a History of the Kaiserreich?' in idem (ed.), *Society, Culture and the State in Germany 1870−1930* (Ann Arbor, 1996), pp. 1−42; Retallack, *Germany*, pp. 51−2; idem, 'Demagoghentum, Populismus, Volkstümlichkeit. Überlegungen zur "Popularitätshascherei" auf dem politischen Massenmarkt des Kaiserreichs', in *Zeitschrift für Geschichtswissenschaft*, 48 (2000), pp. 309−25; Mommsen, *Bürgerstolz*, pp. 116−34。

10   D. Blackbourn, 'The Politics of Demagogy in Imperial Germany', in idem, *Populists and Patricians. Essays in Modern German History* (London, 1987), pp. 217−45, here pp. 222−3.

11   R. Stöber, 'Bismarcks geheime Presseorganisation von 1882', *Historische Zeitschrift*, 262 (1996), *passim*.

12   Eulenburg to Holstein, Braunschweig, 28 February 1890, and Bülow to Eulenburg, Bucarest, 2 March 1890, in Röhl (ed.), *Politische Korrespondenz*, vol. 1, pp. 458, 472.

13   例如见 Holstein to Eulenburg, Berlin, 14 November 1890, ibid., vol. 1, p. 595。

14   Holstein to Eulenburg, [Berlin, 18 April 1897], ibid., vol. 3, p. 1815.

15   Cited in W. J. Mommsen, *War der Kaiser an allem Schuld? Wilhelm II. und die preussisch-deutschen Machteliten* (Munich, 2002), p. 44.

16   见 T. Benner, *Die Strahlen der Krone. Die religiöse Dimension des Kaisertums unter Wilhelm II. vor dem Hintergrund der Orientreise 1898* (Marburg, 2001), p. 357. 皇帝尝试与教皇建立起更好的关系，关于他在这方面的努力，见 S. Samerski, 'Papst und Kaiser', in idem (ed.), *Wilhelm II. und die Religion. Facetten einer Persönlichkeit und ihres Umfeldes* (Forschungen zur brandenburgischen und preussischen Geschichte, Beiheft 5), (Berlin, 2001), pp. 199−233。威廉将"君权神授"（Gottesgnadentum）理解为要求君主谦恭的指令，关于这一点，见 M. Friedrich, 'Die Religion im Erziehungsprogramm Hinzpeters', in Samerski (ed.), *Wilhelm II und die Religion*, pp. 59−90, especially p. 69。

17   见 A. W. Daum, *Wissenschaftspopularisierung im 19. Jahrhundert: Bürgerliche Kultur, naturwissenschaftliche Bildung und die deutsche Öffentlichkeit, 1848−1914* (Munich, 1998).

18　Count Robert Zedlitz-Trützschler, diary entry of 21 February 1904, in idem, *Zwölf Jahre am deutschen Kaiserhof* (Berlin and Leipzig, 1924), pp. 60–61.
19　W. König, *Wilhelm II. und die Moderne. Der Kaiser und die technisch-industrielle Welt* (Paderborn, 2007), p. 9.
20　关于威廉统治的所有这些方面，见 ibid., pp. 56ff, 75ff, 83ff, 87ff, 112, 116, 129, *passim*。
21　Wilhelm II to Hartwich, 2 April 1885, cited in J. C. Albisetti, *Secondary School Reform in Imperial Germany* (Princeton, NJ, 1983), p. 175; Wilhelm II, *My Early Life* (London, 1926), pp. 103, 108–9.
22　L. Elkind (ed. and trans.), *The German Emperor's Speeches. Being a Selection from the Speeches, Edicts, Letters and Telegrams of the Emperor William II* (London, 1904), pp. 159–66.
23　Ibid., p. 161.
24　Cited in L. Cecil, *Wilhelm II*, 2 vols. (Chapel Hill, NC, and London, 1988), vol. 1, *Prince and Emperor, 1859–1900*, p. 197.
25　Elkind, *Emperor's Speeches*, p. 166.
26　H. Günther-Arndt, 'Monarchische Präventivbelehrung oder curriculare Reform? Zur Wirkung des Kaiser-Erlasses vom 1. Mai auf den Geschichtsunterricht', in K. E. Jeisman (ed.), *Bildung, Staat und Gesellschaft im 19. Jahrhundert. Mobilisierung und Disziplinierung* (Stuttgart, 1989), pp. 256–75, here p. 258.
27　Elkind, *Emperor's Speeches*, pp. 160–61.
28　Albisetti, *Secondary School Reform*, p. 237.
29　König, *Wilhelm II. und die Moderne*, pp. 113–14.
30　Brauer to Turban, Berlin, 7 December 1891, in W. P. Fuchs (ed.), *Grossherzog Friedrich I von Baden und die Reichspolitik 1871–1907* (Stuttgart, 1980), vol. 3, p. 36.
31　Wilhelm II, speech of 17 December 1891, in Elkind, *Emperor's Speeches*, p. 167.
32　Eulenburg to Wilhelm II, Munich, 2 February 1892, in Röhl (ed.), *Politische Korrespondenz*, vol. 2, p. 756.
33　Eulenburg to Holstein, 14 February 1892, ibid., p. 769.
34　Count Robert Zedlitz-Trützschler, diary entry of 14 November 1904, in idem, *Zwölf Jahre*, p. 92.
35　Caprivi to Eulenburg, 9 February 1892, cited in J. C. G. Röhl, *Germany Without Bismarck. The Crisis of Government in the Second Reich, 1890–1900* (London, 1967), p. 80.
36　关于策德利茨－特吕奇勒被任命为教育大臣的背景，见 ibid., p. 78, n. 2。
37　Reported in Holstein to Eulenburg, Berlin, 18 February 1892, in Röhl (ed.), *Politische Korrespondenz*, vol. 2, p. 775.
38　见 Röhl, *Germany Without Bismarck*, pp. 80–81; also idem (ed.), *Politische Korrespondenz*, vol. 2, pp. 747, 748, 756, 767, 772, 775, 777–8, 783, 790。
39　见 Mommsen, *Bürgerstolz*, p. 151。
40　Ibid., pp. 149–50; J. Alden Nichols, *Germany After Bismarck* (Cambridge, MA, 1958), pp. 180–81.
41　Röhl, *Germany Without Bismarck*, p. 86.
42　Cited in Cecil, *Wilhelm II*, vol. 1, p. 199.

43　见 Brauer to Turban, Berlin, 1 February 1892, in Fuchs (ed.), *Grossherzog Friedrich I*, vol. 3, pp. 101–2。

44　Waldersee diary, 16 March 1892, in Meisner (ed.), *Denkwürdigkeiten*, vol. 2, p. 235. 瓦德西曾批评威廉在年度演习中处理部队的方式，之后二人的关系冷淡下来。接替瓦德西任总参谋长的是施利芬伯爵。

45　Cited in J. Haller, *Philip Eulenburg: The Kaiser's Friend*, trans. E. C. Mayne, 2 vols. (London, 1930), vol. 1, pp. 206–7.

46　Cecil, *Wilhelm II*, vol. 1, pp. 198–9.

47　Eulenburg, notes on a conversation with Wilhelm II, aboard the royal yacht Hohenzollern, 3 July 1892, in Röhl (ed.), *Politische Korrespondenz*, vol. 2, p. 906.

48　Röhl, *Germany Without Bismarck*, pp. 110–11.

49　Cecil, *Wilhelm II*, vol. 1, p. 204; Wilhelm II, *My Early Life*, p. 206.

50　Eulenburg, notes on a conversation with Wilhelm II, aboard the royal yacht Hohenzollern, 3 July 1892, in Röhl (ed.), *Politische Korrespondenz*, vol. 2, p. 906.

51　Waldersee diary, 3 January 1893, in Meisner (ed.), *Denkwürdigkeiten*, vol. 2, p. 274.

52　E. M. Hucko (ed.), *The Democratic Tradition. Four German Constitutions* (Leamington Spa, Hamburg and New York, 1987), pp. 139, 141.

53　军费开支是帝国宪法体系中的"结构性弱点"，相关内容见 E. R. Huber, *Deutsche Verfassungsgeschichte*, 8 vols. (Stuttgart, 1969), vol. 4, *Struktur und Krisen des Kaiserreichs*, pp. 545–9。

54　例如见 Cecil, *Wilhelm II*, vol. 1, p. 207。

55　Mommsen, *Bürgerstolz*, pp. 108–9, 172.

56　Cecil, *Wilhelm II*, vol. 1, pp. 133–4.

57　删节版的演讲内容见 H. Schulthess, *Europäischer Geschichtskalender* (Munich, 1894), p. 139。

58　Nichols, *Germany After Bismarck*, p. 343.

59　这是菲利普·奥伊伦堡为威廉总结的论辩概要，见 Eulenburg to Wilhelm, Munich, 30 August 1894, in Röhl (ed.), *Politische Korrespondenz*, vol. 2, pp. 1334–5。

60　关于这场冲突的概述见 Röhl, *Germany Without Bismarck*, pp. 110–17; R. W. Lougee, 'The Anti-Revolution Bill of 1894 in Wilhelmine Germany', *Central European History*, 15 (1982), pp. 224–40。

61　Conversation reported by Adolf Marschall von Bieberstein in Marschall to Eulenburg, Berlin, 6 October 1894, in Röhl (ed.), *Politische Korrespondenz*, vol. 2, p. 1366.

62　Holstein to Eulenburg, Berlin, 15 October 1894, ibid., vol. 2, p. 1382.

63　M. Weber, 'Parliament and Government in Germany under a New Political Order. Towards a Political Critique and the Party System' (April–June 1917), in P. Lassman and R. Speirs (eds.), *Weber. Political Writings* (Cambridge, 1994), p. 242.

64　Conversation with Wilhelm reported in Eulenburg to Bernhard von Bülow, 17 October 1894, in Röhl (ed.), *Politische Korrespondenz*, vol. 2, p. 1386.

65　Cited in Lougee, 'Anti-Revolution Bill', p. 231.

66　例如见 J. C. G. Röhl, 'The "Kingship Mechanism" in the Kaiserreich', in idem *The Kaiser and His Court. Wilhelm II and the Government of Germany*, trans. T. F. Cole

(Cambridge, 1994); K. Lerman, *The Chancellor as Courtier. Bernhard von Bülow and the Governance of Germany (1900-1909)* (Cambridge, 1990), p. 6。
67　M. Stürmer, *Das ruhelose Reich* (Berlin, 1983), pp. 256-7.
68　Röhl, *Germany Without Bismarck*, p. 85.
69　例如见 N. Elias, *Die höfische Gesellschaft. Untersuchungen zur Soziologie des Königtums und der höfischen Gesellschaft* (Neuwied, 1969), pp. 181-2。
70　关于威廉与奥伊伦堡的友情，见 I. V. Hull, *The Entourage of Kaiser Wilhelm II 1888-1918* (Cambridge, 1982), especially p. 45。
71　Wilhelm II to Eulenburg, Salzburg, 11 August 1886, in Röhl (ed.), *Politische Korrespondenz*, vol. 1, pp. 191-2.
72　Eulenburg to Wilhelm II, Munich, 16 November 1893, ibid., vol. 2, p. 1142.
73　Eulenburg to Wilhelm II, Munich, 6 February 1894, ibid., vol. 2, pp. 1211-14.
74　Eulenburg to H. von Bismarck, Munich, 5 August 1886, in ibid., vol. 1, pp. 190-91.
75　Röhl, *Germany Without Bismarck*, especially pp. 273-4.
76　C. Schmitt, *Gespräch über die Macht und den Zugang zum Machthaber* (Pfullingen, 1954), pp. 14-15; B. P. Simms, *Impact of Napoleon: Prussian High Politics, Foreign Policy and the Crisis of the Executive, 1797-1806* (Cambridge, 1997), pp. 15-16.
77　关于顾问团的这个职能，见 V. R. Berghahn, *Imperial Germany 1871-1914. Economy, Society and Politics* (Providence, RI, and Oxford, 1994), p. 242; Mommsen, *War der Kaiser an allem Schuld?*, p. 65。
78　Remarks of 26 October 1894 by Wilhelm to envoys of Bavaria, Baden, Saxony and Württemberg, reported in Jagemann to Reck, Berlin, 26 October 1894, in Fuchs (ed.), *Grossherzog Friedrich I. von Baden*, vol. 3, p. 345.
79　Röhl, *Germany Without Bismarck*, pp. 121-2; Mommsen, *War der Kaiser an allem Schuld?*, pp. 75-6.
80　Wilhelm II to Eulenburg, 21 February 1895, cited in Cecil, *Wilhelm II*, vol. 1, p. 215.
81　见 Jagemann to Brauer, Berlin, 7 March 1895, in Fuchs (ed.), *Grossherzog Friedrich I. von Baden*, vol. 3, p. 399。
82　Report of a conversation with Bronsart, Marschall to Eulenburg, 17 February 1895, cited in Röhl, *Germany Without Bismarck*, p. 136.
83　关于这个问题的精彩讨论，见 G. Craig, *Politics of the Prussian Army* (Oxford, 1955), pp. 246-51; Röhl, *Germany Without Bismarck*, pp. 139-46; Hull, *The Entourage*, pp. 215-25; Cecil, *Wilhelm II*, vol. 1, pp. 228-32。
84　Hull, *The Entourage*, pp. 215-25.
85　Grand Duke of Baden to Eulenburg, 26 October 1895, in Röhl (ed.), *Politische Korrespondenz*, vol. 3, p. 1578.
86　Cited in Cecil, *Wilhelm II*, vol. 1, p. 230.
87　Wilhelm II to Lucanus, Breslau, 2 December 1895, in H. O. Meisner, 'Der Reichskanzler Hohenlohe und die Mächte seiner Zeit', *Preussische Jahrbücher*, 230 (1932), pp. 35-50; here p. 46.
88　Cited in Röhl, *Germany Without Bismarck*, p. 229.

89　这份备忘录完整引用于 ibid., pp. 196-8。
90　K. A. von Müller, *Der dritte deutsche Reichskanzler. Bemerkungen zu den 'Denkwürdigkeiten der Reichskanzlerzeit des Fürsten Chlodwig zu Hohenlohe-Schillingsfürst'* (Munich, 1932), p. 28; C. zu Hohenlohe-Schillingsfürst, *Denkwürdigkeiten der Reichskanzlerzeit*, ed. K. A. von Müller (Stuttgart and Berlin, 1931), p. 582.
91　Hohenlohe, *Denkwürdigkeiten*, p. 428.
92　B. von Bülow, *Memoirs*, 4 vols. (London and New York, 1931), vol. 1 (1897-1903), trans. F. A. Voigt, pp. 233-4, 291.
93　V. Ullrich, *Die nervöse Grossmacht. Aufstieg und Untergang des deutschen Kaiserreichs* (Frankfurt, 1997), p. 81.
94　Röhl, *Germany Without Bismarck*, pp. 259, 273, 277-8; cf. Mommsen, *War der Kaiser an allem Schuld?*, pp. 92-124.
95　见 Cecil, *Wilhelm II*, vol. 1, pp. 260-61。
96　Bülow, *Memoirs*, vol. 1, p. 291.
97　Ibid., pp. 260-61.
98　The citation is from Craig, *Politics of the Prussian Army*, pp. 250-51; see also Hull, *The Entourage*, p. 223.
99　Röhl, *Germany Without Bismarck*, p. 263.
100　H. Horn, *Der Kampf um den Bau des Mittellandkanals. Eine politologische Untersuchung über die Rolle eines wirtschaftlichen Interessenverbandes im Preussen Wilhelms II* (Cologne and Opladen, 1964), pp. 40-43.
101　Mommsen, *Bürgerstolz*, p. 204.
102　Empress Victoria to Bülow, 18 August 1899, transcribed in Bülow, *Memoirs*, vol. 1, p. 293.
103　Ibid., p. 295.
104　Horn, *Der Kampf*, p. 78.
105　Ibid., pp. 104, 118, 119.
106　Wehler, *Von der deutschen 'Doppelrevolution'*, pp. 1000-1001.
107　Bülow to Eulenburg, Semmering, 20 July 1898, in Röhl (ed.), *Politische Korrespondenz*, vol. 3, p. 1912.
108　I. V. Hull, 'Der kaiserliche Hof als Herrschaftsinstrument', in H. Wilderotter and K.-D. Pohl (eds.), *Der letzte Kaiser. Wilhelm II. im Exil* (Berlin, 1991), pp. 19-30, here p. 25.
109　Waldersee diary, 13 November 1889, in Meisner (ed.), *Denkwürdigkeiten*, vol. 2, p. 76.
110　Holstein to Eulenburg, Berlin, 7 August 1893, in Röhl (ed.), *Politische Korrespondenz*, vol. 2, p. 1094.
111　Wilhelm II to Eulenburg, Hubertusstock, 12 February 1895, ibid., p. 1083.
112　Cited in D. C. B. Lieven, *Nicholas II. Emperor of All the Russias* (London, 1993), p. 99.
113　Mommsen, *Bürgerstolz*, pp. 176, 179.
114　Bülow, *Memoirs*, vol. 1, p. 348.

第四章 从比洛至贝特曼时期的国内政治

1　Bülow to Eulenburg, Wildbad, 28 August 1890, in J. C. G. Röhl (ed.), *Philipp Eulenburgs Politische Korrespondenz*, 3 vols. (Boppard, 1976–83), vol. 1, p. 561.

2　Bülow to Eulenburg, 28 May 1891, cited in I. V. Hull, *The Entourage of Kaiser Wilhelm II 1888–1918* (Cambridge, 1982), p. 88.

3　J. C. G. Röhl, *Germany Without Bismarck. The Crisis of Government in the Second Reich, 1890–1900* (London, 1967), pp. 103, 235.

4　Bülow to Eulenburg, Rome, 23 July 1896, in Röhl (ed.), *Politische Korrespondenz*, vol. 2, p. 1714.

5　因此，根据大使蒙茨伯爵的说法，比洛在外交部中的声望很高；见 K. F. Nowak and F. Thimme (eds.), *Erinnerungen und Gedanken des Botschafters Graf Monts* (Berlin, 1932), p. 156。

6　J. C. G. Röhl, 'The "Kingship Mechanism" in the Kaiserreich', in idem, *The Kaiser and His Court. Wilhelm II and the Government of Germany*, trans. T. F. Cole (Cambridge, 1994), p. 116.

7　Bülow to Eulenburg, Rome, 26 December 1895, in Röhl (ed.), *Politische Korrespondenz*, vol. 3, p. 1622.

8　Bülow to Eulenburg, Rome, 27 December 1895, ibid., p. 1625.

9　Cited in K. Lerman, *The Chancellor as Courtier. Bernhard von Bülow and the Governance of Germany* (Cambridge, 1990), p. 27.

10　Bülow to Eulenburg, Berlin, 22 August 1897, in Röhl (ed.), *Politische Korrespondenz*, vol. 3, p. 1857.

11　Nowak and Thimme (eds.), *Erinnerungen*, p. 156.

12　Lerman, *Chancellor*, p. 95.

13　Ibid., p. 49; W. J. Mommsen, *Bürgerstolz und Weltmachtstreben Deutschland unter Wilhelm II. 1890 bis 1918* (Berlin, 1995), p. 201.

14　关于威廉整个统治时期的媒体政策，见 P. Jungblut, 'Unter Vier Reichskanzlern. Otto Hammann und die Pressepolitik der deutschen Reichsleitung 1890 bis 1916', in U. Daniel and W. Siemann (eds.), *Propaganda und Meinungskampf. Verführung und politische Sinnstiftung (1789–1989)*, (Frankfurt/Main, 1994), pp. 101–16, here p. 113; Lerman, *Chancellor*, pp. 95–6, 115–26。

15　G. A. Craig, *Germany 1866–1945* (Oxford, 1978), pp. 276–7; Lerman, *Chancellor*, p. 52.

16　Lerman, *Chancellor*, p. 56.

17　Jagemann (Baden envoy in Berlin) to Brauer, Berlin, 15 July 1901; both in W. P. Fuchs (ed.), *Grossherzog Friedrich I. von Baden und die Reichspolitik 1871–1907*, 4 vols. (Stuttgart, 1968–70), vol. 4, pp. 337–8, 385; H. Bantzer, *Diäten und Freifahrt im Deutschen Reichstag. Der Weg zum Entschädigungsgesetz von 1906 und die Nachwirkung dieser Regelung bis in die Zeit des Grundgesetzes* (Düsseldorf, 1999), pp. 219, 246, 450.

18　Jagemann to Brauer, Berlin, 15 March 1899, in Fuchs (ed.), *Grossherzog Friedrich I*, vol. 4, p. 128；关于党派领袖，见 *Wilhelm II, My Early Life* (London, 1926), p.

207。

19   Lerman, *Chancellor*, p. 59.
20   Jagemann to Minister of the Grand Ducal House, Berlin, 4 February 1903, GLA Karlsruhe 233/34809.
21   见 Röhl (ed.), *Politische Korrespondenz*, vol. 3, p. 2018, n. 2。
22   Lerman, *Chancellor*, p. 71.
23   T. Nipperdey, *Deutsche Geschichte 1866–1918*, 3 vols. (Munich, 1992), vol. 2, *Machtstaat vor der Demokratie*, p. 724.
24   Jagemann to Brauer, 23 November 1904, in Fuchs (ed.), *Grossherzog Friedrich I*, vol. 4, p. 569.
25   Lerman, *Chancellor*, p. 88.
26   Eulenburg to Bülow, Molde, 24 July 1901, in Röhl (ed.), *Politische Korrespondenz*, vol. 3, doc.1450, p. 2025.
27   Lerman, *Chancellor*, p. 83.
28   Eulenburg to Bülow, aboard the royal yacht *Hohenzollern*, Odde, 9 August 1903, in Röhl (ed.), *Politische Korrespondenz*, vol. 3, p. 2097.
29   Cited in Lerman, *Chancellor*, p. 131.
30   Mommsen, *Bürgerstolz*, pp. 221–2; 关于天主教候选人和布道团得到的待遇，见 p. 233。
31   Tschirschky to Monts, 25 September 1906, in Nowak and Thimme (eds.), *Erinnerungen*, p. 445.
32   L. Cecil, *Wilhelm II*, 2 vols. (Chapel Hill, NC, and London, 1989), vol. 2, *Emperor and Exile 1900–1941*, p. 112.
33   Lerman, *Chancellor*, pp. 163–4.
34   Ibid., pp. 155–60.
35   P. C. Witt, *Die Finanzpolitik des deutschen Reiches von 1903–1913* (Lübeck and Hamburg, 1970), p. 154.
36   关于从这个角度对殖民危机进行的有说服力的分析，见 Cambridge doctoral dissertation by M. Clausius, 'A Social and Cultural History of German Colonial Politics 1904–1910'。
37   见社论 'Leutweins Nachfolger' in *Berliner Tageblatt*, 4 May 1904。感谢马库斯·克劳修斯让我注意到这篇文章。
38   D. C. Umbach, *Parlamentsauflösung in Deutschland. Verfassungsgeschichte und Verfassungsprozess* (Berlin and New York, 1989), p. 245.
39   数据来自 Craig, *Germany 1866–1945*, pp. 280–81。
40   Report of a conversation between Wilhelm and Szögyényi, 5 February 1907, cited in Lerman, *Chancellor*, p. 171.
41   T. F. Cole, 'Kaiser Versus Chancellor: the Crisis of Bülow's Chancellorship 1905–6', in R. J. Evans (ed.), *Society, Government and Politics in Wilhelmine Germany* (London, 1978), pp. 40–70, here p. 67; see also T. F. Cole, 'The *Daily Telegraph* Affair and Its Aftermath: the Kaiser, Bülow and the Reichstag, 1908–1909', in J. C. G. Röhl and N. Sombart (eds.), *Wilhelm II. New Interpretations* (Cambridge, 1982), pp. 249–68, especially pp. 250–51.

42　Lerman, *Chancellor*, pp. 7−8, 183−4, *passim*; K. Lerman, 'The Decisive Relationship: Kaiser Wilhelm II and Chancellor Bernhard von Bülow, 1900−1905', in Röhl and Sombart (eds.), *Kaiser Wilhelm II*, pp. 221−48; see also Witt, *Finanzpolitik*, p. 304; I. V. Hull, 'Persönliches Regiment', in J. C. G. Röhl (ed.), *Der Ort Kaiser Wilhelms II. in der deutschen Geschichte* (Munich, 1991).

43　见 Berckheim to Marschall, Berlin, 26 June 1907, in Fuchs (ed.), *Grossherzog Friedrich I*, vol. 4, pp. 719−20。

44　Diary entry of 21 April 1907 in R. Vierhaus (ed.), *Das Tagebuch der Baronin Spitzemberg. Aufzeichnungen aus der Hofgesellschaft des Hohenzollernreiches* (Göttingen, 1961), p. 472.

45　关于奇尔施基在职期间的自主权，见 Bodman to Marschall, Munich, 15 November 1906, in Fuchs (ed.), Grossherzog Friedrich I, vol. 4, p. 662。

46　Lerman, *Chancellor*, pp. 188−9.

47　Diary entry of 9 October 1907, in Vierhaus (ed.), *Spitzemberg*, p. 475; Lerman, *Chancellor*, pp. 193−4.

48　K. Hecht, *Die Harden-Prozesse. Strafverfahren, Öffentlichkeit und Politik im Kaiserreich* (Munich, 1997), pp. 260ff.

49　M. Harden, 'Die Feinde des Kaisers', *Die Zukunft*, 39 (1902), p. 243, cited in M. Kohlrausch, *Der Monarch im Skandal. Die Logik der Massenmedien und die Transformation der wilhelminischen Monarchie* (Berlin, 2005), p. 212.

50　见 Berckheim to Marschall, Berlin, 8 November 1906, in Fuchs (ed.), *Grossherzog Friedrich I*, vol. 4, p. 661。

51　Cole, 'Kaiser Versus Chancellor', p. 41.

52　Cole, 'Daily Telegraph Affair', p. 251; Lerman, *Chancellor*, pp. 160−62, 195−202; Mommsen, *Bürgerstolz*, p. 257.

53　H. A. Winkler, *Der lange Weg nach Westen*, 2 vols. (Munich, 2000), vol. 1, pp. 296−301.

54　Lerman, *Chancellor*, pp. 208−9.

55　Cited in Cole, '*Daily Telegraph* Affair', p. 265.

56　Nowak and Thimme (eds.), *Erinnerungen*, pp. 146−7; K. Jarausch, *The Enigmatic Chancellor. Bethmann-Hollweg and the Hubris of Imperial Germany* (New Haven, CT, and London, 1973), p. 66; Witt, *Finanzpolitik*, pp. 300−301.

57　Cecil, *Wilhelm II*, vol. 2, p. 146; H.-G. Zmarzlik, *Bethmann Hollweg als Reichskanzler 1908−1914. Studien zu Möglichkeiten und Grenzen seiner innerpolitischen Machtstellung* (Düsseldorf, 1957), pp. 27−8.

58　Jarausch, *Enigmatic Chancellor*, p. 35; Wilhelm II, *Ereignisse und Gestalten aus den Jahren 1878−1918* (Berlin, 1922), p. 105.

59　A. Wermuth, *Ein Beamtenleben. Erinnerungen* (Berlin, 1922), p. 287.

60　Zmarzlik, *Bethmann*, p. 42.

61　例如见 Bethmann to Valentini, 25 December 1911, cited ibid., pp. 25−6。

62　Jarausch, *Enigmatic Chancellor*, p. 71.

63　Bethmann to Wilhelm II, 15 April 1910, cited in Zmarzlik, *Bethmann*, pp. 26−7.

64　Bethmann to Wilhelm II, 20 March 1913, cited in E. Jäckh, *Kiderlen-Wächter der*

Staatsmann und Mensch. Briefwechsel und Nachlass, 2 vols. (Berlin and Leipzig, 1925), vol. 1, pp. 159−61.
65　Wilhelm II to Bethmann, 7 March 1912, cited in Zmarzlik, *Bethmann*, p. 32.
66　Cecil, *Wilhelm II*, vol. 2, p. 191.
67　V. Berghahn, *Imperial Germany 1871−1914. Economy, Society, Culture and Politics* (Providence, RI, and Oxford, 1994), pp. 274−6.
68　关于米尔豪森事件，见 Zmarzlik, *Bethmann*, pp. 103−13; also D. Schoenbaum, *Zabern 1913. Consensus Politics in Imperial Germany* (London, 1982), pp. 87, 105。
69　Schoenbaum, *Zabern 1913*, pp. 118−19.
70　这一评论出现在德国副国务大臣的一份电报草稿事后被删除的部分中，见 Under-Secretary of State Reich Chancellery [signed Wahnschaffe?] to Bethmann, Berlin, 5 December 1913, Bundesarchiv Berlin, R43/170, Bl. 248−50。
71　Zmarzlik, *Bethmann*, pp. 114−29; Cecil, *Wilhelm II*, vol. 2, pp. 189−92; Schoenbaum, *Zabern 1913*, pp. 148−9.
72　Bethmann to Wilhelm II, 3 and 4 December 1913, cited in Jarausch, *Enigmatic Chancellor*, p. 101.
73　Crown Prince Wilhelm to Wilhelm II, 5 November 1911, cited in Zmarzlik, *Bethmann*, p. 36.
74　Wilhelm II to Crown Prince Wilhelm, 22 November 1913, cited ibid., p. 40.
75　Röhl, 'The "Kingship Mechanism" ', *passim*.
76　Winkler, *Der lange Weg*, vol. 1, p. 301.

第五章　威廉二世与外交政策（1888—1911）

1　L. Cecil, 'Der diplomatische Dienst im kaiserlichen Deutschland', in K. Schwabe (ed.), *Das diplomatische Korps 1871−1945* (Boppard, 1985), pp. 15−39, here p. 39.
2　Cited in J. C. G. Röhl, 'Kaiser Wilhelm II: a Suitable Case for Treatment?', in idem, *The Kaiser and His Court. Wilhelm II and the Government of Germany*, trans. T. F. Cole (Cambridge, 1994), pp. 2−27, here p. 12.
3　德意志帝国最后一任驻伦敦大使利赫诺夫斯基就是皇帝以这种方式强行任命的；J. C. G. Röhl, 'The Splendour and Impotence of the German Diplomatic Service', ibid., pp. 150−61, here p. 159。
4　F.-C. Stahl, 'Preussische Armee und Reichsheer 1871−1914', in O. Hauser, *Zur Problematik Preussen und das Reich* (Cologne and Vienna, 1984), pp. 181−245, here p. 202.
5　关于19世纪欧洲国际外交的这个层面，见 J. Paulmann, "Dearest Nicky…": Monarchical Relations between Prussia, the German Empire and Russia during the Nineteenth Century', in R. Bartlett and K. Schönwalder, *The German Lands and Eastern Europe. Essays on the History of Their Social, Cultural and Political Relations* (London, 1999), pp. 157−81。
6　G. Schöllgen, *Imperialismus und Gleichgewicht. Deutschland, England und die orientalische Frage 1871−1914* (Munich, 1984), p. 48.

7   O. Pflanze, *Bismarck and the Development of Germany*, 3 vols. (Princeton, NJ, 1990), vol. 3, *The Period of Fortification 1880–1898*, p. 306.

8   K. Hildebrand, *Das vergangene Reich. Deutsche Aussenpolitik von Bismarck bis Hitler 1871–1945* (Stuttgart, 1995), pp. 155–6; R. Lahme, *Deutsche Aussenpolitik 1890–1894. Von der Gleichgewichtspolitik Bismarcks zur Allianzstrategie Caprivis* (Göttingen, 1990), p. 104.

9   Lahme, *Deutsche Aussenpolitik*, p. 18.

10   N. Rich and M. H. Fisher (eds.), *The Holstein Papers*, 4 vols. (Cambridge, 1955–63), vol. 1, p. 131.

11   Cited in P. Kennedy, *The Rise of the Anglo-German Antagonism 1860–1914* (London, 1980), p. 206; see also Lahme, *Deutsche Aussenpolitik*, p. 138; Hildebrand, *Vergangene Reich*, p. 158.

12   Cited in Lahme, *Deutsche Aussenpolitik*, p. 374.

13   Van den Hoeven (Dutch envoy in Berlin) to Hartsen, Berlin, 14 February 1891, Algemeen Rijksarchief, 2.05.19, Bestanddeel 14.

14   例如见 Waldersee, diary entry of 6 March 1891, in H. O. Meisner (ed.) *Denkwürdigkeiten des General- Feldmarschall Alfred Graf von Waldersee*, 3 vols. (Stuttgart and Berlin, 1922), vol. 2, p. 196; also W. Canis, *Von Bismarck zur Weltpolitik. Deutsche Aussenpolitik 1890 bis 1902* (Berlin, 1997), p. 90。

15   Holstein to Eulenburg, Berlin, 20 October 1891, in J. C. G. Röhl (ed.), *Philipp Eulenburgs Politische Korrespondenz*, 3 vols. (Boppard, 1976–83), vol. 1, p. 716.

16   H. Rosenbach, *Das deutsche Reich, Grossbritannien und der Transvaal (1896–1902). Anfänge deutsch-britische Entfremdung* (Göttingen, 1993), pp. 58–61. 皇帝在远东政策上同样摇摆不定, 见 G. A. Craig, *Germany 1866–1945* (Oxford, 1978), p. 244。

17   Holstein to Eulenburg, Berlin, 3 February 1897, and Eulenburg to Holstein, Vienna, 7 February 1897, in Rich and Fisher (eds.), *Holstein Papers*, vol. 4, docs. nos. 599 and 601, pp. 9–14; Hohenlohe to Eulenburg, Berlin, 4 February 1897, in C. zu Hohenlohe-Schillingsfürst, *Denkwürdigkeiten der Reichskanzlerzeit*, ed. K. A. von Müller (Stuttgart and Berlin, 1931), p. 297.

18   Lahme, *Deutsche Aussenpolitik*, pp. 94–100.

19   Ibid., pp. 373–4.

20   Canis, *Von Bismarck zur Weltpolitik*, pp. 174–5.

21   Cited in Rosenbach, *Transvaal*, p. 70.

22   P. Winzen, *Bülows Weltmachtkonzept. Untersuchungen zur Frühphase seiner Aussenpolitik 1897–1901* (Boppard, 1977), pp. 167–8.

23   K. Lerman, *The Chancellor as Courtier. Bernhard von Bülow and the Governance of Germany* (Cambridge, 1990), pp. 87–91.

24   Rosenbach, *Transvaal*, p. 258.

25   关于威廉与德国海军, 尤见 J. Steinberg, *Yesterday's Deterrent* (London, 1965); V. Berghahn, *Der Tirpitzplan. Genesis und Verfall einer innenpolitischen Krisenstrategie* (Düsseldorf, 1971); I. Lambi, *The Navy and German Power Politics, 1862–1914* (Boston and London, 1984), especially pp. 31–9; Kennedy, *Antagonism*, p. 407。

26   L. Cecil, *Wilhelm II*, 2 vols. (Chapel Hill, NC, and London, 1989), vol. 1, *Prince*

and Emperor, 1859-1900, pp. 291-3.

27 P. Winzen, 'Zur Genesis von Weltmachtkonzept und Weltpolitik', in J. C. G. Röhl (ed.), *Der Ort Kaiser Wilhelms II. in der deutschen Geschichte* (Munich, 1991), pp. 189-222, here pp. 192-3.

28 P. Kennedy, 'The Kaiser and German Weltpolitik: Reflexions on Wilhelm II's Place in the Making of German Foreign Policy', in J. C. G. Röhl and N. Sombart (eds.), *Kaiser Wilhelm II. New Interpretations* (Cambridge, 1982), pp. 143-68, here p. 161.

29 Craig, *Germany*, pp. 242-3.

30 Canis, *Von Bismarck zur Weltpolitik*, pp. 142-3.

31 Cited in Cecil, *Wilhelm II*, vol. 1, p. 285.

32 "克留格尔电报"的全文见 J. Lepsius, A. Mendelssohn Bartholdy and F. Thimme (eds.), *Die grosse Politik der europäischen Kabinette, 1871-1914. Sammlung der diplomatischen Akten des Auswärtigen Amtes*, 40 vols. (Berlin, 1922-7), vol. 11, doc. 2610, pp. 31-2。

33 尤见 Cecil, *Wilhelm II*, vol. 1, pp. 287-9; L. Cecil, 'History as Family Chronicle', in Röhl and Sombart (eds.), *Wilhelm II*, pp. 91-119, here p. 110。

34 Canis, *Von Bismarck zur Weltpolitik*, p. 181; W. Gutsche, *Wilhelm II. Der letzte Kaiser des deutschen Reiches* (Berlin, 1991), pp. 86-8; cf. J. C. G. Röhl, *Germany Without Bismarck. The Crisis of Government in the Second Reich, 1890-1900* (London, 1967), p. 165; W. Mommsen, *War der Kaiser an allem Schuld? Wilhelm II. und die preussisch-deutschen Machteliten* (Munich, 2002), p. 87.

35 Cf. W. L. Langer, *The Diplomacy of Imperialism* (New York, 1951), p. 242; Craig, *Germany*, pp. 246-7.

36 Rosenbach, *Transvaal*, pp. 36-7; Canis, *Von Bismarck zur Weltpolitik*, p. 181; cf. Winzen, 'Zur Genesis', p. 194，此文提出，发出这封电报的意图可能是刺激公众支持扩充海军。

37 Cited in Rosenbach, *Transvaal*, p. 163.

38 Cited in Winzen, 'Zur Genesis', p. 193.

39 Cited in Schöllgen, *Imperialismus und Gleichgewicht*, p. 76.

40 N. Rich, *Friedrich von Holstein. Politics and Diplomacy in the Era of Bismarck and Wilhelm II*, 4 vols. (Cambridge, 1965), vol. 2, p. 560; Cecil, *Wilhelm II*, vol. 1, p. 296; Lambi, *Navy*, pp. 35-6.

41 Steinberg, *Yesterday's Deterrent*, pp. 71, 101-2, 109; Lambi, *Navy*, pp. 68-86.

42 Steinberg, *Yesterday's Deterrent*, p. 201; also pp. 125-48.

43 Telegram, Wilhelm II to Hohenlohe, transcribed in V. Berghahn and W. Deist (eds.), *Rüstung im Zeichen der wilhelminischen Weltpolitik. Grundlegende Dokumente, 1890-1914* (Düsseldorf, 1988), doc. III/8, pp. 164-5.

44 V. Berghahn, 'Des Kaisers Flotte und die Revolutionierung des Mächtesystems vor 1914', in Röhl (ed.), *Der Ort*, pp. 173-88, here p. 187.

45 备忘录的内容见 Steinberg, *Yesterday's Deterrent*, pp. 209-21。See also Berghahn and Deist (eds.), *Rüstung im Zeichen*, especially documents II/11, II/12 and VII/1.

46 P. Winzen, 'Zur Genesis', in Röhl (ed.), *Der Ort*, pp. 189-222, here pp. 199-200.

47 Ibid., pp. 203, 216; cf. Steinberg, *Yesterday's Deterrent*, pp. 125-48.

48　这次演讲中的相关片段见 Winzen, *Bülows Weltmachtkonzept*, p. 302。
49　Cited ibid., p. 218.
50　Varnbüler to Weizsäcker, 4 March 1913, HSA Stuttgart, E50/03 207.
51　Berghahn, 'Des Kaisers Flotte', in Röhl (ed.), *Der Ort*, pp. 173–88, here p. 186.
52　Cited ibid., p. 187.
53　Cited in Hildebrand, *Das vergangene Reich*, p. 223.
54　Wilhelm II to Bülow, Syracuse, 19 April 1904, in Lepsius, Mendelssohn Bartholdy and Thimme (eds.), *Die grosse Politik*, vol. 20/1, doc. no. 6378, pp. 22–3.
55　Wilhelm II to Nicholas II, 11 February 1904, in W. Goetz (ed.), *Briefe Kaiser Wilhelms II. an den Zaren, 1894–1914* (Berlin, 1920), pp. 337–8.
56　Wilhelm II to Nicholas II, 6 June and 19 August 1904, ibid., pp. 340–41.
57　R. McLean, 'Monarchy and Diplomacy in Europe 1900–1910', D.Phil. thesis, University of Sussex, 1995, p. 224.
58　Cecil, *Wilhelm II*, vol. 1, p. 100.
59　Notes by Eulenburg, 25 September 1905, in Röhl (ed.), *Politische Korrespondenz*, vol. 3, p. 2118.
60　McLean, 'Monarchy and Diplomacy', p. 228.
61　Cecil, *Wilhelm II*, vol. 1, p. 101; Lerman, *Chancellor*, pp. 128–9.
62　McLean, 'Monarchy and Diplomacy', pp. 217–18, 227.
63　A. Savinsky, 'Guillaume II et la Russie. Ses Dépêches à Nicolas II (1903–1905)', *Revue des Deux Mondes*, 92 (December 1922), pp. 765–802, here p. 801.
64　McLean, 'Monarchy and Diplomacy', pp. 234–7.
65　Metternich to Foreign Office, London, 4 June 1904, Lepsius, Mendelssohn, Bartholdy and Thimme (eds.), *Die Grosse Politik*, vol. 20/1, doc. no. 6384, pp. 29–30.
66　Hildebrand, *Das vergangene Reich*, pp. 222-3.
67　Cecil, *Wilhelm II*, vol. 2, p. 92.
68　这次演讲的相关片段可见 M. Balfour, *The Kaiser and His Times* (London, 1964), p. 255。
69　Cecil, *Wilhelm II*, vol. 2, p. 94; Kennedy, *Antagonism*, p. 276.
70　Cited in Cecil, *Wilhelm II*, vol. 2, p. 97.
71　Lerman, *Chancellor*, pp. 147–8.
72　Kennedy, *Antagonism*, p. 280.
73　Cecil, *Wilhelm II*, vol. 2, pp. 162–3; Gutsche, *Wilhelm II*, p. 139; Hildebrand, *Das vergangene Reich*, p. 263.
74　Gutsche, *Wilhelm II*, pp. 137–8.
75　Cecil, *Wilhelm II*, vol. 2, p. 162.
76　Ibid.
77　K. Jarausch, *The Enigmatic Chancellor. Bethmann-Hollweg and the Hubris of Imperial Germany* (New Haven, CT, and London, 1973), p. 111.
78　Cited in H. Afflerbach, *Falkenhayn: Politisches Denken und Handeln im Kaiserreich* (Munich, 1994), p. 76.
79　Cecil, *Wilhelm II*, vol. 2, p. 165.
80　Falkenhayn to Hanneken, 24 August 1911, cited in Affler-bach, *Falkenhayn*, p. 76.

81　Falkenhayn to Hanneken, 22 March 1912, cited ibid., p. 99.
82　Ibid., p. 58.
83　Eulenburg to Hohenlohe, Vienna, 8 February 1897, in Hohenlohe, *Denkwürdigkeiten*, p. 298.
84　尤见 Röhl, 'A Suitable Case for Treatment?', p. 15。
85　McLean, 'Monarchy and Diplomacy', p. 91.
86　Cecil, *Wilhelm II*, vol. 2, p. 98.
87　Paulmann, 'Monarchical Relations', pp. 172-6.
88　例如见 van den Hoeven to Hartsen, Berlin, 19 June 1888, 这位使臣在信中说, 害怕威廉的好战倾向是"毫无根据的"; Gevers (Dutch envoy) to Dutch Foreign Office, Berlin, 20 March 1914, Algemeen Rijksarchief, 2.05.19, Bestanddeelen 13, 21; M. S. Selig-mann, 'Germany and the Origins of the First World War in the Eyes of the American Diplomatic Establishment', *German History*, 15 (1997), pp. 307–32, here pp. 316–17, 330–31。
89　J. Cockfield, 'Germany and the Fashoda Crisis 1898–99', *Central European History*, 16 (1983), p. 273; Kennedy, *Antagonism*, p. 237.
90　C. M. Andrew, 'German World Policy and the Reshaping of the Dual Alliance', *Journal of Contemporary History*, 1 (1966), pp. 137–51, here pp. 143, 150–51.
91　G. P. Gooch, 'Holstein', in idem, *Studies in German History* (London, 1948), pp. 391–511, here p. 511.
92　Cf. Kennedy, 'The Kaiser and German Weltpolitik', in Röhl and Sombart (eds.), *Kaiser Wilhelm II*, pp. 143–68, here p. 161.
93　N. Ferguson, *The Pity of War* (London, 1998), p. 70.
94　Cf. Berghahn, *Germany and the Coming of War*, pp. 120–22 and I. Geiss, 'The German Version of Imperialism: Weltpolitik', in G. Schöllgen, *Escape into War? The Foreign Policy of Imperial Germany* (Oxford, New York and Munich, 1990), pp. 105–20, here p. 118.
95　这就是贝特曼为英德协议"勾勒的可设想方案", cited in R. Langhorne, 'Great Britain and Germany, 1911–1914', in F. Hinsley (ed.), *British Foreign Policy under Sir Edward Grey* (Cambridge, 1977), pp. 288–314, here pp. 293–4。
96　Ferguson, *Pity of War*, p. 72; Langhorne, 'Great Britain and Germany', pp. 294–5.
97　见 R. Langhorne, 'The Naval Question in Anglo-German Relations, 1912–1914', *Historical Journal*, 14 (1971), pp. 359–70, here p. 369。
98　见 L. Sondhaus, *Preparing for Weltpolitik. German Sea Power before the Tirpitz Era* (Annapolis, MD, 1997); H. Wilderotter, ' "Unsere Zukunft liegt auf dem Wasser." Das Schiff als Metapher und die Flotte als Symbol des wilhelminischen Kaiserreichs', in H. Wilderotter and K.-D. Pohl (eds.), *Der letzte Kaiser. Wilhelm II. im Exil* (Berlin, 1991), pp. 55–78, especially pp. 70–71。
99　Craig, *Germany*, p. 249; Geiss, 'The German Version of Imperialism', p. 111.
100　Cf. Kennedy, 'The Kaiser and German Weltpolitik', pp. 158–9.
101　Cited in J. Steinberg, 'The Copenhagen Complex', *Journal of Contemporary History*, 1 (1966), pp. 23–46, here p. 27.
102　Canis, *Von Bismarck zur Weltpolitik*, p. 266.

第六章 权力与舆论

1 Wilhelm II, *My Early Life* (London, 1926), p. 292.
2 例如见 Eulenburg to Wilhelm II, Oldenburg, 1 January 1890, in J. C. G. Röhl (ed.), *Philipp Eulenburgs Politische Korrespondenz*, 3 vols. (Boppard, 1976–83), vol. 1, p. 402。
3 T. Kohut, *Wilhelm II and the Germans. A Study in Leadership* (New York and Oxford, 1991), p. 137.
4 Ibid., p. 133. 关于皇帝对涉及他个人的新闻报道的态度，另见 J. C. G. Röhl, *Wilhelm II. Der aufbau der persönlichen Monarchie* (Munich, 2001), pp. 141, 436; G. Stöber, *Pressepolitik als Notwendigkeit. Zum Verhältnis von Staat und Öffentlichkeit im wilhelminischen Deutschland, 1890–1914* (Stuttgart, 2000), p. 189。
5 J. Peers, 'White Roses and Eating Disorders: A Feminist Re-Reading of Auguste Viktora of Germany, 1858–1921', 1999 年在澳大拉西亚欧洲历史学家协会第十二届双年会上发表的未出版文稿。感谢皮尔斯博士允许我参阅文稿副本。
6 Bülow to Eulenburg, Bucarest, 9 January 1893, in Röhl (ed.), *Politische Korrespondenz*, vol. 2, pp. 1000–1001.
7 R. Engelsing, *Massenpublikum und Journalistentum im 19. Jahrhundert in Nordwestdeutschland* (Berlin, 1966), p. 26.
8 M. Kohlrausch, *Der Monarch im Skandal. Die Logik der Massenmedien und die Transformation der wilhelminischen Monarchie* (Berlin, 2005), pp. 48–66.
9 H.-U. Wehler, *Deutsche Gesellschaftsgeschichte*, 5 vols. (Munich, 1995), vol. 3, *Von der 'deutschen Doppelrevolution' bis zum Beginn des Ersten Weltkrieges 1849–1914*, p. 1249.
10 Andreas Schulz, 'Der Aufstieg der "vierten Gewalt". Medien, Politik und Öffentlichkeit im Zeitalter der Massenkommunikation', *Historische Zeitschrift*, 270 (2000), pp. 65–97.
11 Kohut, *Wilhelm II*, pp. 235–8.
12 见 Eisenhardt to Valentini, 11 August 1910, pencilled comment, GStA Berlin (Dahlem), HA I, Rep. 89, Nr 678。
13 Empress Friedrich to Queen Victoria, (?) September 1891, in F. E. G. Ponsonby (ed.), *Letters of the Empress Friedrich* (London, 1928), pp. 427ff.
14 Anon., 'Kaiser Wilhelm als Redner', *Trierische Landeszeitung*, 30 May 1913 (cutting), in GStA Berlin (Dahlem) HA I, Rep. 89, Nr 679.
15 K. Lamprecht, *Der Kaiser* (Berlin, 1913), p. 75.
16 这次演讲是一位亲历者在 1890 年 11 月 20 日的日记里记载的，见 E. von Wedel (ed.), *Zwischen Kaiser und Kanzler. Aufzeichnungen des Generaladjutanten Grafen Carl von Wedel aus den Jahren 1890–1894* (Leipzig, 1943), p. 131。在另一版记载中，这次演讲的语气相对温和，见 J. Penzler (ed.), *Die Reden Kaiser Wilhelms II. in den Jahren 1888–1895* (Leipzig, n.d.), p. 197。
17 尤见 B. Sösemann, ' "Pardon wird nicht gegeben; Gefangene nicht gemacht". Zeugnisse und Wirkungen einer rhetorischen Mobilmachung', in H. Wilderotter and K.-D. Pohl (eds.), *Der letzte Kaiser. Wilhelm II. im Exil* (Berlin, 1991), pp. 79–94。

18　Van Tets van Goudriaan to Beaufort, Berlin, 25 March 1901, Algemeen Rijksarchief Den Haag, 2.05.19, Bestanddeel 18.
19　19, Bestanddeel 18. 19. V. Berghahn, *Germany and the Coming of War in 1914* (Basing-stoke, 1993), pp. 28-30; N. Stargardt, *The German Idea of Militarism* (Cambridge, 1994), p. 96.
20　Waldersee, diary entry of 21 November 1890, in H. O. Meissner (ed.), *Denkwürdigkeiten des General- Feldmarschall Alfred Graf von Waldersee*, 3 vols. (Stuttgart and Berlin, 1922), vol. 2, p. 162.
21　Wedel, diary entry of 20 November 1890, in idem (ed.), *Zwischen Kaiser und Kanzler*, p. 131.
22　O. Pflanze, *Bismarck and the Development of Germany*, 3 vols. (Princeton, NJ, 1990), vol. 3, *The Period of Fortification*, p. 394; Waldersee, diary entry of 21 April 1891, in Meisner (ed.), *Denkwürdigkeiten*, vol. 2, p. 206; 关于排他主义者的反应，见 Röhl (ed.), *Politische Korrespondenz*, vol. 1, p. 679, n. 2。
23　例如见 Wilhelm's speeches to the Diet, 24 February 1892 and 24 February 1894, in L. Elkind (ed. and trans.), *The German Emperor's Speeches. Being a Selection from the Speeches, Edicts, Letters and Telegrams of the Emperor William II* (London, 1904), pp. 292, 295。
24　Eulenburg to Wilhelm, Munich, 10 March 1892, in Röhl (ed.), *Politische Korrespondenz*, vol. 2, p. 798; 强调处为原文所加。
25　Brauer to Turban, Berlin, 25 February 1891, in W. P. Fuchs (ed.), *Grossherzog Friedrich I. von Baden und die Reichspolitik 1871-1907*, 4 vols. (Stuttgart, 1968-80), vol. 3, pp. 48-9; cf. Eulenburg to Bülow, Vöslau, 8 June 1896, in Röhl (ed.), *Politische Korrespondenz*, vol. 3, p. 1693.
26　O. von Helldorf-Bedra to Philipp Eulenburg, Berlin, 7 March 1892, in Röhl (ed.), *Politische Korrespondenz*, vol. 2, p. 788.
27　Caprivi to Eulenburg, Berlin, 28 February 1892, ibid., p. 782.
28　Wilhelm II, speech to the Brandenburg Diet, 26 February 1897, in Elkind (ed.), *The German Emperor's Speeches*, p. 300; see also Kohut, *Wilhelm II*, p. 138. 关于"美化"，见 I. V. Hull, 'Der Kaiserliche Hof als Herrschaftsinstrument', in Wilderotter and Pohl (eds.), *Der letzte Kaiser*, pp. 26-7。
29　例如1907年8月31日威廉在明斯特一次晚宴上发表的演讲，内容基于威廉自己写的笔记。GStA Berlin (Dahlem), HA I, Rep. 89, Nr 673, fo. 28.
30　Stenogram of a speech given at Memel, 23 September 1907, GStA Berlin (Dahlem), HA I, Rep. 89, Nr 673, fo. 30.
31　Holstein to Eulenburg, 27 February 1892, in Röhl (ed.), *Politische Korrespondenz*, vol. 2, p. 780.
32　关于针对威廉二世的讽刺描述，见 A. T. Allen, *Satire and Society in Wilhelmine Germany. Kladderadatsch & Simplicissimus 1890-1914* (Lexington, 1984), pp. 53-63; E. A. Coupe, 'Kaiser Wilhelm II and the Cartoonists', *History Today*, 30 (November 1980), pp. 16-23。
33　F. Wedekind, 'In the Holy Land', cited from the translation in Kohut, *Wilhelm II*, p. 146.

34　这幅漫画收录于 Allen, *Satire and Society*, p. 50。
35　J. Rebentisch, *Die vielen Gesichter des Kaisers. Wilhelm II. in der deutschen und britischen Karikatur* (Berlin, 2000), pp. 60ff.
36　H. Abret and A. Keel, *Die Majestätsbeleidigungsaffäre des 'Simplicissimus'-Verlegers Albert Langen. Briefe und Dokumente zu Exil und Begnadigung 1898–1903* (Frankfurt am Main, 1985), especially pp. 40–41.
37　Empress Friedrich to Queen Victoria, 27 February 1892, in Ponsonby (ed.), *Letters of the Empress Friedrich*, p. 434.
38　见 Eulenburg to Wilhelm, Munich, 29 December 1892, Holstein to Eulenburg, Berlin, 27 February 1893 and Holstein to Eulenburg, Berlin, 7 April 1895, in Röhl (ed.), *Politische Korrespondenz*, vol. 2, pp. 1000–1001, 1031, 1488。
39　Marschall to Eulenburg, Berlin, 6 May 1891, ibid., vol. 1, p. 679.
40　Eulenburg to Wilhelm II, Berlin, 28 November 1891, ibid., vol. 1, p. 730.
41　O. von Helldorf-Bedra to Eulenburg, Berlin, 24 March 1892, ibid., vol. 2, p. 825.
42　Princess Marie Radziwill, diary entry of 27 November 1890, in P. Wiegler, *Briefe vom deutschen Kaiserhof 1889–1915* (Berlin, 1936), p. 34.
43　Consistorial Councillor Blau to Lucanus (chief of Civil Cabinet), Wernigerode, 4 April 1906, GStA Berlin (Dahlem), HA I, Rep. 89, Nr 672, fo. 17.
44　Wedel, diary entries of 20 and 22 April 1891, in idem, *Zwischen Kaiser und Kanzler*, pp. 176, 177.
45　见 Dr Lier to Lucanus, Dresden, 24 October 1905, and Lucanus to Dr Lier (telegram), Berlin, 25 October 1905, GStA Berlin (Dahlem), HA I, Rep. 89, Nr 671, fo. 11。
46　B. Reuter (editor, *Kölnische Volkszeitung*) to Lucanus, Cologne, 6 September 1907, GStA Berlin (Dahlem), HA I, Rep. 89, Nr 673, fo. 29.
47　例如见 Wedel, diary entry of 22 April 1891, in idem, *Zwischen Kaiser und Kanzler*, p. 177。
48　B. Sösemann, 'Die sogenannte Hunnenrede Wilhelms II. Textkritische und interpretatorische Bemerkungen zur Ansprache des Kaisers vom 27 Juli 1900 in Bremerhaven', *Historische Zeitschrift*, 222 (1976), pp. 342–58 精心地再现和分析了演讲的原稿。
49　Ibid., pp. 345–6.
50　P. A. Cohen, *History in Three Keys. The Boxers as Event, Experience and Myth* (New York, 1997), pp. 161–2.
51　D. Junker, 'Das Deutsche Reich im Urteil der USA 1871–1945', in K. Hildebrand (ed.), *Das Deutsche Reich im Urteil der Grossen Mächte und europäischen Nachbarn (1871–1945)*, (Munich, 1995), pp. 141–58, here p. 147.
52　Sösemann, 'Hunnenrede', pp. 353–5.
53　Cited in Kohlrausch, *Monarch im Skandal*, p. 74.
54　Speech by August Bebel, in *Stenographische Berichte über die Verhandlungen des Reichstages* (hereafter: *StB Reichstag*), 19 November 1900, especially pp. 29–31.
55　Speech by Eugen Richter, ibid., 20 November 1900, pp. 53–4.
56　Speech by Bülow, ibid., 20 November 1900, pp. 62–3.
57　Eulenburg to Wilhelm, Vienna, 22 November 1900, in Röhl (ed.), *Politische*

Korrespondenz, vol. 3, p. 2010.

58　倍倍尔在1900年12月11日的发言中将此事与"克留格尔电报"联系在了一起,见 *StB Reichstag*, 20 November 1900, pp. 62-3。

59　Varnbüler to Weizsäcker, Berlin, 2 November 1908, HSA Stuttgart, E50/03 202.

60　Speeches by Bassermann, Singer, von Heydebrand u.d. Lasa, in *StB Reichstag*, 10 November 1908, pp. 5374, 5385, 5394.

61　Speeches by Bassermann, Singer, Hertling, Zimmermann and Heine, ibid., 10 November 1908, pp. 5375, 5391, 5398, 5417, 5428.

62　Gevers (Dutch envoy) to Dutch Ministry of Foreign Affairs, Berlin, 12 November 1908, Algemeen Rijksarchief Den Haag, 2.05.19, Bestanddeel 20.

63　Speech by Bülow, in *StB Reichstag*, 10 November 1908, pp. 5395-6.

64　Gevers to Dutch Ministry of Foreign Affairs, Berlin, 12 November 1908, Algemeen Rijksarchief Den Haag, 2.05.19, Bestanddeel 20.

65　K. Lerman, *The Chancellor as Courtier. Bernhard von Bülow and the Governance of Germany* (Cambridge, 1990), p. 223.

66　Varnbüler to Weizsäcker, Berlin, 19 November 1908, HSA Stuttgart, E50/03 202.

67　Notes by Valentini (chief of Civil Cabinet) from a conversation with Wilhelm, Donaueschingen, 13 November 1908, GStA Berlin (Dahlem), HA I, Rep. 89, Nr 685, fos. 46-7.

68　Ibid.

69　这是根据德国驻海牙使臣费利克斯·冯·米勒的回忆写成的,比洛向他口述了这封写给耶尼施的信的内容, Müller to Valentini, The Hague, 28 February 1909, GStA Berlin (Dahlem), HA I, Rep. 89, Nr 685, fo. 67。

70　Lerman, *Chancellor*, p. 221; L. Cecil, *Wilhelm II*, 2 vols. (Chapel Hill, NC, and London, 1988), vol. 2, *Emperor and Exile 1900-1941*, pp. 68-9.

71　Müller to Valentini, The Hague, 28 February 1909, GStA Berlin (Dahlem), HA I, Rep. 89, Nr 685, fo. 67.

72　Bülow to Valentini, Norderney, 16 August 1908, GStA Berlin (Dahlem), HA I, Rep. 92, Nr 3, fo. 2.

73　关于比洛回忆录中的众多歪曲事实之处,见 F. Thimme, *Front wider Bülow. Staatsmänner, Diplomaten und Forscher zu seinen Denkwürdigkeiten* (Munich, 1931); F. Hiller von Gaertringen, *Fürst Bülows Denkwürdigkeiten. Untersuchungen zu ihrer Entstehungsgeschichte und Kritik* (Tübingen, 1956)。

74　W. Schüssler, *Die Daily-Telegraph-Affäre. Fürst Bülow, Kaiser Wilhelm und die Krise des zweiten Reiches 1908* (Göttingen, 1952), pp. 10-11; H. Teschner, *Die Daily-Telegraph-Affäre vom November 1908 in der Beurteilung der öffentlichen Meinung* (Breslau, 1931), p. 11; Kohlrausch, *Monarch im Skandal*, pp. 245-6.

75　Kohut, *Wilhelm II*, p. 164.

76　Gevers to Dutch Ministry of Foreign Affairs, Berlin, 12 November 1908, Algemeen Rijksarchief Den Haag, 2.05.19, Bestanddeel 20.

77　Wilhelm to Tsar Nicholas, 9 May 1909, cited in Kohut, *Wilhelm II*, p. 135.

78　Varnbüler to Weizsäcker, Berlin, 12 December 1908, HSA Stuttgart, E50/03 202; Valentini is cited in E. Fehrenbach, *Wandlungen des deutschen Kaisergedankens 1871-1918*

(Munich and Vienna, 1969), p. 141.

79　Published text in *Königsberger Allgemeine Zeitung*, 25 August 1910; cf. Wilhelm's own preparatory notes, dated 25 August 1910, GStA Berlin (Dahlem), HA I, Rep. 89, Nr 678, fo. 43.

80　例如见 *Vossische Zeitung*, 26 August 1910; *Freisinnige Zeitung*, 27 August 1910; *Berliner Tageblatt*, 26 August 1910 (cuttings in GStA Berlin (Dahlem), HA I, Rep. 89, Nr 678, fo. 43)。

81　关于威廉的言论自由受到的"无所不用其极"的压制，见 Varnbüler to Weizsäcker, Berlin, 22 January 1909, HAS Stuttgart, E50/03 203。

82　Wilhelm to Bethmann-Hollweg, telegram, 28 August 1910, GStA Berlin (Dahlem), HA I, Rep. 89, Nr 678, fo. 43.

83　Cited in Fehrenbach, *Wandlungen*, p. 99.

84　Sösemann, ' "Pardon wird nicht gegeben"', p. 88.

85　W. Rathenau, *Der Kaiser. Eine Betrachtung* (Berlin, 1919), pp. 28–9.

86　I. V. Hull, 'Persönliches Regiment', in J. C. G. Röhl (ed.), *Der Ort Kaiser Wilhelms II. in der deutschen Geschichte* (Munich, 1991), p. 4.

87　例如见 *Norddeutsche Allgemeine Zeitung*, 30 August 1910 (cutting in GstA Berlin (Dahlem), HA I, Rep. 89, Nr 678, fo. 43)。

88　H. Delbrück, 'Die Krisis des persönlichen Regiments', *Preussische Jahrbücher*, 134 (1908), pp. 566–80, here p. 567.

89　'Der schweigende Kaiser', *Frankfurter Zeitung*, 14 September 1910.

90　Gevers to Dutch Ministry of Foreign Affairs, Berlin, 12 November 1908, Algemeen Rijksarchief Den Haag, 2.05.19, Bestanddeel 20.

91　Cited in W. König, *Wilhelm II. und die Moderne. Der Kaiser und die technisch-industrielle Welt* (Paderborn, 2007), p. 76. 关于威廉与齐柏林伯爵的图像，见 Otto May, *Deutsch sein heisst treu sein: Ansichtskarten als Spiegel von Mentalitalät und Untertanenerziehung in der Wilhelminischen Ära (1888–1918)*, (Hildesheim, 1998)。

92　T. Benner, *Die Strahlen der Krone. Die religiöse Dimension des Kaisertums unter Wilhelm II. vor dem Hintergrund der Orientreise 1898* (Marburg, 2001), p. 363.

93　M. Bröhan, *Walter Leistikow. Maler der Berliner Landschaft* (Berlin, 1988).

94　W. Guttmann, *Art for the Workers. Ideology and the Visual Arts in Weimar Germany* (Manchester, 1997).

95　H. A. Winkler, *Der lange Weg nach Westen*, vol. 1, *Deutsche Geschichte vom Ende des Alten Reiches bis zum Untergang der Weimarer Republik* (Munich, 2000), p. 280.

96　W. K. Blessing, 'The Cult of Monarchy, Political Loyalty and the Workers' Movement in Imperial Germany', *Journal of Contemporary History*, 13 (1978), pp. 357–73, here pp. 366–9.

97　见 M. Cattaruzza, 'Das Kaiserbild in der Arbeiterschaft am Beispiel der Werftarbeiter in Hamburg und Stettin', in J. C. G. Röhl (ed.), *Der Ort Kaiser Wilhelms II. in der deutschen Geschichte* (Munich, 1991), pp. 131–44。

98　R. J. Evans (ed.), *Kneipengespräche im Kaiserreich. Stimmungsberichte der Hamburger Politischen Polizei 1892–1914* (Reinbek, 1989), pp. 328, 329, 330.

99　见 Peers, 'White Roses and Eating Disorders'。关于皇后的公众形象，另见 I. V.

Hull, *The Entourage of Kaiser Wilhelm II 1888‑1918* (Cambridge, 1982), p. 18。

100　D. Petzold, ' "Monarchische Reklamefilms"? Wilhelm II. im neuen Medium der Kinematographie', in T. Biskup and M. Kohlrausch (eds.), *Das Erbe der Monarchie* (forthcoming).

101　D. Schönpflug, 'Liebe und Aussenpolitik: Hohenzollernsche Hochzeiten 1858‑1933', ibid.

第七章　从危机到战争（1909—1914）

1　W. Canis, *Von Bismarck zur Weltpolitik. Deutsche Aussenpolitik, 1890 bis 1902* (Berlin, 1997), p. 174; see also L. Cecil, *Wilhelm II*, 2 vols. (Chapel Hill, NC, and London, 1988), vol. 2, *Emperor and Exile, 1900‑1941*, p. 176.

2　Canis, *Von Bismarck zur Weltpolitik*, p. 174.

3　S. Beller, *Francis Joseph* (London, 1996), p. 196.

4　Cited in H. Rumpler, *Eine Chance für Mitteleuropa. Bürgerliche Emancipation und Staatsverfall in der Habsburgermonarchie* (Vienna, 1997), p. 563; see also Freiherr von Jenisch (councillor in Wilhelm's entourage) to Foreign Office, telegram, Rominten, 7 October 1908, in J. Lepsius, A. Mendelssohn Bartholdy and F. Thimme (eds.), *Die grosse Politik der europäischen Kabinette 1871‑1914, Sammlung der diplomatischen Akten des Auswärtigen Amtes* (hereafter: *GP*), 40 vols. (Berlin, 1922 ‑7), vol. 26/1, p. 113 (doc. no. 8994).

5　Wilhelm II, marginal comments on Bülow to Jenisch, Norderney, 7 October 1908, in *GP*, vol. 26, pp. 111‑12 (doc. no. 8992).

6　Report by Radolin of 23 June 1909, cited ibid., vol. 26, p. 53 (doc. no. 8939, note).

7　Varnbüler to Weizsäcker, Berlin, 18 October 1908, HSA Stuttgart E50/03 202.

8　W. Gutsche, *Wilhelm II. Der letzte Kaiser des deutschen Reiches* (Berlin, 1991), p. 144.

9　Jenisch to Bethmann, Rominten, 2 October 1912, in *GP*, vol. 33, pp. 147‑8 (doc. no. 12202).

10　Wilhelm II, notes, Rominten, 4 October 1912, ibid., vol. 33, pp. 164‑6 (doc. no. 12225).

11　Wilhelm II, marginal comment on Wolffsche Telegraph Office to Wilhelm II, Berlin, 4 November 1912, in ibid., vol. 33, pp. 276‑7 (doc. no. 12321); Varnbüler to Weizsäcker, Berlin, 18 November 1912, HSA Stuttgart E50/03 206.

12　Wilhelm II, marginal comment on Kiderlen-Wächter to Wilhelm II, Berlin, 3 November 1912, *GP*, vol. 33, pp. 274‑6 (doc. no. 12320).

13　Wilhelm II to Kiderlen-Wächter, Potsdam, 7 November 1912, ibid., vol. 33, p. 295 (doc. no. 12339); cf. K. Jarausch, *The Enigmatic Chancellor. Bethmann-Hollweg and the Hubris of Imperial Germany* (New Haven, CT, and London, 1973), p. 133.

14　Wilhelm II to Foreign Office, Letzlingen, 9 November 1912, in *GP*, vol. 33, p. 302 (doc. no. 12348).

15　Wilhelm II, memorandum, 11 November 1912, ibid., vol. 33, pp. 302–4 (doc. no. 12349).
16　Gutsche, *Wilhelm II*, p. 146; cf. K. Hildebrand, *Das vergangene Reich. Deutsche Aussenpolitik von Bismarck bis Hitler 1871–1945* (Stuttgart, 1995), p. 287.
17　Tschirschky to Foreign Office, Budapest, 21 November 1912, in *GP*, vol. 33, pp. 372–3 (doc. no. 12404).
18　Wilhelm II to Kiderlen-Wächter, 21 November 1912, ibid., vol. 33, p. 373–4 (doc. no. 12405).
19　E. C. Helmreich, 'An Unpublished Report on Austro-German Military Conversations of November 1912', *Journal of Modern History*, 5 (1933), pp. 197–207, here pp. 206–7. 瑟杰尼说，在威廉和弗朗茨·斐迪南大公11月22日的会面中，前者向后者保证，"如果事关奥匈帝国的威望，那么哪怕打一场世界大战他都会毫无畏惧，他将准备好与协约国的三个大国开战"。这表明威廉的姿态更为激进，但是在大公自己对这次会谈的描述中，威廉的支持姿态较为温和。瑟杰尼大使可能是有意让维也纳政府在处理塞尔维亚港口的问题时更加坚定。见 ibid., pp. 199–200。
20　Ibid., p. 205.
21　J. Remak, '1914–The Third Balkan War: Origins Reconsidered', *Journal of Modern History*, 43/3 (1971), pp. 353–66, here p. 364.
22　D. Stevenson, *Armaments and the Coming of War. Europe 1904–1914* (Oxford, 1996), pp. 250, 259; Helmreich, 'Unpublished Report', pp. 202–3.
23　Müller's account of the meeting of 8 December 1912, transcribed in J. C. G. Röhl, 'Dress Rehearsal in December: Military Decision-making in Germany on the Eve of the First World War', in idem, *The Kaiser and His Court. Wilhelm II and the Government of Germany*, trans. T. F. Cole (Cambridge, 1994), pp. 162–189, here pp. 162–3.
24　Cecil, *Wilhelm II*, vol. 2, p. 186.
25　Ibid.
26　Cited in Röhl, 'Dress Rehearsal', pp. 175–6；在1913—1914年威廉与弗朗茨·斐迪南大公的通信中，英国的"背信弃义"也是一个突出的主题；Cecil, *Wilhelm II*, vol. 2, p. 197。
27　Röhl, 'Dress Rehearsal', *passim*; also idem, 'Admiral von Müller and the Approach of War, 1911–1914', *Historical Journal*, 12 (1969), pp. 651–73.
28　W. J. Mommsen, 'Domestic Factors in German Foreign Policy before 1914', in idem, *Imperial Germany, 1867–1918. Politics, Culture and Society in an Authoritarian State*, trans. R. Deveson (London, 1995), pp. 163–88, here pp. 169–70; idem, 'Kaiser Wilhelm II and German Politics', *Journal of Contemporary History*, 25 (1990), pp. 308–9; Hildebrand, *Das vergangene Reich*, p. 289.
29　E. Hölzle, *Die Selbstentmachtung Europas. Das Experiment des Friedens vor und im Ersten Weltkrieg* (Göttingen, 1975), pp. 180–83; Hildebrand, *Das vergangene Reich*, p. 289持有相似的观点。
30　Röhl, 'Dress Rehearsal'; Hildebrand, *Das vergangene Reich*, pp. 289–90.
31　Stevenson, *Armaments*, pp. 288–9; F. Fischer, 'The Foreign Policy of Imperial Germany and the Outbreak of the First World War', in G. Schöllgen, *Escape into War? The Foreign Policy of Imperial Germany* (Oxford, New York and Munich, 1990), pp. 19–40, here

p. 22; M. S. Coetzee, *The German Army League* (New York, 1990), pp. 36-7.

32　Mommsen, 'Domestic Factors', pp. 169-70.

33　Cecil, *Wilhelm II*, vol. 2, p. 187.

34　Jagow to Lichnowsky, Berlin, 26 April 1913; Jagow to Flotow, Berlin, 28 April 1913, in *GP*, vol. 34/2, pp. 737-8, 752.

35　Falkenhayn to Hanneken, 29 January 1913, cited in H. Afflerbach, *Falkenhayn: Politisches Denken und Handeln im Kaiserreich* (Munich, 1994), p. 102.

36　Cecil, *Wilhelm II*, vol. 2, p. 195.

37　Wilhelm II, marginal comments on Stolberg (chargé d'affaires in Vienna) to Foreign Office Berlin, Vienna, 18 October 1913, in *GP*, vol. 36/1, p. 399 (doc. no. 14163).

38　L. Bittner, A. F. Pribram, H. Srbik and H. Uebersberger (eds.), *Österreich-Ungarns Aussenpolitik von der bosnischen Krise 1908 bis zum Kriegsausbruch 1914. Diplomatische Aktenstücke des österreichisch-ungarischen Ministeriums desÄusseren* (Vienna and Leipzig, 1930), vol. 7, p. 515.

39　Hildebrand, *Das vergangene Reich*, p. 292.

40　Report on Sazonov's comments in O'Beirne to Grey, St Petersburg, 28 October 1913, in G. P. Gooch and H. W. V. Temperley (eds.), *British Documents on the Origins of the War, 1898-1914*, 11 vols. (London, 1925-38), vol. 10 (i), doc. 56, p. 49.

41　Gutsche, *Wilhelm II*, p. 151.

42　Cited ibid.

43　Cited ibid., p. 152.

44　Cited ibid., p. 153.

45　Cited ibid.

46　Wilhelm II, comments on Pourtalès to Bethmann, 13 December 1913, in *GP*, vol. 38, p. 256 (doc. no. 15483).

47　Wilhelm II, marginal comments on Wangenheim to Foreign Office Berlin, Constantinople, 18 December 1913, in ibid., pp. 261-2 (doc. no. 15489).

48　关于俄国在1913年春推行的"大计划"及德国人的回应，见 Stevenson, *Armaments*, especially pp. 315-23。

49　M. M. Warburg, *Aus meinen Aufzeichnungen* (New York), 1952, p. 29.

50　出处是 C. von Hötzendorf, *Aus meiner Dienstzeit. 1906-1918*, 4 vols. (Vienna, 1921-5), vol. 4, p. 39。

51　Ibid., p. 36；关于赫岑多夫两个说法的矛盾之处，参见 F. Fischer, *War of Illusions. German Politics from 1911 to 1914*, trans. M. Jackson (London, 1975), p. 418。

52　Szögyényi to Foreign Office Vienna, Berlin, 28 October 1913, in Bittner et al. (eds.), *Österreich-Ungarns Aussenpolitik*, vol. 7, p. 512 (doc. no. 8734).

53　Velics to Berchtold, Munich, 16 December 1913, ibid., vol. 7, p. 658 (doc. no. 9095).

54　Franz Joseph order to Berlin (Szögyényi), Budapest, 16 May 1914, ibid., vol. 8, p. 42 (doc. no. 9674).

55　Tisza to Franz Joseph, Budapest, 1 July 1914, ibid., vol. 8, p. 48 (doc. no. 9978).

56　Cecil, *Wilhelm II*, vol. 2, p. 193.

57　Berckheim to minister of the Grand Ducal House of Baden, Berlin, 11 March

1914, GLA Karlsruhe, 233/34815.

58　Gevers to Dutch Ministry of Foreign Affairs, Berlin, 20 March 1914, Algemeen Rijksarchief Den Haag, 2.05.19, Bestanddeel 21.

59　Cited in I. Geiss, *July 1914. The Outbreak of the First World War* (London, 1967), p. 48.

60　Cecil, *Wilhelm II*, vol. 2, p. 198.

61　Wilhelm II, marginal comments on Tschirschky to Bethmann-Hollweg, Vienna, 30 July 1914, in Geiss, *July 1914*, pp. 64–5.

62　Ibid., pp. 62–3. 此种观点也见于 L. Albertini, *The Origins of the War of 1914*, trans. I. M. Massey, 3 vols. (Oxford, 1953), vol. 2, p. 140, and cf. Fischer, *War of Illusions*, p. 474。

63　Berchtold report of conversation of 2 July with Tschirschky, 3 July 1914, in Bittner et al. (eds.), *Österreich-Ungarns Aussenpolitik*, vol. 8, pp. 276–7 (doc. no. 10006).

64　Geiss, *July 1914*, p. 65.

65　Szögyényi, telegram, Berlin, 5 July 1914, in Bittner et al. (eds.), *Österreich-Ungarns Aussenpolitik*, vol. 8, pp. 306–7 (doc. no. 10058).

66　Cf. Geiss, *July 1914*, p. 72.

67　Franz Joseph to Wilhelm II, [2 July 1914], in Bittner et al. (eds.), *Österreich-Ungarns Aussenpolitik*, vol. 8, pp. 250–52 (doc. no. 9984).

68　F. Fellner, 'Die "Mission Hoyos" ', in W. Alff (ed.), *Deutsch-lands Sonderung von Europa 1862–1945* (Frankfurt am Main, 1984), pp. 283–316; S. Wilhelmson, *Austria-Hungary and the Origins of the First World War* (Basingstoke, 1991), pp. 190–95.

69　Stevenson, *Armaments*, p. 372.

70　关于军备状况和双方备战情况的对比，见 ibid., especially pp. 418, 420; 关于财政限制的重要性，见 N. Ferguson, 'Public Finance and National Security: the Domestic Origins of the First World War Revisited', *Past and Present*, 142 (1994), pp. 141–68。

71　Mommsen, 'Domestic Factors', pp. 184–5.

72　Albertini, *Origins*, vol. 2, p. 159.

73　Ibid., pp. 137–8.

74　Ibid., p. 142; Afflerbach, *Falkenhayn*, p. 151.

75　Stevenson, *Armaments*, p. 375.

76　Geiss, *July 1914*, p. 72; Stevenson, *Armaments*, p. 372.

77　Szögyényi to Berchtold, Berlin, 28 October 1913, in Bittner et al. (eds.), *Österreich-Ungarns Aussenpolitik*, vol. 7, pp. 513–15 (doc. no. 8934).

78　关于威廉收到的报告，见 ibid.; 关于军方的普遍看法，见 Stevenson, *Armaments*, pp. 360, 374。

79　关于柏林方面的态度，见 Szögyényi to Berchtold, Berlin, 12 July 1914; Berchtold, report on a conversation of 2 July with Tschirschky, 3 July 1914, in Bittner et al. (eds.), *Österreich-Ungarns Aussenpolitik*, vol. 8, pp. 407–9 (doc. no. 10215), pp. 277–8 (doc. no. 10006)。

80　O. Hammann, *Um den Kaiser. Erinnerungen aus den Jahren 1906–1909* (Berlin, 1919), p. 89.

81　Wilhelm II to Franz Joseph, Balholm, 14 July 1914, in Bittner et al. (eds.),

Österreich-Ungarns Aussenpolitik, vol. 8, pp. 442–3 (doc. no. 10262).

82 尤见 Wilhelm's notes on Tschirschky to Jagow, Vienna, 10 July 1914, in Geiss, *July 1914*, pp. 106–7 (doc. no.16)。

83 Biedermann to Vitzthum, Berlin, 17 July 1914, ibid., pp. 120–21 (doc. no. 28).

84 Wilhelm II, comments on Tschirschky to Bethmann, Vienna, 14 July 1914, ibid., pp. 114–15 (doc. no. 21).

85 Cecil, *Wilhelm II*, vol. 2, p. 202; Jagow to Wedel (imperial entourage), Berlin, 18 July 1914, in Geiss, *July 1914*, p. 121 (doc. no. 29).

86 Stevenson, *Armaments*, p. 376.

87 G. A. von Müller, *Regierte der Kaiser? Aus den Kriegstagebüchern des Chefs des Marinekabinetts im Ersten Weltkrieg Admiral Georg Alexander von Müller* (Göttingen, Berlin and Frankfurt, 1959), pp. 33–5。See also H. Afflerbach, *Kaiser Wilhelm II. als Oberster Kriegsherr im Ersten Weltkrieg. Quellen aus der militärischen Umgebung des Kaisers* (Munich, 2005), p. 11.

88 Albertini, *Origins*, vol. 2, pp. 267–8, 369.

89 Afflerbach, *Falkenhayn*, p. 153.

90 Wilhelm II to Jagow, Neues Palais, 28 July 1914, in Geiss, *July 1914*, p. 256 (doc. no. 112); Afflerbach, *Falkenhayn*, p. 153.

91 Cited in Afflerbach, *Falkenhayn*, p. 154.

92 Albertini, *Origins*, vol. 2, p. 467; Geiss, *July 1914*, p. 222.

93 见 Lichnowsky to Jagow, London, 27 July 1914, Geiss, *July 1914*, pp. 238–9 (doc. no. 97)。

94 Bethmann to Tschirschky, Berlin, 10.15 a.m., 28 July 1914, ibid., p. 259 (doc. no. 115); Stevenson, *Armaments*, pp. 401–2.

95 Bethmann to Wilhelm, Berlin, 10.15 p.m., 28 July 1914, in Geiss, *July 1914*, pp. 258, 261 (doc. nos. 114, 117).

96 Stevenson, *Armaments*, pp. 384–5.

97 Falkenhayn diary, 29 July 1914, cited in Afflerbach, *Falkenhayn*, p. 155.

98 Falkenhayn diary, 31 July 1914, cited ibid., p. 160.

99 Henry to Wilhelm II, 28 July 1914, in M. K. D. Montgelas and W. Schücking (eds.), *Die deutschen Dokumente zum Kriegsausbruch*, 2 vols. (Berlin-Charlottenburg, 1919), vol. 1, pp. 328–9.

100 Lichnowsky to Jagow, London, 29 July 1914, in Geiss, *July 1914*, pp. 288–90 (doc. no. 130).

101 Wilhelm II, notes on Pourtalès to Jagow, St Petersburg, 30 July 1914, ibid., pp. 293–5 (doc. no. 135).

102 Lichnowsky to Foreign Office, London, 31 July 1914 (12.13 and 12.15 p.m.) in Montgelas and Schücking (eds.), *Dokumente*, vol. 2, pp. 4, 8; Cecil, *Wilhelm II*, vol. 2, p. 206.

103 Afflerbach, *Falkenhayn*, p. 164.

104 Falkenhayn diary, 1 August 1914, cited ibid., pp. 165–6. 法金汉对这次交流的描述大体上得到了小毛奇的认可，但可能并不完全可信。根据副官和亲历者马克斯·冯·穆蒂乌斯（Max von Mutius）的回忆录，皇帝曾问小毛奇是否还来得及阻止德军在西线突破边境（具体指的是第16师进入卢森堡）。小毛奇回答说他不知道，是总参谋部行动处的一个下属军官塔彭中校确定仍然来得及的。简而言之，根据这种说法，皇帝并没有直接驳回毛奇的意见，而是保持在皇帝职权的传统边界内。无论如何，现存的记载一致认为，这件事给总参谋长留下了痛苦的回忆，在接下来的两年里，他总是会回想起来。见 Afflerbach, *Kaiser Wilhelm II*, p. 13。

105　Cecil, *Wilhelm II*, vol. 2, p. 207.

106　A. Mombauer, *Helmuth von Moltke and the Origins of the First World War* (Cambridge, 2001), p. 222.

107　Cited in Afflerbach, *Falkenhayn*, p. 167.

108　Beller, *Francis Joseph*, p. 214.

109　D. C. B. Lieven, *Nicholas II. Emperor of All the Russias* (London, 1993), p. 202.

110　R. A. Kann, *Dynasty, Politics and Culture: Selected Essays*, ed. S. Winter (Boulder, CO, 1991), p. 294.

111　Lieven, *Nicholas II*, p. 202.

112　关于文官政府与军事当局在列强领导层内的实力平衡，见 M. Trachtenberg, 'The Coming of the First World War: A Reassessment', in idem, *History and Strategy* (Princeton, NJ, 1991), pp. 47-99。

113　Stevenson, *Armaments*, p. 407.

114　见 Count Kokovtsov, *Out of My Past. The Memoirs of Count Kokovtsov* (Stanford, CT, 1935), pp. 313, 348, 445。

115　Cf. Mommsen, 'Kaiser Wilhelm II', p. 309.

116　见 K. Jarausch, 'The Illusion of Limited War: Chancellor Bethmann Hollweg's Calculated Risk, July 1914', *Central European History*, 2 (1969), pp. 48-76。

第八章　战争、流亡、逝世（1914—1941）

1　W. Deist, 'Kaiser Wilhelm II in the Context of His Military and Naval Entourage', in J. C. G. Röhl and N. Sombart (eds.), *Wilhelm II. New Interpretations* (Cambridge, 1982), pp. 169-92, here pp. 182-3.

2　W. Deist, 'Kaiser Wilhelm II als Oberster Kriegsherr', in J. C. G. Röhl (ed.) *Der Ort Kaiser Wilhelms II. in der deutschen Geschichte* (Munich, 1991), pp. 25-42, here p. 26. 关于威廉的君权在军事层面的作用，概述见 E. Fehrenbach, *Wandlungen des deutschen Kaisergedankens 1871-1918* (Munich and Vienna, 1969), pp. 122-4, 170-72。

3　Deist, 'Oberster Kriegsherr', p. 30; idem, 'Entourage', pp. 176-8.

4　E. R. Huber, *Heer und Staat in der deutschen Geschichte* (2nd edn, Hamburg, 1938), p. 358.

5　Diary entry of 23 July 1904, in H. von Moltke, *Erinnerungen, Briefe, Dokumente 1877-1916*, ed. E. von Moltke (Stuttgart, 1922), p. 296.

6　见 A. Mombauer, 'Helmuth von Moltke and the Origins of the First World War', Ph.D. thesis, University of Sussex, 1998。

7　H. Afflerbach, *Kaiser Wilhelm II. als Oberster Kriegsherr im Ersten Weltkrieg.*

Quellen aus der militärischen Umgebung des Kaisers 1914−1918 (Munich, 2005), p. 20.

8 W. Groener, *Das Testament des Grafen Schlieffen. Operative Studien über den Weltkrieg* (Berlin, 1930), p. 79.

9 E. von Falkenhayn, *General Headquarters and Its Critical Decisions 1914−1916* (London, 1919), p. 4.

10 Afflerbach, *Kaiser Wilhelm II*, p. 39.

11 R. Chickering, *Imperial Germany and the Great War 1914−1918* (Cambridge, 1998), p. 33; L. Cecil, *Wilhelm II*, 2 vols. (Chapel Hill, NC, and London, 1989), vol. 2, *Prince and Emperor 1859−1900*, p. 209.

12 H. Afflerbach, *Falkenhayn: Politisches Denken und Handeln im Kaiserreich* (Munich, 1994), p. 236.

13 W. Görlitz (ed.), *The Kaiser and His Court. The Diaries, Letters and Notebooks of Admiral Georg Alexander von Müller Chief of the Naval Cabinet 1914−1918* (New York, 1959), pp. 26, 28, 40, 41.

14 Cited in Fehrenbach, *Wandlungen*, p. 216.

15 Adolf Wild von Hohenborn, letter to his wife of 7 June 1915, in idem, *Briefe und Tagebuchaufzeichnungen des preussischen Generals als Kriegsminister und Truppenführer im Ersten Weltkrieg*, ed. H. Reinhold and G. Granier (Boppard, 1986), p. 64.

16 Afflerbach, *Kaiser Wilhelm II*, pp. 44−5, 53, 83.

17 Cecil, *Wilhelm II*, vol. 2, p. 219.

18 Görlitz, *The Kaiser and His Court*, pp. 29, 71.

19 Mombauer, 'Helmuth von Moltke'.

20 Afflerbach, *Falkenhayn*, p. 187.

21 K.-H. Janssen, *Der Kanzler und der General. Die Führungskrise um Bethmann-Hollweg und Falkenhayn (1914−1916)* (Göttingen, 1967), pp. 58, 62; Afflerbach, *Falkenhayn*, pp. 237, 238−40.

22 Cecil, *Wilhelm II*, vol. 2, pp. 227−8;Afflerbach, *Falkenhayn*, pp. 307−8.

23 H. Herwig, *The First World War. Germany and Austria−Hungary 1914−1918* (London, 1997), p. 134; Görlitz, *The Kaiser and His Court*, p. 57.

24 W. Pyta, *Hindenburg. Herrschaft zwischen Hohenzollern und Hitler* (Berlin, 2007), pp. 156, 163, 164 'quotation'.

25 Wilhelm II to Auguste Viktoria, 21 January 1915, cited ibid., p. 164.

26 Cecil, *Wilhelm II*, vol. 2, p. 236; Herwig, *First World War*, pp. 195−6; Afflerbach, *Falkenhayn*, pp. 431−9; Falkenhayn, *General Headquarters*, pp. 272−3; Afflerbach, *Kaiser Wilhelm II*, p. 49.

27 For details, see K.-H. Janssen, 'Der Wechsel in der Obersten Heeresleitung 1916', *Vierteljahrshefte für Zeitgeschichte*, 7 (1959), pp. 337−71.

28 Afflerbach, *Falkenhayn*, p. 429. 相关概述见 R. Pommerin, *Der Kaiser und Amerika. Die USA in der Politik der Reichsleitung 1890−1917* (Boppard, 1986), pp. 334−76。

29 Admiral Müller, diary entry of 3 July 1916, in G. A. von Müller, *Regierte der Kaiser? Kriegstagebucher, Aufzeichnungen und Briefe des Chefs des Marine-Kabinetts Admiral Georg Alexander von Müller 1914−1918*, ed. Walter Görlitz (Göttingen, 1959), p. 200.

30　Pommerin, *Der Kaiser und Amerika*, pp. 334-76.
31　Conversation with Holtzendorff reported in Müller diary, 15 January 1916, in Görlitz (ed.), *The Kaiser and His Court*, p. 126. 关于威廉的动机，另见 Cecil, *Wilhelm II*, vol. 2, p. 221。
32　Cited in E. R. May, *The World War and American Isolation 1914-1917* (Cambridge, MA, 1959), p. 208.
33　Cited ibid., p. 209.
34　Ibid., p. 222.
35　Cited ibid., p. 223. 这里总结的从经济层面考量的看法来自财政大臣卡尔·黑尔费里希。
36　Hans Georg von Plessen, diary entry of 10 January 1916, in Afflerbach, *Wilhelm II*, p. 847.
37　见 M. Stibbe, *German Anglophobia and the Great War, 1914-1918* (Cambridge, 2001)。
38　Chickering, *Imperial Germany*, p. 92.
39　Cecil, *Wilhelm II*, vol. 2, p. 241.
40　May, *World War*, p. 398.
41　Wilhelm II to Bethmann, 31 October 1916, cited ibid., pp. 398-9; Cecil, *Wilhelm II*, vol. 2, p. 242.
42　Müller diary, 17 December 1916, in Görlitz (ed.), *The Kaiser and His Court*, p. 224.
43　N. Ferguson, *The Pity of War* (London, 1998), p. 283; Chickering, *Imperial Germany*, p. 93; Pommerin, *Der Kaiser und Amerika*, p. 364.
44　关于协约国财力的耗竭，见 J. M. Cooper Jr, 'The Command of Gold Reversed: American Loans to Britain, 1915-1917', *Pacific Historical Review* (1975), pp. 209-30, here p. 228; G. Ritter, *The Sword and the Sceptre: The Problem of Militarism in Germany*, trans. H. Norden, 4 vols. (Coral Gables, FL, 1972), vol. 3, p. 325 提出了相似的观点。
45　Report from Wedel (German ambassador in Vienna), cited in Gutsche, *Wilhelm II*, p. 181.
46　Cecil, *Wilhelm II*, vol. 2, p. 246.
47　V. Ullrich, *Die nervöse Grossmacht. Aufstieg und Untergang des deutschen Kaiserreichs 1871-1918* (Frankfurt, 1997), pp. 522-9.
48　Müller, *Regierte der Kaiser?*, entries of 16 and 13 July 1917, pp. 304, 303.
49　Fehrenbach, *Wandlungen des deutschen Kaisergedankens*, p. 218.
50　M. Balfour, *The Kaiser and His Times* (London, 1964), pp. 385-6.
51　T. Wolff, *The Eve of 1914*, trans. E. W. Dickes (London, 1935), p. 496.
52　Cecil, *Wilhelm II*, vol. 2, p. 209.
53　见 J. Verhey, 'The "Spirit of 1914" and the Rhetoric of Unity in World War I Germany', Ph.D. dissertation, University of California, Berkeley, 1992。
54　B. Sösemann, 'Der Verfall des Kaisergedankens im ersten Weltkrieg', in Röhl (ed.), *Der Ort*, pp. 145-170, here p. 150.
55　Fehrenbach, *Wandlungen des deutschen Kaisergedankens*, p. 217.
56　Wahnschaffe to Valentini, 29 June 1915, GStA Berlin (Dahlem), HA I, Rep. 92

Valentini, Nr 21（强调处为原文所加）。

57　*Stuttgarter Tageblatt*, Nr 462, 12 September 1918.

58　*Kölnische Zeitung*, Nr 719, 12 September 1918; *Hamburgischer Correspondent*, Nr 467, 12 September 1918; *Schwäbischer Merkur*, Nr 428, 12 September 1918.

59　大量相关剪报可查阅 GStA Berlin (Dahlem), HA I, Rep. 89, Nr 683. Cf. Balfour, *The Kaiser*, p. 392。

60　Chickering, *Imperial Germany*, p. 74; M. Stibbe, 'Vampire of the Continent. German Anglophobia During the First World War, 1914–1918', Ph.D. thesis, University of Sussex, 1997, p. 100.

61　Pyta, *Hindenburg*, p. 89.

62　Ibid., pp. 106–7.

63　Cited from a speech by the industrialist Duisberg in Treutler to Bethmann-Hollweg, 6 February 1917, GStA Berlin (Dahlem), HA I, Rep. 92 Valentini, Nr 2.

64　M. Kohlrausch, *Der Monarch im Skandal. Die Logik der Massenmedien und die Transformation der wilhelminischen Monarchie* (Berlin, 2005).

65　Pyta, *Hindenburg*, p. 119.

66　见 Bethmann to Valentini, Berlin, 11 February 1917, GStA Berlin (Dahlem), HA I, Rep. 92 Valentini, Nr 2。

67　*Neue Preussische Zeitung*, Nr 466, 12 September 1918.

68　Bavarian Crown Prince Rupprecht to Chancellor Hertling, 19 August 1917, cited in Sösemann, 'Verfall', pp. 159, 163.

69　Lyncker to his wife, Kreuznach, 18 June 1917, in Afflerbach, *Kaiser Wilhelm II*, p. 513.

70　Balfour, *The Kaiser*, p. 400.

71　Lansing to Oederlin, Washington, 14 October 1918, in US Department of State (ed.), *Papers Relating to the Foreign Relations of the United States* (suppl. I, vol. 1, 1918), p. 359.

72　A. Luckau, *The German Delegation at the Paris Peace Conference* (New York, 1941), pp. 21–2; H. Rudin, *Armistice, 1918* (New Haven, CT, 1944), p. 173.

73　Cecil, *Wilhelm II*, vol. 2, p. 286.

74　L. Herz, *Die Abdankung* (Leipzig, 1924); Kohlrausch, *Monarch im Skandal*, pp. 325–34; Hull, *The Entourage*, pp. 289–90; Jan Bank, 'Der Weg des Kaisers ins Exil', in H. Wilderotter and K.-D. Pohl (eds.), *Der letzte Kaiser. Wilhelm II. im Exil* (Gütersloh, 1991), pp. 105–12; Balfour, *The Kaiser*, pp. 401–12; Cecil, *Wilhelm II*, vol. 2, pp. 274–95; W. Gutsche, *Ein Kaiser im Exil. Der letzte deutsche Kaiser Wilhelm II. in Holland. Eine kritische Biographie* (Marburg, 1991), pp. 12–27; idem, *Wilhelm II*, pp. 187–99.

75　D. Cannadine, 'Kaiser Wilhelm II and the British Monarchy', in T. C. W. Blanning and D. Cannadine (eds.), *History and Biography. Essays in Honour of Derek Beales* (Cambridge, 1996), pp. 188–202, here p. 200; Cecil, *Wilhelm II*, vol. 2, pp. 300–301.

76　关于引渡威廉的决议，精彩分析见 S. Marks, ' "My Name is Ozymandias". The Kaiser in Exile', *Central European History*, 16/2 (1983), pp. 122–70。

77　见 J. Peers, 'White Roses and Eating Disorders: A Feminist Re-Reading of Auguste Viktoria of Germany, 1858–1921', 1999 年在澳大拉西亚欧洲历史学家协会第

十二届双年会上发表的未出版文稿。感谢皮尔斯博士允许我参阅文稿副本。
78　Both quotations from Cecil, *Wilhelm II*, vol. 2, pp. 311-12.
79　Cited in J. C. G. Röhl, 'Kaiser Wilhelm II and German Anti-Semitism', in idem, *The Kaiser and His Court. Wilhelm II and the Government of Germany*, trans. T. F. Cole (Cambridge, 1994), p. 210. 关于威廉的反犹主义，另见 Gutsche, *Kaiser im Exil*, pp. 76-9; L. Cecil, 'Wilhelm II und die Juden', in W. E. Mosse (ed.), *Juden im wilhelminischen Deutschland, 1890-1914* (Tübingen, 1976), pp. 313-48。
80　Röhl, 'Wilhelm II and German Anti- Semitism', p. 191; cf. Hull, *The Entourage*, pp. 74-5 认为自从威廉在1901—1903年接触了休斯敦·斯图尔特·张伯伦的作品，他的反犹倾向便更加坚定了。
81　W. E. Mosse, 'Wilhelm II and the Kaiserjuden. A Problematical Encounter', in J. Reinharz and W. Schatzberg (eds.), *The Jewish Response to German Culture. From the Enlightenment to the Second World War* (Hanover, NH, 1985), pp. 164-94; also Görlitz (ed.), *The Kaiser and His Court*, p. 151.
82　W. König, *Wilhelm II. und die Moderne. Der Kaiser und die technisch-industrielle Welt* (Paderborn, 2007), p. 167.
83　D. Frymann (pseud.), *Wenn ich der Kaiser wär'. Politische Wahrheiten und Notwendigkeiten* (5th edn, Leipzig, 1914), p. 35.
84　S. Malinowski, *Vom Kaiser zum Führer* (Berlin, 2003), p. 136; König, *Wilhelm II. und die Moderne*, p. 167.
85　J. C. G. Röhl, *Germany Without Bismarck. The Crisis of Government in the Second Reich, 1890-1900* (London, 1967), p. 148.
86　Gutsche, *Kaiser im Exil*, p. 76; see also W. J. Mommsen, *Bürgerstolz und Weltmachtstreben. Deutschland unter Wilhelm II. 1890 bis 1918* (Berlin, 1955), p. 140.
87　见 Cecil, *Wilhelm II*, vol. 2, pp. 312, 314。
88　Gutsche, *Kaiser im Exil*, p. 79.
89　Cited in Balfour, *The Kaiser and His Times*, p. 419; Gutsche, *Kaiser im Exil*, p. 208.
90　S. von Ilsemann, *Der Kaiser in Holland. Aufzeichnungen des letzten Flügeladjutanten Kaiser Wilhelms II.*, ed. H. von Königswald, 2 vols. (Munich, 1968), vol. 2, p. 154.
91　Ibid., pp. 179, 192-5.
92　例如见 ibid., pp. 226, 229, 230, 231, 234-5, 244。
93　Cited in Cecil, *Wilhelm II*, vol. 2, p. 343; see also Ilsemann, *Der Kaiser in Holland*, vol. 2, p. 248.
94　Ilsemann, *Der Kaiser in Holland*, vol. 2, pp. 344-5.
95　Cited in Cecil, *Wilhelm II*, vol. 2, pp. 330, 352.

结　语

1　E. Goldstein, 'Great Britain: The Home Front', in M. F. Boemeke, G. D. Feldman and E. Glaser (eds.), *The Treaty of Versailles. A Reassessment after 75 Years* (Cambridge,

1998), pp. 147-66, here pp. 155-6.

2　M. Muret, *L'Evolution belliqueuse de Guillaume II* (Paris, 1918), p. 10; H. Mazel, *La Psychologie du Kaiser (Essai Historique)* (Paris, 1919), pp. 186, 189.

3　这个说法出现在英国外交部一份呼吁审判逃亡皇帝的文件上，见 S. Marks, '"My Name is Ozymandias": The Kaiser in Exile', *Central European History*, 16/2 (1983), pp. 122-70。

4　Harry Graf Kessler, diary entry of 11 November 1928, in idem, *Tagebücher, 1918-1937*, ed. W. Pfeiffer-Belli (Frankfurt, 1961), p. 578.

5　这些对威廉的描述分别取自 J. C. G. Röhl, 'Kaiser Wilhelm II: A Suitable Case for Treatment?', and 'Kaiser Wilhelm II and German Anti-Semitism', both in idem (ed.), *The Kaiser and His Court. Wilhelm II and the Governance of Germany*, trans. T. F. Cole (Cambridge, 1994), pp. 9-27 and 190-212, esp. 14-15, 26-7, 191; T. Kohut, *Wilhelm II and the Germans. A Study in Leadership* (New York, 1991), esp. pp. 8-9, 39-40, 43; W. Gutsche, *Wilhelm II. Der letzte Kaiser des deutschen Reiches* (Berlin, 1991), esp. pp. 144-6; L. Cecil, *Wilhelm II*, 2 vols., (Chapel Hill, NC and London, 1989), vol. 2, *Prince and Emperor, 1859-1900*, p. 1; see also Noel Annan, 'The Abominable Emperor', *New York Review of Books*, 6 June 1996, pp. 20-27。"自吹自擂……的傻瓜"和"世界历史的浩劫"引自约翰·洛尔在最近一些作品中认可的威廉时代的文献。

6　N. Sombart, *Wilhelm II. Sündenbock und Herr der Mitte* (Berlin, 1996).

7　Cited in J. C. G. Röhl, *Wilhelm II. Der Aufbau der persönlichen Monarchie* (Munich, 2001), pp. 28-9.

8　Kohut, *Wilhelm II*, p. 230.

9　Cited in Eckart Conze, *Von deutschem Adel. Die Grafen von Bernstorff im zwanzigsten Jahrhundert* (Munich, 2000), pp. 164, 166; 关于君主与平民领袖之间的关联，可见两份引人关注但观点迥异的论述：S. Malinowski, *Vom Kaiser zum Führer* (Berlin, 2003), and M. Kohlrausch, *Der Monarch im Skandal. Die Logik der Massenmedien und die Transformation der wilhelminischen Monarchie* (Berlin, 2005)。